Tech for Good

How ordinaries ride the wave of digitalization in China

普通人的
数字生活纪实

数字原野工作室 编

南方日报出版社
NANFANG DAILY PRESS
中国·广州

图书在版编目（CIP）数据

有数：普通人的数字生活纪实 / 数字原野工作室编. — 广州：南方日报出版社，2022.3

ISBN 978-7-5491-2505-0

Ⅰ．①有… Ⅱ．①数… Ⅲ．①信息经济－研究 Ⅳ.①F49

中国版本图书馆CIP数据核字(2022)第024010号

YOUSHU PUTONG REN DE SHUZI SHENGHUO JISHI

有数：普通人的数字生活纪实

编　　者：	数字原野工作室
出版发行：	南方日报出版社
地　　址：	广州市广州大道中289号
出 版 人：	周山丹
出版统筹：	阮清钰
策划编辑：	汪传鸿　张金平
责任编辑：	巫殷昕
装帧设计：	彭振威设计事务所
责任技编：	王　兰
责任校对：	裴晓倩
经　　销：	全国新华书店
印　　刷：	广州市快美印务有限公司
开　　本：	787mm×1092mm　1/16
印　　张：	24.125　彩插：1.25
字　　数：	320千字
版　　次：	2022年3月第1版
印　　次：	2022年3月第1次印刷
定　　价：	68.00元

投稿热线：(020) 87360640　　读者热线：(020) 87363865

发现印装质量问题，影响阅读，请与承印厂联系调换。

序一
数字时代的快照：
现象与洞察

邱泽奇

北京大学博雅特聘教授、北京大学中国社会与发展研究中心主任、北京大学数字治理研究中心主任

　　翻阅《有数》书稿，我便被丰富的内容所深深吸引。以其中的人物为例，有来自世界各地的外国人，他们带着比较思维，对比中国与他们本国的数字化进程，形成观察数字中国的切片；有在初中阶段就搭建网站的青葱少年，进入大学校园又用小程序继续创业；有百折不挠地用二维码创造自己新生活的小镇青年，硬是把没有人知道的二维码作为业务拓展到34个地市18个行业8000多家门店；有从前在工厂打工，或退伍后辗转创业，却始终不放弃追逐自己的梦想，转身成为野生码农、数字达人的年轻人或中年人；有用声场代替屏幕，坚持在数字时代"修盲道"、生产数字产品的视障人士；有为了敬老扶少、为了不再到城里打工而倾力直播的乡村小妹大嫂，把自己对社会最质朴的理解与人性最底层的真诚展示给她们触达的每一个人；也有与数字产品争夺孩子的妈妈，为了让孩子健康成长，她们在挣扎中不断地反思，调整孩子与数字产品之间的距离；当然，还有生长在数字潮流中，用创意打通传统与数字关节的创意青年，把祖先的生态观念

和经典智慧化为寓教于乐的游戏产品；更有70岁学着用微信，让自己不断进入新生活场景的长者……他们从来都认为数字时代是每一个人的时代，自己也身在其中。数字时代的各类工作和生活的场景更是丰富多彩，为了读者的阅读体验，某在此还是不剧透了。

疫情暴发以来，社会发生了许多改变，其中，最凸显的是数字技术加速向生产和生活各领域渗透，工业社会加速向数字社会转型。一个直观的证据是，受疫情影响，诸多传统产业或因供应链，或因原材料，或因工作场所等因素而陷入增长缓慢、停止增长甚至是倒闭的局面，而数字企业却呈现出快速增长的趋势，全球市值排名前十的企业中，传统行业增长乏力，可数字企业均呈现出高速增长格局。一些身边的证据如人们的生活已离不开健康码、行程码，人们的支付已离不开支付码，人们出门可以不带任何别的东西却不能不带手机，等等。两年的时间不长，却给数字社会的成长带来难得机遇，数字生活的许多细节和微粒被不经意地推上了前台。某以为，读者可以把《有数》当作疫情中凸显的数字生活多维度、多场景、多时空的快照，每个人或许都能从快照中找到自己的影像，或自己曾经和正在目睹的数字社会现象。如果愿意，从这些现象里，也可以获得对数字社会的洞察。《有数》提供了作者自己的洞察，其实，身在其中的每个人都可以拿《有数》中的故事与身边的现象比较，从比较中再次体悟当下的时代、社会、世界，启发或许就在体悟之中。

数字下沉

曾几何时，数字技术还是社会精英的专有产品，在几亿人的中国，只有不到200人拥有电子邮件账号，需要以电话拨号的方式接入美国西海岸专用服务器才可使用电子邮件；曾几何时，电话线路都是家庭消费的奢侈产品，一个家庭需要攒钱许久才能安装一部有线电话。现如今，智能手机已经成为每个人生活的必备品，72岁的陈大爷用手机网购自己的生活产品，包括心爱的钓鱼竿，更不用说每天睁开眼就先看手机的年轻人。数字技术和产品正在无形中潜入普通人的日常生活，塑造着数字时代的下沉世界。

曾经高大上的编程，如今就像种地一样成为许多人的生计，曾经在工厂打工、在建筑工地搬钢筋水泥的厂哥厂妹、木匠、机场地勤，随着数字技术下沉，转身便成了数字公司的前端开发工程师、后端维护工程师，从工业时代一跃而上，成为数字时代的弄潮儿，野生码农们不仅生产数字产品中的的麦当劳，也烹饪各种特色需求的私房菜。2020年，仅微信小程序的日活跃用户便超过4亿，覆盖200多个细分行业，从业者人数达536万，野生程序员们的工作正逐步成为数字生产中不可或缺的重要一环。

数字生活不只有编程一种形态，拿着手机不停走访记录的网格员，在各个出入口检查健康码的保安和服务员，为数字产品绘一幅岩彩画的画家，把长城、故宫和山海经里的建筑、场景、风景带入数字产品的创意青年，开发口袋大学、口袋公社、口袋高校的创业青年，用小程序连接有开锁需求的客户的锁匠，在家里一天直播几个小时的乡村小妹大嫂，不断追求农业智慧生产的农学博士，在镜头前为普通人带去唱作歌曲、民族音乐的歌手，银行里从柜员转身而来的自助机支持人员，把在疫情中失去的亲人带回电脑和手机里的失独老人，人到中年才实现追星梦的妈妈粉，和员工一起玩游戏的管理人员，被疫情圈在家里的网课学生，沉浸在电竞世界里的"坏孩子"们，数字下沉已经让人们找不到还没有被数字技术影响和渗透的地方。《有数》带给读者的正是这样一幅幅数字发展腾飞期中国各色人等活色生香的数字现实画卷。

数字分化

人人"有数"带来的自然有数字红利。某曾经在一篇学术文章中阐述过数字红利的产生机制,这里不妨将其通俗化。人类的现实是,每个人都不相同,它体现在从生物性到社会性的方方面面,其中潜藏着一个巨大的异质性市场。可是,每个人身上的特殊性不一定有机会在市场中变现。缘由是,在传统场景如村寨和牧场中,个体的特殊性没有市场需求。数字技术从连接开始,突破局部市场,对零星的需求通过数字汇聚让特殊性获得了整个人类市场,特殊性也因此在数字时代获得了变现机会。《有数》里的野生码农,县城里直播的小妹大嫂,在长沙做日语教育的日本人中村纪子,在伦敦做中餐的扶霞,在剑川做民族音乐的段保杰,等等,他们都将自己拥有的特殊性转化为数字产品,在数字市场里激发乘数效应,转化为数字红利。当然,这只是数字下沉呈现的数字红利,更大的数字红利则是数字创新产生的数字红利,如之前引证的,在疫情肆虐的近两年里,数字平台企业逆势高速增长。雅安的侯婆婆早晨起来在微信群里吼一声召集同伴们出门锻炼,用数字连接替代挨家挨户的招呼,让锻炼变得更加专业化,自然也是另一种数字红利。

当然,事物总有它的另一面,数字时代不只是带来了数字红利,也制造了数字鸿沟,产生了数字强制。中国有 3000 万长途卡车司机驾车行走在各式各样的道路上,长卡司机的生产服务和驾驶安全自然成为人们关心的议题。汇聚市场的异质性运输需求为长卡司机提供了客单,这原本是长卡司机享受数字红利的机会,可在数字机会的背后,也产生了数字强制。河南某运输公司强制安装驾驶室监控系统,完全不顾司机个人隐私,还强制收费 2800 元,外加培训费 140—240 元,不装不给营运证盖章。享受数字平台企业的服务、加入数字抢单当然会给司机们带来数字红利,同时也给平台带来了向司机收费的机会,"平台上抢单交200元,运输宝加9块钱,意外险加8块,技术服务费加10块钱……"人们可以把这当作数字社会发展中的现象,随着数字治理规制的健全和完善,数字强制会逐步消失。

数字鸿沟却不是可以马上消弭的。数字时代的初始阶段性暗示有一部分人生在数字环境中,在成长中自然习得了数字生活的技能,在数字时代如鱼得水;另一部分人则生在工业化时代,在成长中自然习得了契合工厂岗位的劳动技能和那个时代的生活技能,由此造成的第一个数字鸿沟不是由人们的社会经济地位带来的,而是由年龄带来的,老年人成了数字时代的弱势群体。一种表现是,他们不会用智能手机,自然也不会办理须用健康码、支付码等以数字终端为工具的或与个人身份绑定的各项社会事务,也因此被数字时代关在了门外。当然,不是所有的老人,而是相当一部分的老人。中国互联网信息中心的数据显示,到2021年6月,50岁以上的用网人数占用网总人数的28%,这个比例显然远低于50岁以上人口数占中国总人口数的比重。另一种表现是,上网的老年人有用数字资源创造价值、享受数字红利的,也有沉迷于在线视频甚至陷入网瘾的,对数字信息辨别能力的缺失让许多老年人把大量原本用于与家人共处的时间花在了滑动短视频的声色感受中,短视频成了老人们不曾谋面的儿女,用《有数》的话说,不少老年人集体走进了一个由算法推荐营造的世界,十几秒的视频,填满老年人晚年生活的缝隙。

被数字产品吸引的绝不只是老年人,心智尚在发育中的青少年包括婴幼儿群体同样在接受着数字时代的挑战。如果说老年人具有控制行为的能力,对数字产品的依赖是自我选择的后果,那么,处于生理和心理成长期的群体沉迷于线上世界则是社会的责任,妈妈与数字产品争夺孩子自然成了数字时代快照中的重要内容。有一个场景是这样:女儿刚刚6岁,妈妈芳子又生下一对龙凤胎,在坐月子时期,大女儿便整天抱着手机了。随着龙凤胎的长大,从会抓东西开始,手机也成为他们随时能接触到的"玩具"。手机里的鲜活世界，远比拨浪鼓和毛绒玩具更有吸引力。如果那个世界可以提供且仅仅提供适合特定年龄段的内容，手机当然是妈妈的好帮手，非常有助于把妈妈从讲故事、教行为的抚育活动中解脱出来，而去做对孩子成长更有价值的事情。可问题是，手机根本分辨不出把玩者的年龄，更没有智慧依据年龄提供恰当的数字产品。此时，如果你是妈妈，你就会跟芳子一样，手忙脚乱地与手机争夺孩子的教育权利。数字产品供给的无脑化已经成为当下数字鸿沟的另一个重要现象，参照发展心理学的研究结论，其对心智尚未成熟的青少年群体带来的影响甚至是终身的。芳子已经懂得不可能逆潮流而动，让孩子与手机隔离是不现实的，对孩子的成长也是不利的；但在数字产品供给实现智能化、良心化之前，与手机争夺孩子教育权的斗争也将会是长期的。

数字促进

在过去的一段时间里，中国政府从中央到地方出台了一系列公开政策、展开了一系列政策行动，旨在促进数字经济的发展，且进一步把数据作为生产要素写进了中央政府的政策文件，数字发展已经成为时代发展的主旋律。可是，数字下沉和数字分化让人们清醒地看到，仅有数字经济发展是不够的，数字社会需要同步发展。其中，缓解数字分化、推动数字公平，最重要的一环是发挥每一个个体和组织的主观能动性，积极参与数字时代的建设。而达成这一目标的关键在于个体与组织数字素养的提升。靠组织的数字素养让老年人有可用的产品，靠数字素养让上网的人群分辨线上信息的价值、辨别真伪，靠数字素养让企业为不同消费者提供适宜的数字产品……几乎每一项涉及数字改进的项目和内容都有两面，一面是数字规制和治理，另一面则是数字素养的提升。

提升数字素养其实是每个人都可做的事,给年迈的父母讲讲数字世界的趣闻或许可触发父母生命历程里的记忆并映射到当下的数字生活中,让父母不再相信明显的谣言和虚假消息;用自己抚养孩子的心态来做产品,一定能做出适龄的数字产品;在算法日益精进的时代,把良心写进用户画像算法中便不会向儿童推荐色情产品、暴力产品;人类积累的知识与经验,一定会进入田海博那样的榫卯游戏式的产品中。

当然,仅有个体或组织的努力是不够的,营造人人向上的社会氛围,树立科技向善的公司理念,运用公共政策工具促进数字公平更是提升数字素养的重要内容。2021年11月5日,中央网络安全和信息化委员会印发了《提升全民数字素养与技能行动纲要》,把提升数字素养当作提升国民素质、促进人的全面发展的战略任务,实现从网络大国迈向网络强国的必由之路,弥合数字鸿沟、促进共同富裕的关键举措。

作为数字时代的知识生产者,把握时代的脉搏,提出正确的、重要的问题或许是数字素养自我提升的有效路径,一个科技向善的社会、一个数字为善和公平的社会不是由抱怨建设起来的,而是在从数字强制和数字鸿沟等数字时代的另一面中发现和促进数字红利普惠、发现和促进数字发展公平中建设起来的,关注长卡司机的发展机会和际遇,关注外卖骑手的劳动公平和保障,关注零工群体的劳动权益,都理所应当,只是某以为,更加重要的是如何推动这些群体的数字公平!

这是一个改变人类历史的时代,每一个快照都是当下的现实,也是历史长河涓涓细流里的点滴,在这个关键节点,每一个点滴都有值得被珍视的历史价值!

序二
构建以人为本的数字文明社会生态伦理

杨　东
中国人民大学教授

　　自发生到如今，互联网数字平台乘着飞速发展的数字化大潮已然成长为中国社会中不可忽视的量体。互联网连接着人与人，而人是一个社会的根本单位。据估算，我国逾10亿人使用互联网数字平台的服务，如此规模，超级数字平台不可忽视的宏观市场势力和社会影响力早就越过了传统企业的有限范畴，进而微观地渗透到了普通人每日的衣食住行、点点滴滴。

　　数字化是一场几乎裹挟群生万类的洪流，身处其中，从不同的角度看会有不一样的魅力和洞察。自2021年年初发起，"数字原野"计划开始尝试回归普通人的视角，以平实的叙事方式，来观察与记录眼前的数字时代，以微小切角记录变迁的时代。我想，这也是围绕"科技向善"宗旨的一项善举，因为被关照的前提总是被看见。

　　阅读《有数》，我发现编者选取的人物多样，从文化背景、职业、年龄、受教育程度、地理位置以及生活愿景等方面呈现出极大的不同性，如果这个项目继续做下去，经时也许会给从业者、社会公众和学者提供一幅非常有意义的数字社会中个体生活形态的全息图景。作为学者同时也是数字大潮中的一员，我很高兴能够阅读到来自如此多样的个体的观察与感悟并为之作序，我也很欣慰于出版《有数》的用心。

百姓数字化的日常恰恰也是党和国家的心之所系。党的十八大以来，以习近平同志为核心的党中央高度重视数字生态建设，"十四五"规划和2035年远景目标纲要作出"营造良好数字生态"的重要部署，明确了数字生态建设的目标要求、主攻方向、重点任务。党在十九届六中全会强调，"立足新发展阶段、贯彻新发展理念、构建新发展格局、推动高质量发展，全面深化改革开放，促进共同富裕，推进科技自立自强，发展全过程人民民主，保证人民当家作主，坚持全面依法治国，坚持社会主义核心价值体系，坚持在发展中保障和改善民生"。习近平总书记在党的十八届三中全会中总结改革开放历史经验时更是特别强调，要坚持以人为本，尊重人民主体地位，发挥群众首创精神，紧紧依靠人民推动改革，促进人的全面发展；在全面深化改革的指导思想中鲜明提出，要以促进社会公平正义、增进人民福祉为出发点和落脚点。因此，正如党和国家的强调，构建以人为本的生态伦理也是当今数字社会的应有之义，是构筑人民美好数字生活的迫切要求。

数字经济的含义有两方面：数字产业化和产业数字化。数字产业化是指数据要素的产业化、商业化和市场化。产业数字化是指利用现代数字信息技术、先进互联网和人工智能技术对传统产业进行全方位、全角度、全链条改造，使数字技术与实体经济各行各业深度融合发展。互联网平台作为数字的基础设施，就像是一个数据终端，将参与交流或交易的不同主体连接起来，成为网络秩序的核心，各个参与交流或交易的主体则成为网络秩序的节点，因此互联网平台是数字社会规则形成的关隘所在。超级互联网平台已经不仅仅是一种被动的工具和手段，而应该成为通过科学技术和组织技术使自己的企业治理不断优化，从而带领平台使用主体和社会有序上升、构建以人为本的数字社会生态伦理的责任主体。

阅读《有数》的四十余篇文章,数字经济中个体不断提高的欲求以及向上能量的绚烂表达使我动容。文化和信念通过数字平台跨越国界和人种的瀚海找到真正的知音,年轻人通过数字平台打破传统上升渠道找到属于自身的道路,疫情期间人们通过数字平台表达出温情和切实的关怀,一笔笔交易通过数字平台灵活且低成本地达成,创造出社会价值,失独老人通过数字平台能够老有所依、晚年幸福……这些真实的故事都是互联网数字平台打破地理、阶层、代际从而带给老百姓一个个具体而微的生活提升,是平台贴合以人为本这一目标的具体例证,是过往创新的当前效应,是值得持续的优良社会效果。

然而,作为学者,我更有义务注意到,技术的负面作用同样存在,这也凸显了"科技向善"理念普及的重要性。

首先,技术本身也许是中立的,但技术的使用并非是中立的。它首先是服务于平台企业本身,也就是在公司制下服务于商业逻辑的,是有盈利需求的,打从一开始,平台使用者就已经是这套技术里的一个元素,被非常精细地计算进去了。平台给人们提供便利、满足欲望来交换人们的注意力,注意力如何放置对人而言构建了重要的生活形态,而在平台的逻辑里注意力就是商品。流量能变现,能卖广告,这套成熟的产生收益的过程并不带来任何的创新或给社会生成任何的超越性。这套基于流量的算法逻辑也并不在于挑战内容受众已有的观念,让人反思和长进,而是加强人既有的认知,形成所谓的"信息茧房"。"信息茧房"这一概念由哈佛大学法学院教授桑斯坦在其2006年出版的著作《信息乌托邦——众人如何生产知识》中提出,通过对互联网的考察,桑斯坦指出,在信息传播中,因为公众自身的信息需求并非全方面的,公众只注意自己选择的东西和使自己愉悦的领域,久而久之,会将自身桎梏在蚕茧一般的茧房之中。基于流量逻辑的算法将最能吸附注意力的、作用于人类底层需求的无营养内容送到观者嘴边，左右了人们对内容的吸收，未经同意便以无可阻挡的态势入侵与挖掘个人的精神领域，只为提升用户的黏着度。流量算法这种特性会对还未形成辨别能力且尚在形成人生观、价值观和生活习惯的未成年人的身心健康造成尤其严重的影响。

第二，创新是以人为本的数字社会生态伦理的应有之义，良性的竞争是企业创新不可或缺的驱动力。原有宽松的反垄断政策促成了数字经济大发展，但在竞争秩序维护、消费者保护方面，数字平台企业的自治自觉并未达到预期。

第三，作为市场经济中的雇佣者和调度者，互联网平台可以为了营收通过调度算法或薪酬算法等对劳动者实施管理，以"996"等有毒的工作文化压榨劳动者，或迫使劳动者承受较高的人身安全风险，严重侵害劳动者权益。

正如习近平总书记指出："数字技术正以新理念、新业态、新模式全面融入人类经济、政治、文化、社会、生态文明建设各领域和全过程，给人类生产生活带来广泛而深刻的影响。"不能忽视的是，数字平台已然具有强大的技术、资本、数据聚集效应，平台对于个体来说既可以是内容的生产者和搬运者、生活服务的提供者，还可以是劳动力的雇佣者和调度者，它主导了财富的创造和分配，其外溢效应渗透到个人生活的方方面面，甚至能在一定程度上影响人的所思所想。平台在塑造个人生活的作用上早已有了无可比拟的权利，而在我国法理上权利和义务应该是辩证统一的，因此构建以人为本的生态伦理也是腾讯等互联网平台企业理应承担的社会责任。

从社会效果上来看，互联网数字平台为人提高效率、解决掉一大部分旧问题、带来生活便利的同时也给人创造了新的、独特的棘手问题。可以说，互联网数字平台企业在构建以人为本的生态伦理的道路上还有相当大的努力空间。但正如前文所讲，看见是解决的前提，我衷心希望这本《有数》的出版能提醒更多的个体记录自己在数字社会中的独特经历，也希望数字原野工作室越做越好，更深刻地将普通人视角融入企业决策的考量当中去，在"用户为本，科技向善"的道路上走得更远，优化数字环境，推动数字惠民，让亿万人民在共享发展成果上有更多获得感、幸福感、安全感，为构建以人为本的数字社会生态伦理环境尽到应尽的责任。

序三
他们都是数字强人

吴肃然
哈尔滨工程大学社会学系教授

2000年的一天,我正在大学旁边的网吧里看新闻,突然身后一人拍了拍我的肩膀,指着电脑屏幕说:"开这么多网页,带宽都被你一个人占了!" 2021年的一天,在听完学生答辩后,满腹牢骚的我把网络上著名的《元首的愤怒》这一电影片段改编为《答辩主席的愤怒》,上传到微信视频号,短短一天时间,点击量竟超过百万。回忆过去的20年,我一直见证着数字技术这种不可思议的发展,也感触到自己被数字技术深深改变的人生。

今天,数字技术几乎嵌入每一个中国人的生活中,以至有学者担忧,在人人一部智能手机的时代,社会生活会变得极端的同质和无趣。而读完面前的这本《有数》,我们就会知道其实不然:数字技术好似一支画笔,手握它的人犹如不同的艺术家,他们创造出的画作风格迥异。《有数》的编排独具匠心,它把几十篇数字故事归入"上层—底层""都市—县域""亲代—子代""真实—虚拟""中国—外国"五个维度中,从社会学的角度描绘和审视了当代中国的数字生活。跟随着这些数字强人的生活律动,我们既会被生动、有趣、特异、纠结的人生经历打动，也会在技术与社会的摩擦和碰撞中陷入沉思。

底层人士有多大的机会实现阶层上升，这是衡量一个时代的活力和文明程度的可靠指标。回望几千年的中外政治史，那些阶层流动僵化的时代，往往潜藏着严重的社会危机，也都不免落入历史的黑名单。近年来，"阶层固化"逐渐成为社会上的热议话题，许多大学生不再自视为社会精英，而是自嘲为"小镇做题家"。不过，这些高学历者的看法未必反映了真正的社会事实，大学生所遭遇的究竟是学历贬值还是阶层固化，值得深思。身为大学教师，在我看来，如果一名学生具有足够的学习能力和学习热情，那么他在走上社会后并不难得到应有的奖赏，要进一步打破所谓的出身桎梏，亦有途径可觅。在"数字经济里的职业新可能"一章所展示的"向上的个体"中，我们也能看到同样的现象：退伍老兵在皖北小城成立了无感停车服务公司，因伤转业的消防员在二维码支付的蓝海中率先打造了自己的一叶方舟，逃离传统工厂流水线的"厂哥"通过自学转型为"野生码农"，拒绝"盲人按摩"这一职业宿命的视障人士成了盲人网络游戏的开发者，怀才不遇的岩彩画匠借助《王者荣耀》找到了实现艺术家之梦的阶梯。这些有趣的例子有助于破除常见的阶层话语迷思，给予我们新的提示：如果从阶层的视角来看待当前的中国，那么我们应该将关注点从阶层流动的可能性和速率方面移开，因为真正的大转型乃是发生在阶层流动所需的禀赋之上。在数字技术日渐兴起之时，那些塑造社会分层的先赋因素、符号因素、传统技能因素不得不让渡出部分空间，对数字时代有着敏锐理解的人，就有机会率先实现个体的跃迁。

新中国成立后，为了加快国家的工业化建设，政府推行了单位制、户口制和工农业产品的剪刀差制度，备受诟病的城乡二元体制由此形成。改革开放后，虽然工业开始反哺农业，但随着全球化和城市化进程的深入，大量农村劳动力进城务工，又进一步造成了农村的人口流失、基建停滞、文化衰败，"三农"问题成了中国社会的主要病痛。在这种历史背景下，21世纪以来的数字技术革命会给中国农村以及城乡关系带来什么样的影响呢？从新技术的发明和应用环境来看，数字技术的发展可能会加大原有的城乡差距；但数字技术又具有一种消除时空距离的内在品格，从这个意义上讲，它给当代中国的县城和乡村发展带来了宝贵契机。到底哪种看法更为准确，《有数》"数字技术里的县乡新图景"一章中的故事提供了部分答案。可以看到，数字技术为县域社会带来了许多新鲜的生机：农产品的带货和田园生活的公众展示已成为网络上的持久热点；借助数字技术开展的乡村振兴和扶贫工作，也已成为互联网大厂实现企业社会责任的重要抓手。与之相对照的是，本章所呈现的某些社会问题，比如老年人的时间全部被手机占据、农村儿童沉迷游戏等等，其根本原因并不在于数字技术。它们反映了县域社会一直存在的留守老人和留守儿童的问题，数字技术的出现只是让这些问题转换了面貌而已。总的来看，数字技术打破了空间的区隔和等级，为乡村文化赋予了前所未有的话语权。这一影响的积极意义要比我们眼下所能看到的深远得多，因为中国广袤的县城和乡村是未来社会发展的重心，只有它才能提供充足的体量来承载十几亿中国人的物质生活与精神生活。

老年人被习惯性地视为先天的弱势群体，其实这种观念的历史相当短暂，我们对于老人、青年、儿童的认识以及我们看到的代际问题大都是现代社会产生之后才逐渐形成的。法国社会学家菲利普·阿利埃斯在《儿童的世纪》中指出，将儿童视为纯洁无瑕的事物，对其进行精心呵护和教育，乃至儿童这一概念本身，都是现代社会的发明。现在人们对老年人的认知、老年人的社会境遇、普通年轻人与父母相处的方式，放在五四运动之前，统统是不可想象的。因此，当老年人在数字时代表现出落后、无知、缓慢、笨拙的群体形象时，如何来帮助他们，就构成了对于社会和历史的反思检视，也意味着对于政策和科技的价值考量。《有数》"数字生活里的代际新关系"一章中呈现的案例，就让我们看到了数字技术的温情。社会学家周晓虹曾提出"文化反哺"的概念，它形象地描绘了现代社会尤其是科技社会独有的文化现象，即文化教育不再是由长辈到晚辈的单向传递，而需要由晚辈向长辈反哺，数字时代的年轻人有义务承担起这种责任。

在老年人的问题之外，在代际关系的另一方向，同样有着困扰全社会的难题：出生在数字时代的新儿童常常让父母遭遇育儿挫折，孩子始终捧着手机、想着游戏，父母虽痛心疾首，却无计可施。这种代际冲突实际隐含着深层的哲学问题：对于数字时代长大的孩子来说，他们对真实／虚拟、工作／娱乐、自我／他人、身体／外界的区分与父母已经有了明显差异，这是人在技术环境中发生的演化。在第四章中，我们就能看到这种演化的深刻意义，如果现实中的社会关系充满了假象，"与机器人耍朋友"是否更加贴近真实呢？在2021年年末，轰轰烈烈的元宇宙浪潮似乎已经到来，如何面对人的感知和观念所发生的演化，是数字时代给我们提出的巨大挑战。

绝大多数外国人并未听说过"中国模式"一词，虽然他们大都将中国视为一种特殊的存在，但这种"特殊"通常不具有文明意义上的普遍性和进步性，充其量带着点神秘色彩，这与"中国模式"一词所致力传达的含义完全不同。有些外国人通过跨国婚姻之类的联结，对中国人获得了近距离的认识，能够超越意识形态和脸谱化的理解，但这种由亲密关系塑造的跨文化认知也受到个人化因素的高度限制，往往失之片面。近年来网络上还出现了一批将"赞美中国"当作表演行为的外国人，于是跨文化交流成了一门生意，双向的文化沟通变成了单方的闭环操作，从国人中来，又回到国人中去。观看这种表演时，我们根本无法体会到跨文化交流中的冲击和惊异，所感受到的只不过是民族虚荣心的反刍。《有数》第五章中的几位主人公则大不相同，无论是用镜头如实记录疫情时代和数字中国的前NHK（日本广播协会）导演竹内亮、在日本的"就业冰河期"来到中国并最终建立日语网络教学事业的中村纪子,还是凭借《鱼翅与花椒》一书震惊中国烹饪界的川菜达人扶霞·邓洛普,都是以普通人的态度投入普通的中国社会生活中,这恰恰是对当代中国的一种最严肃的理解方式。在他们开辟的跨文化交流与融通中,我们看到了这种理解方式的力量,它摆脱了宏大叙事,回归了日常生活,超越个人际遇,紧贴社会脉搏。透过数字技术这副"无色眼镜",外国人看到了当代中国发展进步的真实逻辑。

与大多数故事洋溢的积极、乐观相比,在每个章节末尾,穿插于《有数》一书中的、由学者撰写的学术故事明显沉重起来。这是一群青年社会学家对数字社会的观察,鉴于社会学天生的问题意识和学科品格,其叙事基调是很好理解的。正如马克思在工业革命浪潮中的书写,在数字技术革命中,也有许多群体和个体的命运,需要有知识分子站出来,对其予以觉察、揭示、批判、解释和引导。青少年的游戏成瘾,让人对这一群体乃至国家和民族的命运产生担忧;卡车上的卫星定位设备,成了几千万卡车司机和卡嫂的镣铐;身为数字技术弄潮儿的大厂员工,却因为"996"而被人视为数字时代的被压迫对象;快递小哥和外卖骑手,既被电脑里的算法禁锢,也在马路上的交规中冒险;就连看上去人畜无害的二维码,竟然也成了不肖子孙透支长辈劳动的帮凶。看上去先进、美好的数字时代,到了社会学家笔下就变得如此苦涩和不堪,可想而知,在持"996是福报"观念的人看来,社会学家真是一群 troublemaker(麻烦制造者)。其实,社会学家早已开展了类似的自我批评,而且远为激烈、深刻。社会学的任务究竟是什么?限度在哪里?社会学家如何摆放自己的价值观?如何理解不同社会角色在看待社会现象时的观点差异?如何在人类社会的历史真相和乌托邦想象之间保持平衡?对于这些问题,许多社会学家为之殚精竭虑。不过,自证的做法永远比不上外部的认可,社会学家的工作是否有意义,需要留给社会来回答。《有数》为社会学家留出的篇幅,体现了编者对于社会学思考的认可。

所谓数字化，归根结底是对信息进行逻辑和数学处理，借助物理机制进行流动、复制，再通过艺术和社会机制得以不断地转化、演变和再造。在此过程中，技术与社会发生了诡谲难辨的联系。近十年来，数字技术所展现的改变现实的力量已经在西方思想界激发出了一种新的社会思潮，即"技术乌托邦主义"。这种思潮认为，技术的发展推进了个人主义的思维方式，消解了阶层和社会权力结构，进而将整个世界带入了一种新的文艺复兴。出乎意料的是，笃信这种观念的人，已经把比特币的价格推高了将近1亿倍，把乌托邦变成了疯人院，而埃隆·马斯克的一条推特，就能让他持有的虚拟币在一天内暴涨百倍。数字技术的发展，似乎放大而非缩小了经济不平等，这也正是当下一些学者对数字时代提出的主要批评。

在数字技术高速发展20多年的当今中国，我们能够为上述两方面的看法找到各自的拥趸和佐证。但我们应该意识到，在观察技术与社会的关系时，经济分配的问题诚然非常重要，但它终究只是人类生活的一个侧面。《有数》一书为我们展现的东西就远远超出了这一狭隘范畴，让我们看到了多元视角的魅力。我相信，大多数读者都可以在本书中看到自己的影子，通过阅读各式主人公身上那些熟悉的际遇和思绪，我们当能更好地理解和把握当下的数字时代。

目录

一　突破局限的个体 | 数字经济里的职业新可能

2　　"打工人""社会人""数字人"都是普通人

6　　人人都是"野生码农"

14　　盲人程序员，在网上"修盲道"

24　　二维码上的"地推战争"

33　　"码"上战"疫"

42　　退伍老兵，干起"无感支付"

51　　义乌造纸厂"上云"记

60　　手上管着672户深圳人

70　　当一个"女博士"决定去送外卖

81　　自由职业的年轻人困于自由

二　从边缘走向中心 | 数字技术里的县乡新图景

94　　基层"数字新势力"

98　　一群年轻人"连续创业"的五年

108　　小镇上的心理咨询师

116　　把那个大厂农学博士丢到农村

124　　在直播里找到自己

133　　拽回掉队的8500万人

145　　被干预后的凉山贫困奇观

156　　游走线上江湖的3000万卡车司机

001

三　年龄不再是问题 ｜ 数字生活里的代际新关系

186　一块屏幕里的新家庭关系

189　80 岁，不再害怕去银行

197　70 岁，开始用微信

208　老人手机班里，老师 80 岁

216　三孩妈妈，与手机争夺孩子

226　在屏幕里留学

235　呼叫"虚拟恋人"的年轻人

242　拿不走手机，如何教养孩子

250　老人摆摊卖菜，子女家中收钱？

四　虚拟亦是真实 ｜ 数字场景里的云端新体验

258　新世代的"数字冲浪"

262　在游戏里建造"长城""故宫"

269　杨玉环"下凡"

279　边民的互联网世界

285　那些选择电竞的年轻人

301　他们在微信对歌，歌唱从未远离

308　在"瘾"的世界里，游戏不是单一敌人

五　来自世界的解读 ｜ 数字时代里的中国新印象

322　世界是"深的"：看见"真实中国"的外国人

326　日文老师中村纪子：有选择的话，我选中国

336　美食家扶霞：在伦敦建造"中餐烹饪指南"
344　"上海通"乐乐：法国姑娘解锁智慧养老地图
350　"非漂"水哥：在尼日利亚卖房是个什么体验？
359　南京女婿竹内亮：用镜头消弭偏见
364　数字漂流：老外眼中的中国故事

370　跋

379　后记

一

突破局限的个体 ｜ 数字经济里的职业新可能

"打工人""社会人""数字人"
都是普通人

像一朵浪花，拍打另一朵浪花。

数字化浪潮，对生产、生活和生意这"三生"领域，进行"无死角"覆盖的同时，也影响、激发甚至塑造了普通人的潜能——一种和数字化共存、共情、共生的微妙状态。

显而易见的是，这种状态有一个客观的支撑体量：2021年9月，中国互联网络信息中心（CNNIC）发布的第48次《中国互联网络发展状况统计报告》显示，中国超10亿用户接入互联网。

"互联网应用，数字化应用，已经塑造了一种全新的生活方式和社会形态。"中国互联网络信息中心副主任张晓说。

我们已经不可避免地进入了一个"数字社会"。

学者胡泳提过一个有趣的观点：什么是元宇宙？网络就是元宇宙。推而言之，什么是数字社会？

答：日常就是数字社会。

难道不是吗？如今，买个菜，扫码支付；停个车，无感响应；遛个弯，同步步数；登个机，亮码通行；转个账，云端汇款；聊个天，点开软件；夜个宵，即刻触达；睡个觉，智测心律……

如果说"996.ICU"（工作996，生病ICU）吹响了"打工人"自我觉醒的冲锋号，那么在当下的数字社会，每个人都在衣、食、住、行方面践行"007"模式：早0点到晚0点，一周7天"触网"，全年"上云"无休。

用胡泳的话说，数字化浪潮的席卷而来，本身就对"数字"一词进行了祛魅。

"伴随着这一切跨越，'数字'概念本身渐渐失去了意义：数字化一度是未来的同义语，意味着尖端、速度、高科技。但到了今天，数字技术几乎适用于所有事物：我们聆听的音乐，我们观看的节目，我们进行的购买，我们分享的社交媒体，我们赖以生活的应用程序，我们工作中不可须臾或离的软件……"

这个过程中，涌现出了太多写出来你认为太过普通，一旦记录成册（体系）后，会让你立刻感受到书写及拍摄价值的群体。这些人是遍布全国的"打工人"，是"满街乱跑"的"社会人"，是平平无奇的"自然人"，是数字社会的"数字人"，当然，他们也是芸芸众生中的普通人。

本章出现的这些普通人里，有人从事信息化程度极低的行业，比如和互联网八竿子打不着的包装行业，但做着做着，竟然发现这个传统企业，"慢慢成了互联网企业"。

有人每隔半个月，要去走访一趟辖区，查看是否有人搬家了，有人出生了，或者有人离世了……慢慢地，行政人员成了"调查高手"，成了在城市里"爬格子"的人，把每一户信息录入一张网里。

有人可能我们经常都能见到——疫情期间，他们守在公共场所的每一处进出口，身穿防护服，头戴护目镜，每天和上万人打交道，"不冤枉一个绿码，也不放过一个红码"。

有人被外界贴上"码农"标签——一群靠写代码为生的人，通过编程这个"小世界",实现了职业生涯、自我价值的双跨越。回看他们出发时的样子,有些人的职业、身份,和数字化、互联网完全脱节,有些人的身体特征和敲键盘、写代码相去甚远——具体点说,看不见这个世界的一群人,你能想象他们的"编码故事"吗?

他们的故事——或者更具体点说,数字社会里每个人的故事,都在数字化趋势的宏观背景下,为时代分别标注下了一个个注脚。

程序员、网络安全员、社区网格员、抗疫志愿者、"码上"工程师、移动支付推广者,这些普通得不能再普通的从业者,在移动互联时代,用各自擅长的"数字工具",过起了各自领域的"数字生活",而他们每敲一次键盘、每画一幅漫画、每做一款程序、每爬一遍"网格"、每扫一遍二维码,都在向职业生涯的新突破迈进一小步,都在推动各自领域的"数字微革命",积沙成塔,集腋成裘,将带来更多造福社会、人类和生活的"数字大变革"。

这个变革的最深刻社会意义,或许比你想象得更简单,也更常见:走向平民化的代码,造就了一个个"英雄不问出处"的"野生码农";日趋日常化的数据,决定了小区居民的搬家、纠纷、普查、防疫;逐渐生活化的二维码,在机场、高铁站、社区队伍前和高考考场里,发挥着举足轻重的作用;慢慢普及化的无障碍软件,让视障人士也能写代码、打网约车和在线"吃鸡"。

一个个突破自身局限的个体,正在数字经济里,看见职业生涯更多新的可能。

无论在什么时代,生活的细节总能焕发最吸引人的光彩。而透过一个个数字平台、一个个移动工具,和因为"触网"、"上云"、移动互联而连接在一起的一群人,我们看见了埋藏在生活里、经常被我们忽略的一个个动人的细节。站在数字化的"浪"潮之巅,所有边界被拓宽,所有神秘被揭示,所有封闭、阻塞和濒临切断、失联的关系,被重新打开——

原来，那些平凡生活里的"打工人""社会人""数字人"，本质上都是普通人。

人人都是"野生码农"

如果把互联网行业比作一个城市,开发系统好比造大楼,设计网页类似做绿化,应用程序就像沿街商铺……城市的形成离不开千千万万的建设者,互联网同样是由无数程序员共同搭建起来并日夜维护着的。

与那些早已稳固江湖地位的互联网大厂相比,众多毫不起眼的小公司、小团队已逐渐成为影响互联网格局的重要力量。或许没有宽敞的办公环境,可能缺少响当当的代表作,当中非"科班出身"的从业者更是一抓一大把,一群群不起眼的"民兵"却在当今的互联网环境下展现出了非比寻常的战斗力。

这帮深不可测的互联网弄潮儿还有个俗名——"野生码农"。

那些年,他们还在大门之外

网上有这么一段关于"野生码农"的定义:他们仅凭对计算机开发的兴趣进入这个行业,从前端到后台一手包揽,但各方面能力都并不精通。

对于上面的解释，顶着"野生码农"这个标签的80后程序员老甘说："'野生'这个定义的关键不在于精不精通，而是编程的平民化让有思路但不会复杂编程语言的人找到了属于自己的发展空间。"

绝大多数"野生码农"的事业起点都不在互联网行业之中，甚至与互联网八竿子打不着。"干做程序员之前的工作？我觉得那些应该叫'打杂'更合适。"回忆自己的工作经历，老甘如是说。

2001年，从安徽老家一所中专学校毕业后，老甘被分配到了广东，在广州白云机场当起了一名地勤。没过多久，他又误打误撞进入了一家招聘网站，平时干的都是些文职方面的杂活，跑腿、递材料、整理文案，时不时地给别的同事"擦屁股"。

也正是拜这种"打杂"所赐，老甘意外地被推入了互联网行业的大潮中——公司的原网管匆匆离职，现招人来不及，公司里又没有合适的接班人，领导就"死马当活马医"，直接让老甘接替了这个职位。

对当时连电脑都没接触过的老甘而言，"网管"这个概念还很模糊。可他也没有半点想回头继续从事文职工作的想法，只能"悬梁刺股"，利用自己的业余时间疯狂学习网络与编程知识。

在"野生码农"群体入行前的经历中，老甘的情况只能评价为"平平无奇"，跨行跨过"三峡两岸"的情况太过稀疏平常，以至于"互联网民工"这个戏称已然成了现实映射。

"我的转型经历跟这位比起来简直小巫见大巫，他最早在工地搬砖，又到超市里理货，之后还进工厂做过流水线上的工作。他已经30岁了，喏，他正在我身边打着代码。"曾是一名木匠的赵洋谈到"无所不能"的同事徐清华时，表现出了一种莫名的"谦虚"。曾经抱着"成为一名优秀木匠"这一愿景的赵洋，如今却身处在"野生码农"大家庭中。

中学毕业后，赵洋就早早进入了社会课堂。受限于年龄和能力，他当时能够选择的行当不多，最终选择做木工也是因为这看上去是一条比较稳当的路。在这条路上走到了第四个年头，工厂里四年如一日的爆表噪音和漫天木屑，让人与人之间的正常沟通都难以进行，对健康的影响更不用说，20岁的赵洋已经身心俱疲。

"提升工艺和技术什么的根本不存在，净是些体力活，是走是留我必须尽快作决定了。"又过了大半年，忍无可忍的赵洋前往培训学校报名参加了计算机培训课程，直觉告诉他，在这个信息时代，计算机相关的行业绝对是前途无量，机会多多。

对于事业的转型，赵洋倒没觉得有什么不妥："键盘也是用手在打嘛，我和徐哥都一样啊，一直都是靠着双手养活自己，只是身处的环境对于我们更加合适了。"

和赵洋一样渴望逃离"醒工砖"生活的人还有很多，他们不断质问着自己"是该继续还是放弃"，而一旦有曙光照射在他们脚下，他们便毅然决然地踏出改变人生的一步，来到一个全新的领域里大展拳脚。互联网正是乘着时代春风，接纳了一届又一届的"厂哥"和"厂妹"。

有条件要"码"，没条件创造条件也要"码"

当然，"野生码农"入行前的起跑线可不止一条，中途跑错了方向的也大有人在。论学历与履历，张宇绝对比大部分"野生码农"更接近这个群体当前身处的事业坐标点——原本就是计算机专业学生的他，2015年夏天中专毕业后，便挑选了为某宽带公司拉网线作为最初的谋生手段。

可这份工作并没有做太久，半年后，厌倦了这份工作的张宇就在老师的介绍下，来到一家生产电子设备的工厂负责组装设备，朝九晚九，每周休息一天。这份工作对他而言仍不算个好归宿，此后，张宇还尝试过做房产中介、处理塑料制品等工作，寻寻觅觅许多年，却始终没有换来期待中的自我提升。"我就像上紧了发条的机器,再这么无休止地做下去,我的脑子也该生锈了。"张宇说。

其实在电子厂工作期间,他已经有了学习编程的打算:"在中专时我已经知道有编程技术这个行业,多少也算有那么点基础,我就想着什么时候不忙了就开始系统性地自学。"但是长久以来的繁忙工作一直没能让他如愿。为了不让自己的热情干涸,张宇开始想办法"抄捷径":根据招聘网站上具体岗位的具体要求"对症下药"。

张宇开始将招聘页面上提到的各种技术要求全部记录下来,一条条对照着进行学习,并在短暂的闲暇时间里不断进行实际操练。一段时间下来,他觉得自己已经能够拿到一些岗位的敲门砖,就开始海投简历,期待能有公司能"抬抬眼",让他早日脱离"苦海"。

然而迎接他的是残酷的现实。学历的因素把他挡在了大多数互联网公司的门外,寥寥几回的面试也通通没了下文。就算多次被拒绝,张宇还是不断地学习,不断地投简历,只求能早一天"脱胎换骨"。在他现在的公司邀请他去面试之前,他坦言投过"不下一百份简历",最后也算是功夫不负有心人,互联网拥抱了他,他也借此从工厂正式"毕业"。

主动还是被动暂且不论,跨入互联网行业的新人想要立足扎根,还真不能说靠着刻苦钻研和一腔热血就能高枕无忧。信誓旦旦说要在这一行干下去的老甘,刚来到互联网赛道起点的"检录处"就遇上了一块巨大的绊脚石——昂贵的个人电脑(PC)。

与享受着时代便利的张宇不同,在 2001 年,PC 对于老百姓还是稀罕物。仅靠公司的电脑无法满足从零起步的老甘在实际操作层面上的大量需求,可一台使用"赛扬 2"处理器的台式组装机在当时标价高达 6500 元,以老甘当时的工资,三个月不吃不喝也省不出这个数。

为了自己的前途,老甘一咬牙,把仅有的积蓄全部搬出,又硬着头皮打电话向家里人借了一些钱。即便如此,离购买电脑所需的金额还差了将近一半。老甘也没有别的选择了，在家靠父母，出门靠朋友，他用剩余的"面子"打出明牌，把能联系上的朋友全找了一遍，东拼西凑，剩下的 3000 元总算是找到了"赞助商"。

老甘到现在还忘不了他从电脑城把他人生的第一台电脑搬回家时的兴奋感与畅快感。快速组装完成，接上网线，开机，更改网络配置，点开 IE 浏览器……起床就能上网冲浪的生活让老甘感觉自己比周边的人活得更加"摩登"，他能够看到的世界也远远超出了他的眼界。

互联网创造了一个无边无际的新世界，这也是一个刚刚搭出雏形的世界，里面的一切都在等待有志之士去携手创造。老甘期待自己能早日参与到互联网的建设队伍中，越快越好，而这台电脑会成为他最值得信赖的帮手。

他不断钻研代码，拓展自己的认知，寻找最适合自己的发展方向，键盘的敲击声成了那些年刻入老甘大脑颞叶的单曲循环。多年的自学下来，老甘踩过互联网行业一道道门槛，终于得到了进入互联网行业的正式门票，加入一家软件公司，成了一名 PHP（计算机编程语言）程序员。

实现了自己的初级目标，老甘在之后几年持续进击：2008 年，他在一家投资公司获得了技术负责人的职位；2011 年，他第一次联合创业，做互联网技术服务，一年后又拉着朋友一起继续做技术服务商。已经从"代码菜鸟"成长为"骨灰级程序员"的老甘，现在带领着一个拥有 60 人团队的外包公司，主营技术开发、网页、App、小程序等业务。

从一窍不通到创业成功，老甘的"码农之路"走过了近十年时间，像他这种规模的团队，已经跻身相关领域"金字塔"的中间区域。而赵洋所在的公司——或者说"6 人小组"更为贴切，则为大家展示了互联网新势力的"初始皮肤"：仅有的 6 个工位满满地塞在 30 平方米的小空间里。即便如此，对他们而言，有这样的专属办公地点已经算是恩赐。

给这个小团队提供孵化机会的是位于深圳市龙华区牛栏前村的"创业园区",园区里的小创业团队远不止赵洋所属的这一家,狭窄的过道两旁,紧密的玻璃门后,甚至犄角旮旯里的小隔间,都可能"蛰伏"着未来的"独角兽"。

据了解,这类不超过10人的小创业团队,近几年开始在广州、深圳等地扎堆出现,越来越多的"野生码农"对号入位,向着成为建设互联网世界基层环境的中坚力量稳步前进。而随着其他产业的调整升级以及个体对未来生活的考量,"野生码农"的持续增员趋势已不可逆转。

是什么让"野生码农"看见美好生活?

细究原因,"野生码农"蜂拥而入与互联网应用程序的发展有着极其密切的联系,其中,铺天盖地的微信小程序起到了推波助澜的作用。

2016年,由微信"应用号"更名而来的"小程序"问世,那时的人们肯定想不到这个微信的附属产品会在如此短的时间内改变整个互联网行业的产业结构。数据显示,2020年,微信小程序的总数量已超过百万,日活跃用户超过4亿,覆盖超过200个细分行业,相关从业者人数多达536万。

在互联网行业这么多年摸爬滚打下来,老甘毫不吝啬对小程序的赞美:"微信像个大商圈,网页、小程序就像入驻的店家,我们'野生码农'正是以'装修'这些店家作为生存之本,而小程序这块的'装修'是最容易做的。以我的实际经验,程序员开发一个App的时间至少一个月打底,复杂的需要好几个月;一个小程序,对于熟练程序员来说,可能用不了一周就能搞定。"

而在不同的工厂待过多年的张宇,则认为应用程序的开发与在流水线上干活的思考逻辑和方式都差不多，只不过地点发生了改变——从城郊嘈杂的厂房转移到了商务区写字楼里的各种电子设备的屏幕上。

"工厂的思维就是固定的方式，写程序也一样，创建需求、解决问题、打造产品都要根据固化的逻辑走，而这些都要由人来统筹判断并不断优化调整，不是说把东西放上传送带就万事大吉了。不过拜大环境所赐，现在人需要干的活已经比过去简单太多了。"模板化的新代码取代了传统程序员的"天马行空"，作为后来人的张宇在某些产品的开发中真实感受到了一种"像做数学填空题一样"的轻松愉快。

受益于小程序等应用程序开发方式改进的"野生码农"们，正处在怎样的生存状态里？某不愿具名的从业者透露，模板化的工作内容造就了更多的工作岗位，吸纳了来自不同行业的"野生码农"，而他们接触到这些应用程序后，也促生出一些行业新转变。

像老甘的公司，此前就接纳了一大批大专、中专毕业的学生。"计算机、信息系统、信息工程专业，有一定基础，悟性好一些，基本会留下，月薪在7000元左右，相对于同专业的学生，他们的收入算比较体面。"

又如一家成立于20世纪90年代末，主营养殖、水产品加工的湛江民营企业，想通过小程序开辟电商通道，上线后可以省去经销商中间环节，用户下单后，海鲜直接从原产地打包，运送到用户手上。为此，该公司专门成立了电商分公司，增加了40多人的电商运营部门，其中也包含了不少"野生码农"。

"这是一种发展的趋势，可以说有百利而无一害。"在老甘看来，编程已成为一项大众化的技能，这是行业发展过程中必然要经历的。而从另一个角度来说，各种思路及资源的涌入，会让互联网越来越受到人们的重视，那些低门槛的岗位，并不会影响到中高层次的从业者，因为这些降低门槛的工具，就是被他们所创造出的。

"野生码农"们从改变活法的那一刻起，注定将面对自己在最初的行当里从未遇到的新鲜事物。纵使困难重重,他们还是选择"一战到底",因为对他们而言,这一个个实实在在的机会,就在奋身一跃即可触及的面前。

撰 文 Junittt

盲人程序员，在网上"修盲道"

刘彪、沈广荣和王孟琦三名视障人士原本可能不会有交集的人生因为写代码而紧密联系在了一起。

他们的人生轨迹和职业梦想或许各不相同，但在一个个代码、读屏软件和线上工具的帮助下，他们得以用另一种方式"看见"这个世界。

数据统计显示，截至2019年，中国视障群体约有1731万人，其中23.5%是30岁以下的年轻人。对这些视障人士来说，是否真如20世纪80年代末的那封著名来信所言，"人生的路啊，怎么越走越窄？"这个故事的答案有些不一样。

数字化时代，一个个软件信息无障碍背后，是这群视障程序员在互联网上"修盲道"。

今晚要"吃鸡"

摇晃脑袋，戴上耳麦，沈广荣正等待"三秒到达战场"的队友。

两分钟后，他把耳机一摘，"我死了。失误！"

和无数"吃鸡"（大逃杀游戏的代称）玩家不同，沈广荣先天全盲，但这丝毫不妨碍他成为盲人版"吃鸡"游戏的"大神"。

2016年起，他开始开发一款针对视障用户的枪战游戏，自称"盲人版吃鸡"，通过脚步声判断玩家的距离和位置。

点击进入游戏，玩家就进入了一个3D的声音"战场"，通过声音的强弱、脚步的快慢，玩家自主选择方向，组队战斗，甚至还可以打字与队友交流。

沈广荣，广州人，1996年出生，天生全盲。从小到大，所有人都告诉他"你要好好学按摩，不然长大后就没工作了"。但他此后用行动"打了众人的脸"：谁说盲人只能推拿和按摩？盲人还能编程呢。

"吃鸡"时的沈广荣，投入得像个指挥家：不断敲击的键盘是他的指挥棒，不停进入耳朵里的"哒哒哒"声则像旋律，奏出一曲明眼人可能听不懂，但足以令视障玩家兴奋的"吃鸡之歌"。

"有时候可能一分钟，只需要一分钟，你就'挂'了。"沈广荣说。

"大吉大利，今晚吃鸡"（在大逃杀游戏中取得第一名）。但等不及在中午就"吃鸡"的沈广荣，还没等队友缓过神来，就被狙毙，"战死沙场"。

除了"吃鸡"，那天中午，他还用手机读屏听了关于疫情的最新资讯、动态，了解了一下深圳近几天的天气和温度，微信加了两个好友并彼此寒暄了一番。

当然，除了提前在中午"吃鸡"，他还调试了这个自己独创的盲人版"吃鸡"游戏——一个被他看作《我的世界》和"吃鸡"的综合体的游戏。

他给这个盲人版"吃鸡"游戏起了个名字：《爆裂都市》。

沈广荣在《爆裂都市》里激战正酣时，坐在他工位旁边的刘彪，利用午休时间出门办了件事，但这事儿办得"并不利索"。

"你眼睛这样，怎么打到车的？"

"你经常一个人出门吗？"

"你还有工作？编程？怎么编啊？"

…………

一上网约车，湖北孝感人刘彪就开始为司机答疑解惑。他语速平缓，咬字清晰，偶尔和陌生人开个玩笑，会发出清脆的笑声。

2021年1月29日中午，吃过午饭后，刘彪从单位——深圳市信息无障碍研究会（以下简称"研究会"）出发，左手搭在一名"明眼人"同事的肩上，右手插裤兜，前往附近一家银行注销银行卡。陪同的同事想叫辆车，刘彪摆摆手说，我来叫。

一上车就遇到司机的提问，这事对先天视网膜色素变性的刘彪来说再平常不过。他记不清多少个下班叫车时的黄昏里，自己为包括司机在内的无数陌生人解释，对视障人士来说，他们是怎样使用互联网工具的。

来到银行后，工作人员指引刘彪来到自助机前。在同事的帮助下，他完成了插卡—输入密码—选择业务—观看防骗宣传片—人脸识别—持卡人签名的流程，但此后依然无法销卡。再重来一次，还是不行。工作人员建议他开一张新卡，过段时间再过来把那张旧卡注销。

刘彪点点头。出门时，他调侃说，"那个防骗宣传片我都快背下来了，除了会编程，我可能还有做'防骗大师'的潜力。"

外出返工已近下午两点。电梯在七楼停下后，刘彪迈出电梯门，左手从同事的肩头抽离。"我去趟厕所，你先回办公室。"当被问及需不需要"明眼人"带路时，刘彪再次摆摆手，"对这儿太熟了。就算看不见，我也能感受到这层楼的位置布局。"

坐在刘彪斜对面的王孟琦对此深有体会。在河南许昌长大的他天生全盲，从小就被告诫要过一种"一眼望穿"的人生——学推拿，开按摩院，成家，生小孩。和刘彪、沈广荣一样，他拒绝被周围人"洗脑"。

他曾用电脑写下这样的一段文字：

"在这个世界上,如果多了一名针灸推拿师,那么社会这个平静的海面上不会引起一丝波澜;相反,若是增加了一名信息无障碍工程师,那么就将会给所有的视障人士打开一扇通向主流社会的大门。"

成为一名视障程序员,要经历什么?

除了无障碍工程师,刘彪还有一个身份:学生。

三年前,他在网上找了个教声乐的老师,"那个老师说,唱歌时声音从脑门儿发出来,这才算是悟了道。"刘彪觉得老师说得玄乎其玄,但还是跟着他学美声。

三年后老师告诉他,"我教了这么多学生,你是跟我学得最久的一个。"这话让刘彪乐了半天。

前段时间他开始作曲,"搞音乐",虽然眼睛看不见,但耳朵可以听呀。他下了个打谱软件,写好谱后,在网上抓取自己心仪的乐器演奏。

白天在研究会上班,晚上下了班,他回到宿舍就开始谱曲,还经常"开夜车"到半夜四五点,第二天去办公室时眼圈发黑,但一听昨晚写好的曲子,心里别提多甜了。

采访过程中,他找出自己最近的"封山之作"——一首名叫《城市的孤寂》的一分钟曲子,里面收录了莲花北村附近的公交车、地铁、行人和车流声。他说在旋律的世界里,自己听见了意境的美。

小学一年级时,他左眼就看不见东西,学校体检时,他的右眼视力是0.5。等到三年级体检时,他拼命想用曾经"还能用一用"的右眼看清视力表,却发现两眼一片空白。

在家里歇了三年多,他坐不住了,去了武汉的一所盲校。那时他13岁,但在盲校从小学三年级开始读。15岁时,在一次武汉地质大学和盲校合办的志愿者活动中,刘彪偶遇了地质大学的一个学生,后者借给他一本《C语言程序设计》,毫不夸张地说,这本大学里最基础的教材，改变了刘彪此后的命运和人生轨迹。

由于这本书是借别人的，想到终有一天需要归还，而自己又无法在短时间内掌握C语言，刘彪想了个办法：用磁带录教材。

他找到妈妈和妹妹做"哼哈二将"——两个自己出生后最亲近的女性，在16年前间接铺平了刘彪的编程之路。起初，妈妈反对刘彪学编程："你说这些个字母玩意儿，读出来录成磁带，你能听懂吗？"刘彪当时听完沉默不语。如今他回忆起那个暑假的录磁带旧事时，依然会用"不知所谓"四个字来形容当时的情形。"老实说，我妈说得没错，我当时听完那些代码，脑子里也是一个感觉：这该不会真是天书吧？"

既然无法短时间内理解，他就选择死记硬背。过了一礼拜，他觉得自己掌握了点规律。

有次，妈妈对着念这本书时又开始发牢骚，"刘彪，这些东西你真听得懂吗？"刘彪没接茬，只是抬头说了句，"我能说出你接下来要念的代码"，然后报出一串在外人看来不知所云的数字和字母。

妈妈的反应只有一句话："这你咋都知道？"随即她明白，儿子在编程上看来慢慢"上道"了，于是自己之后也更卖力地念代码、录磁带。

刘彪给自己定的目标是：把录好的编程磁带整理成盲文笔记，每天必须完成8页笔记。一个暑假下来，他整理了370多页的盲文笔记，上面密密麻麻写满了和C语言有关的一切生僻词和知识点。

刘彪说，很多事情都是"架不住琢磨的"，编程就是其中之一。"那时候真是兴趣浓，整夜整夜做梦，真不是骗人，好多次在梦里，我都还在写代码。"

没有条件，就硬生生创造条件。也是在那个暑假，刘彪每天都把麻将席往地上一铺，摸着一块块形似麻将的凉席片，刘彪心里想的却是字根表。"不练指法练反应。"刘彪说。

家人最开始觉得他"疯了"，后来习惯了也就见怪不怪了。刘彪摊开双手在麻将席上肆意游走时，父母立刻心领神会："傻儿子又在练计算机了。"

小小的编程梦就这样在刘彪心里生根。他期待发芽的那一天，即使后来在长春大学读针灸推拿专业，他也一直在云端"搞事"：他独自开发出一款 PC 端屏幕阅读软件，并搭建了一个视障资源网站。与此同时，他还做了个面向视障人士的云端实验室，方便视障朋友在线交流编程。

埋在心底的编程种子，在 2014 年有了发芽的迹象。那一年，他加入研究会，如今职位已是技术总监，专心于推动互联网产品的无障碍化。

"比如微信和 QQ，很多朋友发来的动画或表情，是无法通过读屏软件读出的，这时我们这些视障人士怎么回复呢？回复不了，因为很可能会错意。我们与微信和 QQ 合作，为产品提供信息无障碍检测，体验产品功能，遇到对视障人士不友好的地方就反馈，让产品得到进一步优化。如果说读屏软件为视障者上网插上了翅膀，我要做的，就是通过代码和信息无障碍技术，让这对翅膀变得羽翼更丰。"刘彪说。

"根本就没有什么下辈子，只有这辈子"

哒哒哒哒哒……

快速敲击键盘之前，沈广荣的耳机里传来一串常人听不懂的声音，那是读屏软件的声音。软件快速读出屏幕上的内容，以几倍的速率，向他快速传达信息。

"哎呀，没留神，我被狙死了。"沈广荣摘下耳机，自己在游戏中暂时"阵亡"了。自始至终，电脑屏幕都是一片漆黑，但沈广荣已经在一个"声音的战场"里酣战了十几分钟。

他建了两个 QQ 群，一个管理群，招募网友协助管理；另一个是内测群，此前已有 200 人。每次调试游戏后，他都会通过 QQ 群分享给群友，以此来优化产品。

"世界为你关闭一扇门的同时，也为你打开了另一扇窗。"沈广荣把这句话当成自己的座右铭。

从小他就没见过这个世界，但这并不妨碍自己依靠听觉去感受美好——小时候玩拳皇时，"明眼"的小伙伴们在一旁讨论哪个人物造型好看，沈广荣也没闲着，通过不同角色出拳的声音，步频节奏的音效，他弄懂了谁是八神庵，谁是大蛇，谁又是雅典娜。

自学编程后，他的第一个产品是一个音效播放器，灵感源自在电台节目里经常听到的一些掌声和欢呼声。每次电台里响起笑声和掌声时，沈广荣下意识会"脑补"发出这些声音的人的表情。

他知道自己永远看不见现实和虚拟世界里每个个体的面庞，但在自己力所能及的感知世界里，他可以去听。多年来通过读屏软件加速获取信息的经历，似乎让他在听力上比"明眼人"更强。

明白自己的强项后，他不再自怨自艾"我怎么就看不见"，而是用在听觉方面的长处，更大程度地发掘自己的兴趣爱好。

盲人版"吃鸡"游戏只是他满足自我爱好的一个实践。两年前，他想做自创的无障碍产品，把业余存的 20 万元投入这个产品的开发上，最后体验了一把"失败的滋味"。

有人劝他"你都这样了，很多事留到下辈子再做吧"，他回应："根本就没有什么下辈子，只有这辈子。"

几年前去研究会面试时，他把过去和编程有关的经历写进简历，但没写自我评价。被问到如何评价自己时，他给出了一句话：宁做真小人，不做伪君子。

"每天做喜欢做的事，能吃，能喝，能玩，这就很满足了，不去想明天，后天，大后天，也不会想遥不可及的未来。"沈广荣说。

在生活方面略显"佛系"，在感情方面他却丝毫不敢怠慢。在北京读书的女友也是视障人士,但这不妨碍两人异地恋爱的热度。

每天他们会在自己搭的聊天工具 Team Talk 上聊天,有时候两人困了,睡着了,忘记关麦克风了,第二天醒来发现对方还在线,又彼此呵呵傻笑。

异地久了,小情侣之间难免也有摩擦。他说女友和自己闹过一次分手,原因是"我对她不关心"。沈广荣后来反思了一下,觉得自己确实做得不够,聊天时就主动认错。

"认怂呗。'真小人'得做,'孙子'也得装啊。"

"自由时代"

"咔嚓,柜门打开了,那一刻的心情,怎么说呢,就像'轰'一声,十个亿的钞票砸你脑袋上,那比现在升职加薪,快乐 100 倍。"王孟琦说。

时间切回 15 年前,当时在郑州读高中的王孟琦,天天琢磨的不是做题和高考,而是教室里的一个铁柜。

铁柜里放着全班唯一一台电脑。学校每周都有一节电脑课,但升学的压力,让电脑课不得不让位给数学、物理、生物等课。

虽然天生全盲,但王孟琦对此不甘心。"电脑多好玩啊,我非玩到不可。"于是,高中生王孟琦开始规划起"暗室探险"计划:每个周一到周五的夜晚,他都在同学睡下后,偷偷从床铺上爬起,揣着那把"不知怎么就搞到"的钥匙,踮起脚来到宿舍楼和教学楼之间的那扇门前,掏出钥匙,龟速推开门,把锁扣上,朝教室飞奔而去。

那时的教室,门上方是扇窗户,玻璃里有防盗网。平时上课老师为了透风,都会把窗户打开,多数教室放学锁门后都没关窗。王孟琦一摸,心生一计,在门边架起两个凳子,想翻窗进教室,这样就能畅快地玩电脑了。

然而，窗户里的防盗网，成了他翻身而入的唯一屏障。

后来他想了个办法：拿了个拖把，让拖把杆顺着防盗网的缝隙一路向下，探到门里面的锁时，只听"咔嚓"一声，教室门锁应声落地。

接下来便是王孟琦的"自由时代"。

在沉迷电脑之前，王孟琦的梦想是做一名作家。虽然他看不见，但他可以凝神聆听，可以浮想联翩。

小学时他语文成绩最好，作文本上写下的"我想做作家"被妈妈看见后，妈妈嘲笑他"还作家呢，整个就一'坐家'"；到了初高中，他每次都端坐在电视机前，看不见，他就听科教频道的《探索·发现》节目，听久了，感兴趣了，就默默给自己改了人生目标：做一名天体物理学家。

但后来他发现，物理学家需要理科基础，这方面自己并不擅长。还没来得及培育更多宏大理想，他就被快速拽回现实。2013年下半年，王孟琦读大专的最后一年，他来到许昌的一家按摩医院实习。医院离家500米，步行只需五六分钟。

家人都对他的实习很满意，父母叮嘱他"好好跟人家搞好关系，争取留下来"。后来院长单独找他谈话，问他对医院的看法。王孟琦说："好，特别好，谢谢院长给机会。"

嘴上虽然自称满意，但每当王孟琦静下来，脑子里就会不断重播自己在高中时，翻窗进入教室，独享电脑的"自由时代"。

2013年底，王孟琦在网上得知了研究会正招聘信息无障碍工程师。"当时没太明白到底干啥的，只知道是给互联网产品做测试。"王孟琦说。

后来他投了简历，做了面试，最终并没有拿到offer。不过此后一个已录取的候选人临时决定放弃，这让王孟琦得以顶替入选。

放弃在医院稳定的工作，背井离乡来到深圳打拼，对任何一个来自小城市的青年来说，作出这样的选择，遇到的阻力其实更多地来自家庭内部。

人情和关系编织的那张网,对王孟琦的父辈们来说至关重要,但对于1993年出生的王孟琦来说,那只是一张看似四平八稳,实则违背自己真正向往的"自由时代"的"内卷之网"——沉于其中的人就自得其乐,挣脱而出的人则无比轻松。

王孟琦就是拼尽全力挣脱而出的其中一个。他把这看作"听从内心声音","有些选择,有些决定,其实比升职、加薪、拿大奖、中彩票更激动人心"。

当王孟琦用自己双手敲出的代码为屏幕以外的视障人士提供到帮助时,他觉得自己敲出的字母就像是天使,他至今仍怀念高中时,每晚偷偷玩电脑的"自由时代"。他说,他格外珍惜"自由时代"。

撰 文 马舍博

二维码上的"地推战争"

我们可能已经很难记起,自己第一次见识到二维码的效用时是什么表情,十多年前那个没有二维码遍地走的世界,又是什么样子。二维码并非一夜之间就"千树万树梨花开",它更像微蒙春雨,一点一点地洒在广袤的大地上,慢慢浸透,等到人们发觉时,地表已经全然湿润。

那些奔走在各个城市、县城、乡村的服务商便是这蒙蒙春雨,他们用双脚连接起无数中国经济的毛细血管,同时也创造着新的就业机会。中国信通院发布的就业报告显示,仅2020年,微信小程序、企业微信、微信支付等服务商共带动290万就业机会。

这些人里,有退伍的消防员,有边境省份的商人,还有意外破产一无所有、又凭借超人的努力逆袭成功的中年人。千千万万个普通人,用双脚行走在自己的一亩三分地上,经营自己生计的同时,把二维码贴进商店、贴上街头,贴遍了中国大地。

眼界

一次意外松手，却让任杭有了一次抓住风口的机会。

凌晨，警铃大响，任务紧急。大学毕业、成为消防员一年多的任杭，刚结束夜班执勤不久，脑袋还有点昏昏沉沉。

厦门夏夜的空气中裹着一股湿热，任杭汗涔涔的手心在速降滑竿上磨得发烫，一不小心松开了滑竿，跌到了一楼。其实右脚已经骨折，但紧急之下任杭并没有意识到，忍痛完成任务之后，才发现可能没有办法继续做消防员了。

2013年，任杭到了深圳，这个腾讯总部所在的城市，来寻找工作机会。

相比消防营地的单调，这里有着太多对他来说新奇无比的玩意儿。朋友带他吃饭时，桌上可以用来扫描点餐的二维码，给任杭打开了一个新世界的大门。

作为一名1989年出生的大学生，他知道超市扫描一下条形码可以看到商品信息，也知道输入网址可以进入网页。但是用扫描二维码的方式，打开一个网页或者应用，却是完全超出他想象的东西。

他突然对这一个个黑色的小方块产生了浓厚兴趣，加入了一家移动互联网公司从事运营和销售工作。

回黄冈老家时，他发现很多家乡的朋友完全没听说过二维码这个东西，餐饮商超里更是见不到什么移动支付的影子。在移动互联网公司工作，见证和体验了微信支付上线的任杭，敏锐地捕捉到了这里面可能蕴含的商机。

他一直记得2013年8月5日那一天，在地铁上的一张报纸上，见到了微信支付上线的消息。2014年8月时，任杭果断回到武汉，在微信生态的领域从零开始创业。

一个月后，李克强总理在夏季达沃斯论坛上提出"大众创业，万众创新"。一时间武汉的微信支付服务商遍地开花,光任杭知道的就有 200 多家同行,他没接触到的还不知道有多少。他觉得有压力,也有干劲,"这么多人都在做,说明方向对了,前景有了"。

创新创业的风由南向北吹,吹到了武汉,不久后也将吹到东北。

在沈阳市的辽中区还是辽中县的 2015 年,白英帅准备带着妻子从镇上赶到沈阳的大医院看病。他怕挂不上号,打电话给住在医院附近的朋友,请他帮忙想想办法。朋友跟他说完全不用担心,直接在手机上挂号就可以了。第一次尝试的白英帅还有些不放心,觉得网上挂的号不知道什么时候才会轮到自己,一大早跑到医院,发现妻子的名字居然排在所有队伍的第一个。

去到医院附近的肯德基点餐时,发现自己没把现金带在身上,但人多嘈杂,妻子坐着的地方根本都听不到白英帅在喊她。这时店员告诉他,还可以用手机支付。

一次智慧医疗和一次手机支付的体验,让白英帅感受到了移动互联网的便捷。只是在那个时候,整个沈阳也就这一家医院,以及肯德基这种连锁餐厅才接入了这些移动互联网应用,更别说白英帅所在的小县城、小乡镇了。

本来是开工厂的白英帅家,在那一年也突遭变故,一场大火将所有资产烧得干干净净,还欠下 100 多万元的债务。白英帅算了笔账,100 多万元,光靠上班,不吃不喝都不知道要多少年才能还清,只有靠再次创业;可现在别人不来找他要钱就不错了,他还能去找谁要来启动资金?思来想去,只能找一个成本投入少,但是前景却有无限可能的行业。

他把目光投向了在东北还非常陌生的移动互联网。

努力

没有人理解白英帅的决定。家人朋友们觉得他简直是疯了。在当时的东北，微信公众号使用者寥寥，微信支付更是几乎看不到踪影；而高中都没毕业的他，算虚岁都有32岁了，怎么可能再从零开始进入一个全新的领域学习，更何况还是有一定技术门槛的移动互联网领域？

但对于白英帅来说，这可以说是一件没有太多选择余地的事情，他现在唯一有的就是时间和精力，只能认定了并走下去。他揣着1万块，从家里到了大连。租房花了3000块；为研究企业公众号的使用，又花3000块注册了一个公司；剩下的4000块，添置一些家居用品后，也支撑不了太长时间的生活。

白英帅不管。他整天整天地泡在网络上，学习微信各种平台的后台技术手册和问答文档，上上下下看了几十遍。每个菜单、每个功能都被白英帅尝试了个遍，不知道的就自己用搜索引擎查找，有时一个知识点就带出一长串的网页，有时则是怎么找都找不到。

差不多半年时间，白英帅就待在小小的出租屋里，步数最少的一天只有26步，睡在椅子上的日子要比床多，学习到深夜时吃过长毛的面包，也吃过茶水泡的碗面。钱快不够用了，他就开着还剩下的一部没有卖掉抵债的小车，跑跑网约车，赚到了一点钱后又从驾驶室的椅子挪回出租屋的椅子上。

自学学到的知识点都是零零散散的，根本形不成体系，很长一段时间都让白英帅根本摸不着头脑，直到有一天突然就融会贯通了，好像一根根小草汇聚成了一片草原，他的心情也像草原的狂风一样扶摇直上。

他曾想过用他学到的公众号知识帮助商场运营，由此再把微信支付接入商场。为准备活动方案和合作伙伴熬通宵的时间不在少数，腊月二十九那天更是到晚上11点才返回出租屋，离开大厦时整个楼都只剩下他们两个人。但这次尝试并没有成功。

过完 2016 年春节，家人实在看不下去了，勒令他必须回家。白英帅茫然了：通过微信支付创业这条路，真的走得下去吗？

1500 公里外的武汉，任杭和另外两名合作伙伴创建了自己的公司，享受着武汉创业孵化的优惠政策，至少短时间内少了很多资金方面的担忧。

每天清早，他和合作伙伴们就带着电脑出发，在武汉 800 多平方公里的建成区里，一脚一脚地丈量，一家店面一家店面地去推广微信的各种营销方案。

新生事物往往很难被因循传统的人所接受，而摆在任杭们面前的，还不仅仅是被接受的问题——每天光他自己一个人就能拜访 100 多家店面，但每 100 家店面，可能就 30 家左右愿意和他聊上几句，其中 10 家表现出了一些对微信支付的兴趣，但最终能够成交的往往只有一两家。

晚上 9 点，结束了一天的拜访，三个年轻人选定一个地铁口，就在人来人往和列车呼啸中，总结复盘一天的成败得失。

他们相信，产业可以被替代，但服务是不可被替代的，他们只要做到服务最好、口碑最好，武汉就一定会有他们的立足之地。

日复一日，2015 年，任杭的公司终于在 200 多家同行里站稳了脚跟，有了稳定的客户源。

转机

回到小镇的白英帅，日子过得和在大连没有太多差别，只不过常驻的位置从出租屋的椅子换成了家里的床。

"夸张一点说，我都不'动窝'，甚至有时候脸都不用洗了。"家里人一个个都觉得他"废了"。

白英帅的心思总有一缕牵挂在自己的创业上。他有时接一点公众号运营的活，赚取一点生活开支。直到一年后，他终于获得了一次机会，通过自己的运营技巧，在三天时间内，把一个本地商城公众号的粉丝数量从2000多做到了2.8万。在做活动的同时，他利用微信支付官方提供的系统，第一次发展起了自己的客户。

可不料，活动结束后，那些商户觉得无利可图了，又纷纷弃用了微信支付，最终留存仅一家。努力付诸东流，最窘迫的时候，白英帅身上只有5毛钱，连儿子想吃雪糕都买不起。之前作为微信支付服务商赚取的佣金，因为没有到提现门槛，也只能眼巴巴地看着。

他开始跑货运。货车拉牛，加油时站在车下，牛粪能崩得满头都是。一趟广州来回6000多公里，整整一个星期全在路上。一次大桥上的堵车，一个晚上前进了不到3公里，他和搭班的司机24小时的食物就是一人半根火腿肠。

白英帅体格不健壮，虽然驾龄很长能够开车，但在搬运货物方面几乎没有什么帮助，其他司机都不愿意和他搭伴，工作也是断断续续，一个月有时赚2000多，有时赚几百。

但是曾经投入那么多精力和时间，没日没夜学来的那些知识，在脑子里就好像是要炸开一样，总是牵引着他的思考。在家里、在烧烤摊、在货车上、在加油站，随时随地，在聊天时自觉不自觉地就会讲到微信支付上。

开加油站的朋友，后来就靠着他接入的微信支付系统，才解决了三家加油站人工核对账单经常出错的问题。

"2017年4月18日"，白英帅在笔记里清楚地记下了这个日子。当时他还在本地商城工作，购买了一些微信支付的物料，其实还用不上，便没有激活。突然一个来电显示为"腾讯"的号码拨到了他手机上，他有些愣神。原来是微信支付的人打来的，对方很奇怪为什么一个偏远的小县城会买这么多物料，也没有激活使用。

了解了白英帅的情况，来电者问道：需不需要什么帮助？白英帅回答他，这么多年他一直单打独斗，太多问题解决不了也想不明白，很想跟其他人交流学习。

晚上，来电者把他拉进了一个交流群。群里都是全国各地的微信支付服务商，有的还处在入门观望期，有的也只是刚做这一行不久。每天群里热热闹闹，数不胜数的问题冒出来，最开始那个问题一下子就不知道被顶到哪里去了。

白英帅意外地发现这些人问的问题连他都可以解答，而且，他也非常乐意解答。他太明白一个人在黑灯瞎火中踽踽摸索的感受了，不知道光亮在哪，不知道黑暗的边界在哪。

在回答无数问题的过程中，他一遍又一遍地巩固着知识。那种被人信任、被人依赖、被人感激的感觉，也让他明白自己不是一个"废人"。

即使在后来的货运路上，他没工夫时时刻刻响应群友的求助，但也会在有时间的时候，看看大家都在聊些什么。

他一直相信微信支付的前途，因为他曾去过一次杭州，三天时间里，完全没掏过一分钱现金。而那次意外来电就好像有一股把白英帅往上拽的力量。渐渐地，他谈下来的商户数量变多了，移动支付的红包活动铺到了这个东北县城，放眼望去，每家商铺里都是二维码，他再也不用费口舌去解释那些最基础的东西了。

2017年12月，他提出了第一笔来自微信支付的佣金：7446元。

开花

崔海洋比任杭和白英帅幸运一些，他不用白手起家，在内蒙古四子王旗，他所任职的商场，就是一个天然且易得的客户源。

但是边疆省份在变化上总比内地慢上那么一两拍，在江苏盐城出生长大的崔海洋对这一点更是体会深刻。当他准备引进微信支付时，内蒙古盛行的支付方式还是POS（销售终端）机。也有少数人像他一样认识到移动支付的潜力，但当时流行的是大型商家制作 App。

在崔海洋看来，这种做法在推广成本和使用习惯上，都不符合市场调研反馈的结论。一个常住人口五六万县城的商超，最合理的做法还是利用微信公众号进行开发，再接入微信支付的端口。

他让商城的服务员手把手地教顾客怎么扫描，怎么绑定银行卡。他用优惠活动吸引顾客来到商城，最热闹的时候，日均客流量超过了 1 万。到现在，商城单日销售额从 50 万元拉升到了最高 150 万元，六七十万的移动支付中，微信支付占比达到 90%。

2018 年左右，崔海洋利用微信小程序，开始打造整个四子王旗的线上商圈，把全县 500 多家乡村小卖部，都纳入了这个项目里。

小卖部周围 3 公里的村民牧民，在微信上就可以直接选购，再由小卖部送货上门。二维码从县城一下子铺到了每一个村落，所有人都可以用它来购物、支付、追踪每一匹牛羊从饲养到屠宰再到人们的餐桌。

当崔海洋在穹顶硕大的蒙古包里宣传微信支付和农村电商时，他或许会想起来，他刚打算做这一切时，内蒙古人还觉得互联网是一个虚拟的世界，和他们的生活没有什么关系。

直到爷爷奶奶和家庭成员都用上微信视频聊天，路边的单车可以用手机解锁，家里的电器也连上了网络，大家才意识到，互联网已经成为生活中必不可少的一部分。而崔海洋早就把商城里的微信支付率提升到了整个乌兰察布市的最高水平。

就像崔海洋在内蒙古普及二维码的背后悄悄出了一份力一样，坚持用最好的、最完整的"小程序、公众号、直播、运营推广"一站式营销服务的任杭，也被提名参选"2020 影响武汉经济人物"，登上了武汉市委机关报《长江日报》的头版。

在那几百家同行中，他的公司已经脱颖而出，成为体量最大的 10 家公司之一。5300 多个品牌、超 10 万商户接入，100 多家服务商和代理商遍布全国，每年营收 3000 多万元。

武汉疫情时，公司用积累的技术和经验，联合武汉餐饮协会和湖北省交投分别开发"本家饭团"线上外卖平台和"荆楚优品"社区团购平台，服务了 30 万户家庭。前者通过武汉餐饮协会协调餐饮店，为武汉居民尤其是医护人员提供餐饮服务；后者则解决了社区居民团购时几千人在微信群里接龙、配送数据混乱的局面。

2018 年春天之后一年，小小的捷达车成了白英帅的移动办公室，也是他唯一的办公室。他奔波在不同地区的商户间，接入系统、解决故障、服务后续，一年下来里程达到了 6 万公里。一名老板说，他专程驱车 160 公里过来解决问题，而旁边的银行都做不到这一点，接着便把手上另外两个超市的代理权交给他。

一个和他关系不融洽的员工，服务的商户遇到了突发情况，在凌晨 1 点的公司里找不到人解决，最后只好硬着头皮联系白英帅。不一会儿，他的车便到了现场。年会时，这名员工过来敬酒说，公司里，他最佩服的就是白总。

早年的积累像一张展开在脑海里的宏大地图，指引着白英帅每一步的方向。其他 App 服务商捣鼓 1 小时都没接入成功，他上手 10 分钟就搞定了。老板娘直说，还是微信的技术厉害。只有他自己知道，那是几年来无数次脑海中的演练和刚刚 1 小时细致观察思考的自然结果。

1995 天，2287 篇笔记，26G 文档，34 个地市，18 个行业，8000 家合作门店，每月超 500 万笔交易……白英帅知道，虽然自己几年里付出了超人的努力，但是如果没有其他人同他一起奋斗打拼，没有落魄时仍信任他并施以援手的朋友，他一定很难走到今天这一步。

奔驰换掉了捷达，但白英帅其实并不在乎赚了多少钱，他就想着 10 年后拍着胸脯和儿子吹吹牛：那时候，咱们这个小县城用微信支付比整个东北地区还早，就是你老爸我干的！

撰文　张一川

"码"上战"疫"

毫无疑问,广州在2021年夏天的这次战"疫"硝烟,也弥漫到了"粤省事""粤康码"这些数字工具所在的办公室。粤康码能持续被"点亮"吗?后台会不会就此沦陷?数据更新能否跟得上疫情蔓延节奏?

在一座拥有"云端铁军"和"送药小分队"的城市,他们在紧张中保持有序,在风险中获得人性之暖。6月15日0—24时,广东省新增本地新冠肺炎确诊病例数为零,人们等来了好消息。

警报声?

发际线上移,是压垮年轻人焦虑心态的"最后一根稻草"。

如果不是打招呼时脸颊露出的两个小酒窝,很多同事都认不出,眼前这个发际线"上移了2厘米"的高个子男生,就是那个爱笑的90后同事张国剑。

张国剑是"粤康码"的项目经理。他所在的数字广东公司(以下简称"数广")2020年于疫情全面暴发之初,便成立了重保团队(重点运维保障专班),维护着粤康码、粤澳通关、核酸检测、疫苗接种、健康防疫核验等疫情防控服务的稳定运行。

"我的心态吧,就像坐了一回过山车。"

张国剑用"作战室"形容疫情期间重保团队所在的办公室。"疫情刚来时,战场上的同事都很兴奋,随后有点焦虑,接着开始疲惫,但更多的是信心。"

2021年5月31日早8时,"作战室"已经进入工作状态3个多小时。

前一晚,在梦里,张国剑听见断断续续的"嘟嘟嘟"声。起初声音很小,像极了公司平时遇到接口故障、占用CPU(中央处理器)过高等问题,系统发出的"嘟嘟嘟"的声响,随后这个声音越来越大,以至于他一度担心住处是否失火,"太像火警的声音了"。

从梦中醒来时,"警报"依然没有解除。把张国剑叫醒的是一个电话,"公司打来的,说后台系统遇到了麻烦"。

张国剑来办公室时,"作战室"已进入"战时状态"。据同事刘亚单回忆,粤省事当天的访问量"狂飙突进",达3.5亿次,"去年疫情最严重时,粤省事的访问峰值也只是1.8亿次"。

粤康码的访客突然激增,主要源于广州疫情严峻。2021年5月30日晚,广州市新型冠状病毒肺炎疫情防控指挥部发布通告:为减少因人员流动带来的疫情传播风险,通过广州辖区内机场、铁路、公路客运站等站场离穗的旅客(不含外地中转旅客),须凭"健康码"绿码,并持有72小时内核酸检测阴性证明。通告从5月31日22时起开始正式实施。

于是,亮码成了在广州出行的"常规动作",而一份在粤康码上出示的阴性核酸报告,则是所有人出入广州的一张"必备通行证"。当天的疫情数据显示,广州累计报告30例阳性病例,其中确诊病例23

例，无症状感染者 7 例。而此前的 5 月 26 日至 29 日，广州市内的"中高风险区"——荔湾区已经开展了全员核酸检测。

"战场"中的刘亚单走走停停，当张国剑接到电话急匆匆奔向办公室的时候，刘亚单决定紧急介入这场粤康码的"亮码之战"——突然暴增的点击量，已经让粤康码后台的整条链路吃紧，"其实系统就像人体一样，平常没事时，一点问题都看不出。但一旦让你跑个 5000 米，你就会喘，我哪里不行，哪里有毛病，这些问题立马暴露。"

同样经历了"过山车"状态的，还有和张国剑同在一个"战场"的劳学礼。这个负责"粤省事"产品的 80 后，近期的睡眠时间一直是个谜：有同事说，疫情之前就看见他"把办公室当家"；有不愿具名的同一"战场"的"战友"透露，"早上来上班，看见他在会议室托腮冥想；晚上下班时，又发现他瘫在沙发里小憩"。

劳学礼用"地震来了"形容当时的紧急。"如果把粤康码的系统比作一栋房子，那最开始我们是按 8 级抗震的标准去建的，但现在发生的是 10 级、11 级甚至更高等级的地震，这种危急可想而知。"

半小时"争夺战"

5 月 31 日晚九点半，团队在监控后台查询流量情况时有一个"新发现"。"后台显示，运行中的核酸检测功能调用量非常庞大，大约是日常的 5—6 倍。那时候大家都在后台不断刷新核酸检测记录，都在问为什么核酸结果还不出来。这波流量对整个'粤康码'的服务都造成了压力。"

团队紧急磋商，立即决定给"核酸检测记录查询"的数据链路紧急优化，撤销无效链路。原因是根据通告，当晚 10 点后出入广州才需要核酸阴性报告，但粤康码的"亮码"却是所有人出入公共场所的"刚需"。于是，核酸检测功能暂时被缓存半小时，这也给粤康码的调试和维护，争取到了宝贵的半小时。

保卫粤康码的战"疫"在数广办公室里进行，保卫"老广"健康的线下核酸检测此时也从疫情最严重的荔湾区，逐步铺开至广州市其他区。根据全市防控部署，将核酸检测的范围，扩大至覆盖5个区的48个街道，包括越秀区、海珠区全域，天河区和番禺区的部分街道。

这个部署，对线下验核酸出了道难题：这么多"老广"要验核酸，秩序该如何维护？

在海珠某福利机构做家庭社工的小欣，就这样被"抓"去做志愿者了。当天，她突然收到调派信息——新港、沙园、南石头等街道需要志愿者支援，名单上出现了她的名字。起初她有点害怕，风险大，任务重，谁不怕呢？看见被"抓"去做志愿者的同事们都没吭声，她自己也不敢吭气。

随后，她换上密不透风的防护服，在新港街道蓝色帐篷下，给前来排队做核酸检测的居民做指引。她的工作重复又机械：登录粤核酸、确认居民身份信息、给对方条形码、指引群众扫码、送去医护人员处核检。

爱出汗的小欣，站了还不到半个钟头，就被密不透风的防护服和需要不断沟通、走动的工作弄得全身湿透，豆大的汗珠滑进眼眶，"整个人就像隔着一层塑料膜，放在太阳下被蒸烤。"

后来她才发现，内衣和内裤，自打出门后就一直紧贴在肉上，"因为全湿透了"。

"作战室"和"送药小分队"

志愿者汗流浃背的同时，线上的"战役"正趋于白热化。

回忆起当时的数据，张国剑说，粤康码在5月31日的PV（页面访问量）峰值高达60万次/分钟，而30日当天的数字只有10万次/

分钟。"我们发现，在微博、微信和其他社交媒体上，抱怨'粤康码无法亮码'的人还是蛮多的，在机场、高铁站这些地方，无法亮码，你就无法通行。"

虽然果断让核酸检测功能降级，但粤康码的访问量依然持续增加，"再这样下去，真的会扛不住"，同事们决定给粤康码"扩容"。于是，1小时之内，100多人临时组成的重保团队，把4个大会议室改造为一个"临时战区"，并开始从横向、纵向两个维度，对网关、服务器、数据链路和网络带宽进行扩容。

云平台的扩容，让重保"战区"的灯火通明持续了十几个昼夜。红牛、咖啡、方便面；饼干、果汁、巧克力。留守在"战区"保卫粤康码的重保团队，开始了关于一次事关所有广州人健康安全的"全力追击"——他们追赶的是飞速流逝的时间、高效御险的系统，还有没有任何人知道扩散速度的病毒。

张国剑认为，"保卫粤康码"的"战役"其实并没有想象中那么简单。"粤康码只是最前端的系统，它的后面还背靠服务器、数据链路以及微信和政务系统这些外部接口，任何一个环节出问题，粤康码都会出现相应问题。"

经过一个白天的"出击"，刘亚单、张国剑和劳学礼所在的重保团队完成任务，粤康码成功扩容，广州全城的"亮码"行为重新变得简单、高效。

就在"作战室"里首战告捷之时，来自广州利康中心的精神康复社工阿生，在荔湾区的芳村组织起了一场"药不能停"的活动。5月28日刚刚加入测核酸志愿者大军的阿生，在服务的过程中发现，芳村（广州精神病院所在地）区域被封锁后，辖区内不少长期服药的精神残疾人被迫停药，康复者也不能去复诊开药。

看在眼中，急在心里。阿生所在的机构立即展开免费送药活动，他们开始与区残联联系，组织志愿者一起从指定机构那里拿药再分栋，然后送到社区居委会，再由他们统一下发放给需要的居民，帮助病人康复。

截至2021年6月8日，"送药小分队"已接力完成对217名精神残疾人家庭的送药服务。

微信群"警报"一响，志愿者们便整装待发，飞奔发药。

高考亮码背后

"保卫粤康码"的"战役"刚刚结束，6月初为期两天的高考，又摆在了张国剑和他的同事们面前。

"20年前我高考，高考前一天晚上，我睡得很好，一点不紧张；20年后的6月又是高考，高考前一天晚上，我睡得很差，相当紧张。"劳学礼说。

"1号、2号时，我们心里还没谱，每个人都列了系统可能出现的所有潜在问题，但到了4、5号，我们基本上心里都有数了。"劳学礼说，"其实面对高考呢，我们团队的心态比较复杂：一方面希望能杜绝所有可能出现的问题，另一方面，又希望通过高考检验一下我们面对类似重大事件的运维能力。"

刘亚单介绍，高考当天，粤康码的PV是80万次/分钟，当日的PV高达5.5亿次。进考场前亮出粤康码，已经成为疫情时代广东考生的必备动作。考生能够"亮码"进考场，倚仗的是数广团队打造的"三重保险"。

"举个例子，粤康码亮码过程就像从水源把水供给用户，正常情况下，一根水管就能满足从头到尾的供水，但是在重压之下，政务部门、大数据中心、粤省事、粤康码都纷纷自增备用水管，增强现有水管，多管齐下，保证水流到位，保障高考的顺利进行。"张国剑说。

复盘一下最近一周的工作状态，劳学礼常常会回想起2020年6

月时，自己前往珠海拱北口岸，在粤澳通关口岸驻扎了20多天，帮助"粤康码通关凭证"（粤澳健康码互认互通）。"那（粤澳转码）真是突击队式的操作。"

和劳学礼一起去拱北的还有刘亚单。他把那段时期的经历，称为"职业生涯中最难忘的20天"，"早晨六点半起床后，就要穿着衬衫、长裤，站在一个36摄氏度的密闭空间里，还要不停给往来两地的市民，解释粤澳健康码的用法。一直工作到晚上10点。休息一会儿，凌晨两三点再接力给产品和后端团队做开发。"

为了应对各种可能出现的情况，数广团队针对港澳地区的二维码，可以分别用微信和网页扫码打开，而针对不少港澳人士在填报信息时担心的个人隐私被泄露问题，粤港转码、粤澳转码增加了"系统前端用户授权"的功能。"授权功能就像一个阀门，只有用户点击'同意授权'时，阀门才能把一头的'水'（信息），输入另一头那边。"张国剑说。

端午前一天，张国剑和团队同事又一次去了拱北口岸，加入了支撑粤澳转码业务，熬了一个通宵。

"广州，好嘢！"

深入防疫一线的还有叶智辉。

这个广州仔在成为一名基层社区志愿者的同时，也成了社区之星、妇女之友。

和张国剑、劳学礼所在团队的线上"作战"不同，叶智辉所在的广州基层队伍堪称"线下铁军"：108.3万人次参与疫情防控，辅警、治安联防队员、治保会成员、网格员、地铁安检员等半专业力量约73.6万人次，还有居民群众等社区志愿力量约14.2万人。

在此次广州战"疫"中，如果说重保"作战室"交出的成绩单是粤康码日均"亮码"过亿次，那么线下铁军的数据同样亮眼：他们协助核酸检测 781.7 万人次，引导接种疫苗 37.2 万人次。

一个阿婆站在叶智辉面前，说什么也不让后面人"插队"。空气中弥漫着急促的交谈。

"阿婆，你扫不出码，先让后面的街坊过来测。"

"不行。他们都比我来得晚，凭什么比我先？"

……

满头大汗的叶智辉进退两难。这个在数广负责地市业务线经营管理工作的广州仔，在本地阿婆面前"无计可施"，只能慢慢用地道的粤语施起"缓兵之计"："都可以测的，要不再用手机重扫一遍？"

越秀区华乐街道的检测点人声鼎沸。越秀区是广州老城区，根据广州市老龄委 2020 年发布的《2019 年广州老龄事业发展报告和老年人口数据手册》，越秀区的老年人口为 30.71 万人，占广州市 60 岁及以上老年人口的比例为 17.50%，排在广州各区第一位。老年人扫码测核酸，这件事着实让叶智辉有点头疼，"不是信号差，就是不会填信息"。

由于从早上 7 点就要身着全套防护服，戴上 N95 口罩，叶智辉和 6 个同事不仅要忍受广州动辄 35 摄氏度以上的酷热，还要应对华乐街道的老人们出现的各种问题。

叶智辉当志愿者的体验，小影感同身受。她在佛山某事业单位从事疾病预防工作，为了协助医护人员，她主动请缨当起了志愿者。佛山前后两轮的核酸检测她都参加了，她觉得相比第一轮，第二轮显然"升级"了不少：直接用粤核酸登记，省去了抄身份证录入的麻烦，大大提升了检测效率；打开二维码，用户的核酸检测记录时间如果在 48 小时内，显示为紫色背景；如果在 72 小时内，显示为绿色背景。

不光是二维码，检测技术上也更先进了——原本"五合一"混采，一个采集管一次测 5 人，现在变成了一管子测 10 人。如果结果显示阳性，会立即通知相关部门对该混采管的 10 个受试者暂时单独隔离，并重新采集单管拭子进行复核，再确定这 10 个人当中到底谁是阳性。

小影本人在佛山的老城区——禅城区做志愿者，佛山不少本地老人不太会用手机，作为本地人的小影就肩负起大多数工作。工作并不难，但强度确实高——坐在凳子上不停扫码，护目镜全是水雾，完事了站起来伸伸腰，忽然发现连腰都不能伸直了。

时代列车呼啸而过，技术的更迭，从来都不是以主动放弃上一代人为代价的。

战"疫"期间，广州没有忘记这群步伐已没那么矫健、眼神也没那么利索的老年人：不熟悉使用智能手机而无法出示电子健康码的老年人群体，可以直接出示居民身份证，即可通过健康防疫核验平台完成人、证、码"三合一"查验，完成出入登记和健康码（粤康码）核验，平台立即显示实时健康状况核验信息，全过程仅需 2 秒钟。

在疫情稳定并逐渐解封重点区域后，"广州仔"叶智辉忽然觉得，那些在他做志愿者期间，和他"吵过架""闹过情绪"的本地广府阿婆们，其实也在用自己的方式，把自己纳入这座城市整体的防疫系统中去。

"如果是无论如何都不服从，就是不认可我们志愿者的工作，人家理都不会理你。阿婆和你拌嘴，说明她们心里也急，也想更好地融入防疫体系里。从这点来看，广州，好嘢！"

2021 年 6 月 14 日，广州宣布封闭、封控区将有序解封。体验过志愿者服务的叶智辉感叹："疫情稳定后，我发现阿婆很暖！"

撰 文　白莉莉　潜秋云

退伍老兵，干起"无感支付"

在安徽北部，入伍的人比南部多，很多老兵来自农村，人们提到退伍老兵，通常只想到一条出路——保安或是安保。这让陈星感到憋屈，想"尽可能给这些退伍老兵提供一个宽松的就业环境"。

如今陈星的团队大部分是退伍老兵出身，"海陆空都有"。成为淮北市当地最大的无感停车服务商过程中，他们在公司不改军队作风，遇到老兵会叫"班长"。公司收入破千万，同时还为运营单位追回了500多万元的停车逃单欠款。

无一例外，这群老兵都放弃了事业单位原本安稳的工作，走上了一条冒险之路，他们是怎么一步步创业成功的？

"你去入伍当兵吧"

在公司内部，老兵同事们常常互称"班长"，陈星也喜欢被称"班长"，这让他觉得亲切。但这仅限于内部沟通使用，对外大家仍叫他"陈总"，客户很少知道他们是退伍老兵出身。

其实陈星原本没有想过当兵,但在父母要求下当了兵,退伍后顺利在事业单位工作。但不安于一颗想折腾的心,7年后他从事业单位辞职创业。"内心不服输吧。我就感觉年轻人就得折腾,你不折腾干吗,等着混吃老死,那是以后的事。"陈星想。

陈星从小对电脑感兴趣。读书的时候,表姐问他有没有QQ号,让他去申请一个,加她好友。那是1998年,他还不知道QQ是什么,跑到家里跟父母报备后,就去了网吧。那时网吧的电脑全是白色的大脑袋台式机,很多人坐着打游戏。

当进入"网上冲浪"世界后,陈星不知不觉对这个新世界产生了兴趣。初中毕业后,父母考虑到他喜欢电脑,特意把他送到遥远的山东青岛某一职业学校学习计算机。他在那里读电子信息工程专业,这在当时还比较前沿,学校成立了一个项目工作室,他担任组长,学得很有干劲。

自认为在学校混得好,感到前途一片光明,陈星想着毕业后就干这行。但他没想到,父母早已暗暗在给他的未来作安排。

2003年暑假回家,父亲突然跟他说"你去入伍当兵吧"。陈星呆住了,心里很排斥。父亲又跟他讲了对他未来的人生规划。

陈星的父亲在事业单位工作,在安徽北方的一个县城砀山,父辈在事业单位工作的,如果孩子有当兵经历,单位就会对退伍人员进行安置,孩子退伍后就能进到自己曾经所在的单位工作。当时陈星的父亲快要退休了,想让他"子承父业"。

陈星不想去当兵,每天继续去网吧鼓捣电脑,看似是无声的反抗,但又是默默接受了。"家里人说,如果学习这个专业,出来能不能有一番好工作?最重要的不就是有个稳定工作?"他回忆。

2003年12月,陈星去当兵了。他进了部队也混得挺好,专业和各类成绩都名列前茅,拿了好几个"标兵"称号。

陈星萌生在部队多留三年的想法。但是父母反对,担心为他留好的编制"迟则生变","万一你几年后回来没有这个政策了怎么办?"父母问。

时间来到了 2005 年,拗不过父母,19 岁时陈星退伍回家。"说句不好听的,出来真是与社会脱节,什么都不知道。"

那时距离父母安排好的人生路线还有一两年空闲期。

陈星打算利用这个时间搞点事做。正巧在合肥工作的哥哥告诉他,家乐福防损部门正在招聘"防损"——"防损"是"保安"的另一个称呼,优先录取从部队退伍的人。

"我哥说,你可以在你闲置的一两年,到社会上体验体验,毕竟脱离了两年。"陈星认为哥哥说得有理。因为没有从砀山到合肥的直达车,于是他带着 100 元钱先坐火车到商丘,再从商丘转车去了合肥,期待着见到形形色色的人和事儿。

第二天一早,陈星就去参加了家乐福招聘,面试顺利通过。他每天站岗看进出商场、打卡上下班的人,晚上把顾客放错位置的商品收集到推车里,再把推车放到中央过道里面,喊各科的工作人员把商品领回去,如果其间商品有破损,就进行登记。

7 个月后,他辞职了。他自认已经了解了家乐福的工作流程,休息了一个月,便去了一家中餐厅,学习中餐服务,包括 5 寸骨碟、7 寸骨碟等餐具摆法,包厢的座位主次:主宾、副宾、副二陪、副三,等等。用三个月学会所有知识后,他又跳槽到希尔顿工作。

本着体验社会而非赚钱的想法,陈星认为自己在与社会的初次交手中学到了很多东西,甚至比他后来在事业单位工作 7 年学的还要多。

"你怎么想的,小孩都辞职了!"

在希尔顿待了几个月,紧接着单位就开始通知他学习、培训。沿着父母安排的路,他开始进入事业单位工作。

在面对未来的生存问题时，陈星压抑了自我的叛逆。

那时他才21岁，已经在县城过上了"朝九晚五"的程序化生活。事业单位的工资并不高，每个月工资2500多元，加奖金补贴可达3000元至3500元，有五险一金。但人们羡慕其稳定性，"一杯茶、一张报纸过一天"。

可陈星不甘心，他需要不断学习和吸收新东西，"留在事业单位什么也学不到，每天浑浑噩噩地消耗青春。"他想找点事做，"哪怕不成功，也不能天天在那种养老单位混吃等死"。

2012年5月，他接触到转卖POS机，从中看到很大利润。没多久，他就瞒着父母从已待了近7年的单位辞职。一开始不去上班，他找借口跟父母说因为领导不在或者跟同事换班。瞒了一个多月，父亲的老同事给父亲打电话说："你怎么想的，小孩都辞职了！"父亲立马给他打电话，让他赶紧滚回来。

父母非常生气，让他跪了一个下午，两人轮流教育。"就讲从2003年开始给我苦心经营，不就是给我图个安稳。从一个稳定的工作辞职，还没有结婚生子，以后怎么办。"陈星知道很多人都争着抢着想拥有这样一份工作。

但没想到，一个月后，陈星就通过卖POS机赚了3万余元，他把挣来的钱往父母身边一放，两人就不说话了。

在这一场"父子战争"中，陈星赢了。

由于从小就在县城长大，又在事业单位工作过，他在县城也已经积攒了很多资源。仅过了半年，他就几乎垄断了县城里70%的POS机买卖市场。

创业伊始，就很顺利，陈星很高兴。2013年时，一个大客户要他开发票，于是他开始创立公司，那时他还是单枪匹马，一人身兼数职，总经理、副总经理、财务等都是他来做。

2013年底，POS机销售进行不下去了。由于销售POS机属于行业违规操作，一些人买了后钻信用卡业务漏洞，用来套现信用卡进行资金周转，金融漏洞出现后，央行对POS机进行封杀。

大概是因为本身就对电子信息工程感兴趣，陈星很自然地把目光瞄准了当时刚兴起的互联网支付，那时支付宝才出现几年，还没有在县城普及，他是县城较早进入这一领域的，很快又做得风生水起。"当时没有技术能力，也是找第三方来做的。"陈星自嘲，"说白了我们就是二道贩子。"

陈星一直是单打独斗，直到2015年，由于公司发展需要，商贸型公司开发票比较高，于是重新注册公司，需要找合伙人。

作为退伍老兵，平时的人际网络大都是老兵。砀山的同年退伍老兵经常聚会，一个月大聚一次，关系好的也时常小聚。彼此聊聊生活工作，拉拉家常。

陈星把平时比较熟悉的几个老兵拉到一起吃饭，聊合伙开公司的事，两顿饭后，最终决定和李跃伟合伙注册公司。

李跃伟生于1990年，从部队退伍后跟陈星在同一家事业单位上班，工作了几年，不喜欢，于是辞职准备创业。当时他还没想好做什么，当陈星问他要不要加入时，他一口答应。他自认信得过陈星的做事方式和人品。

一个月后，他们又跟砀山退伍女兵李琳琳联系上，1991年出生的李琳琳也是退伍后在砀山事业单位工作，后来因恋爱结婚辞职去往淮北居住，干起了销售。

考虑到砀山县城小，发展有限，陈星便在淮北开了分公司，让李琳琳负责开拓业务，她现在是公司销售主管。到2016年年底，公司发展进入巅峰期，有40多个员工，当时淮北市90%的药店支付交易都由他们提供服务。

"你不能乱,你一乱整个军心就乱了"

2016年下半年和2017年上半年,支付行业近于饱和。陈星开始推电子会员卡,但那时不被市场认可,大家都说骗钱的,觉得不如实体卡拿着实在。后来他们又陆续做了一些微信周边产品,比如摇一摇。那会儿陈星处于迷茫期,"没有特别明确的发展方向,微信出来一个产品,就去跟这个产品,更没有什么几年规划"。

2017年7月,他因机缘巧合认识一个银行行长,对方问他能不能做无感停车,就是无感自动收费。

当时,微信"无感支付"停车场在国内一、二线城市遍地开花,车主只须通过手机一次绑定车牌并授权微信代扣,开通免密支付,此后,在出入该停车场时,即可实现免停车、免现金、免刷卡,车辆驶出停车场的时间可缩短至10—15秒。

对小城淮北的传统停车场来说,这是一项变革性举措,对陈星个人而言,无感停车也是一个全新领域。当年10月,他和李跃伟谈了一晚上。两人讨论觉得,支付行业未来发展不大,但智慧停车是新领域,做得好,有整个淮北市的市场可供开发。

两人决定转型。

"确定这个方向,我们就做,也别拖拖拉拉的。"陈星是个行动力极强的人。为了了解产品和软件,他专门到深圳、北京、上海等大城市调研考察。"了解一个新产品,你要去摸,要去看厂商靠不靠谱,他的售后服务态度、价格、软件开发能力等,我当时去深圳基本上一个月去五六趟。"

陈星的公司相当于充当中间媒介,需要给淮北市停车场寻找到适合的无感停车产品并进行安装。彼时,无感停车在淮北市少有落地案例。

等"摸"完就到2018年了,春节一过,陈星慌了,过去几个月,跑了好多城市,看了很多产品,却依然感到无从下手。他没有方向,不知道该怎么去干，看不到任何希望。

他坦诚是因为"全方面不懂""敲不开门"。他在支付领域熟，但在无感停车领域就是个学徒。"它的专业性特别强，那些产品你都不知道是干吗的，哪个好？哪个差？别人有没有蒙你？啥都不懂。"

这大半年，他经历了创业以来最艰难的一段时间。从 2017 年 10 月到 2018 年 8 月，公司业务是 0，业务增长也是 0，天天都在吃老本。为了缩减公司成本，陈星决定裁员，最后包括他自己在内只剩下 5 个人。

妻子发现他状态不对，原本他每天下班回家都会洗衣做饭，打扫卫生，但那段时间一回家就瘫在沙发上，干什么都没劲。妻子开导说："没事，公司最坏不就是倒了嘛，大不了从头再来。"

那阵子陈星一度感到差点崩溃，他甚至考虑把公司关了。每天走半小时去上班，路上晃晃悠悠，边走边想员工的工资怎么发，自己到底应该怎么办，需要找谁，怎么找。到了公司，他又继续找人，找事，搜产品。在员工和合伙人面前，他不表露担心，还不断告诉他们，公司是有前景的，一定要加油努力。"你不能乱，你一乱整个军心就乱了。"

"他是个做事持久，很有韧性的人。"李跃伟评价。李跃伟始终信任支持陈星，在后者忙着产品的事时，他分担着处理公司其他的事。

3 个月后终于出现转机，6 月，产品逐渐确定了。8 月，陈星将第一个"微信无感停车"在淮北一家 500 平方米的停车场落地应用。这时他又遇到了新的典型难题：不会安装设备。

第一次现场安装，陈星带着两个技术员，只须把设备装在停车场的进出口，让设备自动扫描进出的车牌号，自动收费，结果装不了。"就是不会装，厂家语音聊天指导你去装，对方说的好多专业名词，你都不知道是什么，但只能硬着头皮上。"

当时客户就站在一边看着他安装，陈星感到非常尴尬，合伙人李跃伟也站在一旁，不断地给客户上烟。最终，从上午 10 点多一直装到下午四五点才弄好。"我的天哪,装一下午,就真的是积攒了宝贵经验。"陈星感慨。

李琳琳形容,陈星是个非常注重总结经验的人,犯过的错不会让它再出现第二次。之后熟悉了,每次安装只需要一个半小时。现在,陈星不再亲自去安装设备,而是把它交给了专门的施工团队,教会施工师傅如何安装。

普通老兵的退路

陈星不是唯一一个创业的退伍老兵,他知道还有比他做得更好的创业老兵,但这只是少数。

在安徽北部,入伍的人比南部多。除去像陈星这类可以"子承父业"的老兵外,还有很多老兵出自普通家庭,且来自农村,退伍后,他们很难找到工作。人们提到退伍老兵,通常只想到一条出路——保安或是安保。

陈星感觉这特别憋屈,他不希望退伍老兵只有当保安这一条路。这也是他优先招聘老兵的一个原因。"在我们力所能及的范围下,尽可能给这些退伍老兵提供一个宽松的就业环境。"

而在另一方面,陈星认为老兵本身素质靠谱,说话都直来直去,从不绕弯,他喜欢这样的工作氛围。不像过去在事业单位,领导说一句话,他要反复揣摩对方的意思,"怎么会是这样说话?意图在哪里?"

创业做了老板,陈星也还是以退伍老兵的角色来做人。约客户见面,从来不迟到,全都要提前到。行事作风上也是令行禁止。"我给你一个任务,你去给我完成就可以了。我不看过程的,我只看结果。好就是好,不好就要受到惩罚,没什么道理可讲。"

他还把极大的责任感也发挥到了创业中。他非常注重售后服务。客户报修时,他要求员工3分钟之内必须回应,重大问题半小时之内一定要到达现场。为此，其公司在淮北市具有很大竞争优势。

由己及人，陈星常常告诉员工要换个角度思考："如果你用我的产品，出了问题，而且这个东西牵扯到钱的问题，你急不急？你去报修，半天没人回应，你会认为这家公司不靠谱。"

陈星的无感停车业务很快就占据了淮北市 80% 以上的封闭停车场。之前只靠人工管理时，停车场客户跑单严重，导致欠款六七百万，现在通过无感停车，大大减少跑单，追回 500 多万元欠款。从 2019 年开始，陈星的公司已经有 20% 的毛利增长趋势，2019 年公司收入就达到 700 万元，2020 年公司收入则可能近 1000 万元了。

2021 年，他的目标是以淮北市为中心，把业务拓展到安徽其他城市，现在他正把原在砀山的总公司迁到合肥。当被问及未来期待时，陈星说："想成为这个行业的领导者。"

撰文　阳关

义乌造纸厂"上云"记

浙江义乌，一个快递之城，一个包装盒之城。

2020年，每天有2469万件快递从义乌发往全国各地，仅2020年一年，新增的产线一天就可以创造出三四千万小型快递的包装盒。2021年以来，快递行业的低价角逐引发爆仓，也引发快递包装厂的产能扩张，但这一直是一个信息化程度极低的行业。

早年间，包装箱厂的老板靠手写数字传真做生意，每个月几十万几百万的生意，从下单、交货、核对账单都靠手写。信息化在这里来得缓慢又急切，直到2021年，随着新技术的引进，一个个传统包装企业，终于开始跌跌撞撞地走入互联网化。

"地上扫上来的废纸片都是钱"

厂子里最老的员工田师傅，做包装已经20多年了。20多年的工厂生活，赋予了他粗糙黝黑的皮肤、大嗓门和随性的性格，这是工厂留下的职业病，如果不大声说话，人们听不见。

1998年2月，春节结束后，老乡介绍田师傅进了第一家工厂，田师傅误打误撞地进入了包装行业。那是他第一次正儿八经地进公司，对他来说意义重大，在福建，他在工地做过小工，在厂子当过门卫，觉得都是没什么技术含量的工作。这次，田师傅决定要好好干。

这个正儿八经的公司，其实在那时称得上环境恶劣，工厂的机器运转起来，排气管朝地面吹，地上的粉尘全部扬到天上，上一天班下来，鼻子一摸一把黑，到夏天天气热，人又密集，"闷得不得了"。机器噪声也重，两个人得离得很近才能讲话，有人不得不拿纸巾塞住耳朵。

田师傅珍惜这份工作，刚进厂子，领导不放心把操作机器的活儿交给这些毛头小子，先是从学徒做起，扫扫地，整理一下材料，哪里搬东西就主动去搭把手，有师傅操作机器的时候，抓紧在旁边看着。看了一年半，田师傅把操作看熟了，车间领班觉得他做事蛮认真，才第一次让他上了机器，自己来操控。

根据供应单，"纸张有厚的有薄的，有牛皮纸或者箱板纸，根据客人的需求，我们把这个纸放到机器上，经过高温和压缩，纸板变软，在模具里就可以压成固定的造型。"从一人半高、上百斤重的纸筒，最终变成了包装箱的瓦楞纸。

从学徒做起，然后是机长、小组长、带班领班，2006年，厂子的规模一直没有发展壮大，"那种老牌的厂子，就是固定的几个客户，也没有去想着我要做多大，扩展多少的客户。"他决定离开这家已经做了八年的工厂，从福建来到了浙江。

这几年间，包装行业缓慢又平稳地发展着。从20世纪90年代初，田师傅刚入行的时候，也是包装行业慢慢兴起的时期。早期，工厂机器设备还没今天这么先进，大多处于半自动化，一条瓦线需要几十人，市场竞争不大，是门赚钱的生意。到2000年以后，随着市场竞争加剧，设备不得不更新，效率随之提升，人工成本降低下来了。

2006年，田师傅从福建到浙江，已经开始有了机械化设备，像田师傅一样，大部分入行的人都是朋友带朋友、老乡带老乡。"我们那时候，没本事的人才进工厂，学个手艺能混口饭吃。"

2008年，生意尤其好做，在厂子里等着，就有订单主动找过来。"我们不需要销售人员到外面去跑客户，都是客户电话或者人找上门来下订单。"有些企业信誉度不好，资金不够，"人家不给你，他在这挑客户，因为客户太多了"。

即便是合作很多年的老客户，也不接受延长账期，马上就要交付现金。"他的货已经供不应求了，不是长期合作的客户，他不可能给你来做。"

计划部负责接单，往常一条生产线一天的产能在8万平方米左右，计划部一天就能接20多万平方米的单，"明显一天接到的单子是生产不出来的，已经满负荷了"。当时的老板看到了商机，两条生产线，囤积了上万吨纸，所有员工两班倒，白天晚上都要开工，24小时不停生产，"相当于一下扩充了一倍产能"。

因为2008年的好日子，越来越多人进入了包装行业，现在丰收包装厂的老板周然（化名），过去是在建筑行业做生意的。一次回老家过年，已经在包装行业干了几年的外甥黄斌斌极力游说他，包装行业前景不错，"这个老板赚了多少多少钱，那个发展很快怎么怎么样"。

那个年代，创业没有现在这么多讲究，要做市场调查、可行性分析，当时，周然首先考虑的是这件事最大的风险，他发现，包装行业"唯一的也是最大的优点是风险系数低"，这虽然是个传统行业，但拥有巨大的市场潜力，"连废纸都能卖钱，地上扫上来的废纸片都是钱，亏本也是有限度的"。就这样，丰收包装厂诞生了。

包装的市场规模足够大，从终端客户来看，它有2万亿元市场规模，衣食住行，只要涉及运输的，都离不开包装，包装是和人息息相关的行业，"未来不管再怎么变，包装一定会存在的"。

考虑到运输成本，丰收包装厂的生意辐射范围在周边100公里左右，包装和当地经济发展水平密切相关，经济发达的广东、福建地区，也是包装行业最发达的。

最近5年，金华新增了上百家包装企业，田师傅自己也网购，买个东西回来，第一件事是看包装盒质量。"现在我们从网上买的东西，所有的东西基本上都是纸箱包装来的，没有离开过这个东西。"

一天的订单量，有三本《新华字典》那么厚

现在，工厂已经足够现代化，机器代替了大部分人的工作。只需要坐在椅子上，操控着巨大的机械手臂，把纸筒放在机器上，然后是加温、塑形，最后变成纸板，机器裁剪好尺寸，10个一组，再由人搬运到车上，当天就能完成发货。

比起过去的体力活儿轻松多了，原先要靠肩挑手扛的，现在只需要靠机器按钮，再也不需要在到处是灰尘的房间里工作了。越来越多人进了包装行业，不讲究学徒制度了，只要愿意学，随时欢迎来。

2014年，智能手机已逐步普及开来，互联网成了获取信息的主要途径，而当时，丰收包装厂销售负责人黄斌斌对接客户靠的还是打电话和上门拜访。客户大都分散在周边的村子里，见一个客户，开车过去2小时，聊1小时，然后又是2小时开车回来，时间都花在路上，一天下来，最多走访两三家。

黄斌斌每天在外面跑，很多三级厂家分布在村落和工业园区里，拓展新客户只能靠见缝插针。有些订单量不大的客户，或者是距离实在太远的，只能放弃。

2020年8月，腾讯企点与云印达成合作后，开始走访包装行业三级厂。在挖掘到包装行业的数字化需求后，双方基于腾讯企点的社交IM（即时通信）、NLP（自然语言处理）、OCR（文字识别）等开放能力，打造了聚好单。腾讯企点B2B（企业对企业）生态行业总监

刘航表示，很多三级厂家的老板还在用QQ下单，"可能你想象不到，到现在他的发货单还是手写的。包括说对账也是手工去算，其实是非常传统的"。

想象一下，在今天，很多工厂还沿用着最传统的方式：QQ下单。把单子手写在白纸上，拍张照片过来，丰收包装厂有6个员工，专门对照这些照片的长、宽、高数据，手动输入机器里。"100个人有100种字体"，黄斌斌说，总有人字迹潦草，写的时候是1，后面生产环节被看成了7，1变成7，2变成8，等交货的时候，双方会因此发生争执，一个单子几万块钱，常常就这样损失了。

这是传统工厂和现代科技的时差：他们还停留在2010年，在移动互联网普及以前的传真时代。

即便到了2019年，这还是一家非常传统的企业，陈露加入了丰收包装厂，那时候，他一天中最重要的工作就是发货。每个客户都有订单计划，一天的订单量，打印下来有三本《新华字典》那么厚，光是一张张撕下来就得花3小时，用上几百个夹子。

订单撕下来，按照区域分门别类，和同一家公司的旧订单合并挂在一起，由此安排产线的生产计划。他得随身带着一堆单子，发了货、开了票才能撤下，继续盯着下一张，单子多了，有时候哪张搞丢了，就得担心是一大笔损失。

丰收包装厂有几百位客户，有个小姑娘每天忙着分派收据信息，每张收据都有客户签字，有些客户名字相差不大，经常出现分错了的情况，黄斌斌说："我们客户增加到1000家的话，分单的小姑娘要崩溃了。"

一个冒险的决定

一边是传统的"手工作坊式"企业，另一边，包装行业几乎是指数级增长。

2012年左右，黄斌斌发现，市场上的客户量没有减少，但客单价降低了。"整个市场在膨胀，市场需求量在增加，基本还是供不应求的状态。"但是，三级厂有了更多的选择，一家三级厂往往和两家以上二级厂合作，对业务员来说，去三级厂家谈价格的时候，对方会说，你这个报价太高了，别家给我的是另一个价格。和客户聊天，对方经常提起又开了新的厂子，又有哪家扩大了产能。

金华的产能一直在提升，尤其是2020年，整个金华地区扩充了12条生产线。一条生产线一天的产量在30万平方米左右，按照小型快递来算，足够做300万小型快递的包装盒。这相当于，仅2020年一年新增的产线，一天可以创造出三四千万小型快递的包装盒。

黄斌斌感受到，现在金华地区已经产能过剩了，出去谈单子，单个客户的订单量越来越少，分拆成几家二级厂在做，曾经有个客户每个月有50万的订单在丰收，现在只有20万了，其他的需求分摊在了另外两家包装厂，"已经大大超过需求，接下来是洗牌的过程"。

2011年左右，金华市也曾组织过行业协会。遇上某段时间行业竞争加剧，市场价格低于成本价，行业协会组织起了一次交流会，十几家企业代表坐在一起，场面一度很尴尬。一开始，几家大企业就针锋相对，质问对方："你怎么允许这么低的价格在市场上？你把市场搞乱了。"

开会结束，也没讨论出来什么结果，大家吵了一架也就各自回去了。协会的人说不要搞恶性竞争，"其实私底下大家还是在那里竞争"，市场就是这样的，涉及利益，没人愿意妥协。

在热闹又混乱的行业氛围里，田师傅前几年待过的厂子，现在发展都不行了，"之前的老板好像比较保守，一直还在原地踏步，导致效率各方面达不到现在行业竞争的水平了，有点走下坡路"。自动化的投入、设备的更新、业务销售网络的理念，"做熟客，他们没人想到去开发一个新的客户来，没有创新的这种理念"。

2019年，周然也感受到，企业到达了瓶颈期，"我们之前是三条流水线，但是想去发展五条、六条，订单从哪来？我怎么去管理？"开拓更多生产线，意味着资金压力会增大，工厂大都是先出货再收款，"企业规模持续扩大甚至可能是上亿的应收款，那还得了？"一旦某个款项收不上来，资金链断裂，对企业都是毁灭性打击。黄斌斌也在考虑信息化系统，包装行业整体在广东、福建更发达，他听说广东已经开始有专门下单的软件。

2020年年底，黄斌斌去东阳拜访客户，在客户办公室里，他第一次听说腾讯企点与云印联合开发的包装行业的数字解决方案，还拿到了一本宣传册，上面介绍了特色业务：线上下单。宣传册上留了个手机号，当天，黄斌斌拨通了这个号码，一个星期后，四位工作人员来到了工厂。

在会议室，工作人员详细介绍了他们的产品，当天，两方人现场签了合同，"很快就作了决定"，甚至他觉得，这次见面已经太晚了，"我们丰收包装是整个金华地区最后一家合作单位，整个华东地区不再加盟下游了。"他希望在2019年就做到这件事。

当天见面，当天签合同，这是难得的魄力，有些工厂谈判周期长达几个月，每一步流程都要耗费时间。云印系统在40公里范围内，只会选择一家合作商，这也是一种对企业的保护机制。因此，这是个双向考察的过程，沟通的时候，云印意识到这家传统的包装企业有年轻的心态，他们愿意为转型投入资金，并且"做事情很果断，很有魄力"。

"数字化的转型是需要一把手的决心的，如果他只是试试看的态度，很可能就遇到一点困难他就不用了。"工作人员发现，改用App下单后，很多人不愿意接受，这样会流失客户。有些企业因此就放弃了，"明明买了服务，最后还是没有做下去，老板不坚决的话很难做成"。

跌跌撞撞开始学习互联网

丰收包装厂建在金华城郊，周边大都是工厂区，水晶厂、纸箱厂、成衣厂，时不时地，门口驶过一辆送货卡车。从外观看，这家企业和周围的工厂没什么两样，改变是从内部开始发生的。

黄斌斌是80后，穿着打扮都很年轻，对互联网这一套很熟悉。说干就干，丰收包装有400多家客户，销售们跑到厂子里商量，两个选择：沿用过去的下单方式，或者下载App，App下单有线上专享价格。"100%的客户都会选择马上装这个系统"，像做电商、搞推广，"传统模式你的成本是1块钱，不可能卖9毛钱，但是现在我们有可能8毛钱就能卖，先把这个客户拢过来"。黄斌斌总结，这是"把客户做下来，再慢慢赚他的钱"。

"传统企业慢慢就变成互联网企业了。"后台看到的数据就像一个淘宝店，除了销售，还要学会做运营，黄斌斌说："比如客户一个月产值是100万，他在这里下单30万，那就还有70%可以渗透，要把渗透率做高，让他在这里下更多的单。"

后台还提供了地图，能看到周边的客户数据，它们被统称为"三级厂"。这个厂的生产规模有多大，喜欢购买什么样的材质？客户通过系统不断下单的过程，形成了越来越精确的客户画像，客户这个月经常下什么订单，下了多少次订单？根据精准的客户画像，可以定向推送信息。"有的客户需要三层瓦楞纸，那五层瓦楞纸促销的信息就不会发给他。"

对一家传统企业来说，这算得上巨大的变化，其他玩法，学习互联网充值送优惠，给下单多的客户单独设置成VIP（贵宾），特定日期通过活动送优惠券……一切拼多多、淘宝能办到的，在这家金华的工厂，都有可能性。

改变已经在发生，互联网首先带来的，是准确和效率。过去，价格调整有滞后性，公司专门有6个员工，负责挨个给客户发传真。上百家客户，少说也要一天时间。最难解决的问题是，客户的钱已经打过来了，才知道价格有了变动，这种时候往往容易发生纠纷。黄斌斌说，App一个很好的功能是"卡住"，"只有货款充进来才会下单，之前都是通过传真、微信，没办法把它卡住"。

如果拿海里的鱼做比喻，"有些很笨的、很傻的那种鱼，我们就是很灵活、很活跃的"。周然说，App让他们拥有了更灵活的价格体系。"人家要涨价了出一个价格，可能一下子接了很多单子，这些单子都是一个价格。但我们要调价的话，平台下单，差不多接够了明天一天的量就停止接单了，等明天再去接后天的单子，就可能又是另一个价格，这是很灵活的。"

千客千面，一客一价，量大的，量小的，账期长的，预付款的，合作信用好的，新开拓的，不同客户有不同价格，"会变成一种很活跃的模式来掌控这个市场"，他做好了改革初期有损失的准备，几十万、上百万的损失，他相信"后期给我们的回报远远不止这么一点的事情"。

在最近的一年里，金华的这些工厂发生了翻天覆地的变化，科技还能做到什么？黄斌斌也还没想好。但他相信，信息化是个重要的市场趋势，走得快的人能第一个吃到螃蟹。

撰文　潇雨

手上管着 672 户深圳人

一上午，网格员欧梦婕一直在打电话。

"哎，你好，阿叔！我是湖景社区工作站的网格员。""我想问一下你有没有意愿去接种新冠疫苗呢？""哦！他血压偏高是吧？""哦！他有吃降压药吗？"……她快速在表格里记下电话里了解到的情况。

8年来，网格员欧梦婕掌管着笋岗街道湖景社区翠盈家园672户人家的大小事宜。每隔半个月，她都要去走访一趟，查看是否有人搬家了，有人出生了，或者有人离世了……她受过专业的培训，了解与现在的都市居民相处的边界感，能灵活运用移动工具，她像一个调查高手，是深圳这座城市里一个"爬格子"的人，把每一户的信息录入一张网里。

"爬格子"的人

网格员，一个诞生于深圳"织网工程"中的职业。在2013年以前，这个群体被称作出租屋综合管理员；此后，他们的主要职责范围不仅是"来有登记、走有注销"的人口流动范畴，而是横跨城管、安监、消防、环保等20多个行业。

2万多网格员，分散在不同街道的不同社区，分管着上万个网格，在1997.47平方公里，有1756万常住人口、74个街道办的深圳土地上，织成一张城市综合治理"神经末梢"的大网。

罗湖区笋岗街道是一个老区中的老街道，这个街道里住了很多香港人，20世纪八九十年代，这是著名的仓库区，火车货运渐渐被高铁飞机取代后，这里仓库的功能渐渐隐退，变为了服务业和居民生活区。

整个罗湖区，笋岗街道是网格最少的街道，有81个大网格，管理大约10万人。欧梦婕所在的湖景社区有9个网格，1.5万人，她和另外5个同事管理着这个片区，每人要负责2500人。

他们记录这些人社会属性的一切流动，从出生到死亡，从换工作到换城市，细致到生活最细微处，缴费、填表、小孩上学、老人体检……几乎所有的问题，居民都可以找网格员——事无巨细，网格员们就发现，自己其实就像小区里的"大管家"。

2021年7月8日白天，在经过辖区范围的一个老居民楼时，一位说着粤语的阿姨跟欧梦婕说，小区里的两棵榕树挡住了自家房间的光，要求社区派人来锯掉一些榕树的枝丫，欧梦婕记下了，往上申报给了街道，过几天，会有工人来解决阿姨家的"阳光问题"。

欧梦婕来深圳8年了，她一直在湖景社区做网格员。她见证了这个职业的诞生，从一个电脑信息录入员，变为用一部手机可以搞定所有事物的全能型员工。

网格员区别于普通街道办工作人员最明显的标志是身上的制服，这身蓝色上衣，黑色长裤配马丁靴，配有肩章的制服，经常会被居民误认为是警察。这身制服，虽然夏天的时候，脚上的马丁靴很沉重，但却给了欧梦婕一种仪式感、一种严肃感，在走访的时候心里也多了份底气。每个网格员手上有专配的移动办公PDA手机，随时录入信息，这是他们与普通街道办员工的另一个不同之处。

欧梦婕的电话被公示在翠盈家园小区楼下的标识牌上。这座有672户人家的小区，不过是深圳这座城市肌体里的一根不起眼的"毛细血管"。然而，却是欧梦婕这些网格员，掌控着，决定着，甚至激活起一个普通小区综合治理的"神经末梢"——人员流动、家庭纠纷、信息采集，更别提疫情期间的防控措施、核酸排查和疫苗接种了。

7月8日晚上19时半，吃完一份粤式米粉外卖后，32岁的网格员欧梦婕开始了她的例行上门走访。眼下，她最重要的工作是说服那些尚未打新冠疫苗的60岁以上的老年人去社区康复服务中心接种。

欧梦婕像是这里的一分子一样，每一个见到她的人会跟她唠两句嗑，从进门时保安的那一句，"又上门走访啊！"开始。敲门，开门，询问，敲门，开门，询问……不断重复相同的动作，用着不同的话语。"阿姨，您好，请问您接种疫苗了吗？""阿伯，您好，请问您降压药吃了没？""您好，您家小孩上学要用的居民信息登记表确认了吗？"……问完了，在表格最后一栏的备注里登记，以确保知道每一个人的情况。

每次上门，至少要走访60户才算完成任务。欧梦婕不会在一家门口停留太久，不会询问不涉及工作的隐私问题，网格员有培训，在一户人家前停留不要超过10分钟，没有回应就赶快换下一家，电梯太慢，常常都是打开手机手电筒，用跑的方式走楼梯。

7月8日这天也一样，欧梦婕步伐轻快，快速穿梭于漆黑的楼梯和廊道间，清脆的声音回荡在空气里。

欧梦婕也常常面临误解，上门表明身份的时候，有住户会质问："你为什么不先发个公告出来就上来登记信息？我不知道你是不是真的工作人员，你这种工作证随便100块能做一堆。"

夏天，有些居民家里有很多蟑螂，也会打电话给欧梦婕，问社区有没有蟑螂药提供给他们杀蟑螂。"但由于这种药是有毒性的，所以我们没有办法提供给居民，怕万一想不开吃了咋搞？所以我们一般就会说我们会跟物业反映通知消杀公司近期多过来。"

有一户居民，家里进了老鼠，打电话给社区，欧梦婕的同事们送了粘鼠板给他。有居民装修导致漏水到楼下，网格员就两边调解，一遍遍跑。楼上动静太大，楼下实在忍不住报了警，网格员便又是充当"调解员"的角色，一边耐心安抚楼下，一边跟楼上的住户说："晚间发出的声音，能不能尽量控制一下？"

还有一次，一个居民家里装修，一个装修工人居然拿了"天那水"来溶解旧家具上的油漆，使得整栋楼都是巨大的气味。待欧梦婕带着同事们捂着鼻子上楼靠近敲门时，一开门，辣得眼睛都睁不开，找物业拿了防毒面具才进去，立即开窗通风，并没收了一桶"天那水"。隔壁住户跟欧梦婕抱怨，闻了大半天气味，不知道对身体有没有害。

比较尴尬的情况是，她有时候上门走访，敲门，开门的是光着膀子只穿着大裤衩的男人，这时候，她就退远一点，等对方穿上衣服再询问。每询问完一户人家，欧梦婕都会说："打扰了，谢谢配合，再见。"顺便帮住户把防盗门关上。

有时候，她去社区里的一些老居民楼走访，这里住的都是外地来打工的中老年人，他们的职业可以从窗户上晾晒的衣服看出来，草绿色，印有环卫的字样。为了省钱，他们常常七八个人租住在一起。碰上这样的住户，欧梦婕总是感到一股心酸，会多问一些，问问需要什么帮助，但往往也帮不上什么具体的忙。有时，隔一个周再去，上次见到的人就搬走了。"仅仅一周，他们能去哪儿呢？"欧梦婕想。

这是一份平均每天步行要超过两万步的工作。网格员里，一大半都是女性。在深圳，网格员里几乎没有年轻人，欧梦婕是笋岗街道湖景社区6个网格员里最年轻的一个。网格长李彬43岁，是退伍军人，一直做基层工作，之前在街道管理后勤车辆，才调过来不久；一个叫唐艳梅的网格员阿姨已经快 50 岁了，跟儿女租住在一起，做"老漂族"。

"过命"的交情

欧梦婕在一个充满爱的家庭长大，造就了她乐观又皮实的性格，有耐心，很细致，更重要的是，她懂得聆听。作为一名女性，这是一个随时需要跟陌生人打交道的工作。8 年来，欧梦婕还没碰到过特别让她沮丧的事儿，常见的是不理解她，给她骂一通，她最多哭个鼻子就好了。

老家河源连平的欧梦婕，高中毕业后去了梅州读大学。包括母亲在内的好几个家人都是学医出身，父母自然也希望欧梦婕能延续医学世家的优良传统。不过她偏要反其道行之，"我学的是计算机专业，想着不管什么单位，肯定都有电脑，都需要录入员"。

2013 年，24 岁的欧梦婕来到深圳，成了一名"深漂"，在湖景社区成为一名网格员，其实工作就是信息录入。"如果现在不做网格员，那我也会继续留在深圳，做个小文员什么的。"

和老家月薪两三千、平日里喝酒、唱 K、打麻将的小镇青年相比，欧梦婕的生活和工作节奏显然更紧凑，在外人看来也更辛苦。但她不认为这种生活里的自己不开心，"在深圳的我，和在老家的朋友，我们都很开心，但这是两种不一样的开心。安逸让人开心，忙碌也是。"欧梦婕觉得，忙碌也有好处："你没有时间去胡思乱想别的东西。"

欧梦婕从没想过去换一份别的工作，这里虽然工资不高，但是稳定，更重要的是，8 年了，她跟这里的同事彼此熟悉，建立了友谊。欧梦婕也清醒地认识到一个 32 岁的已婚女性，一直在基层工作，在当前的大环境下，职业上，她能选择的不多。

疫情期间，同事们相依为命，这种感觉，欧梦婕每天都有不同的体会。

2021年5月21日，深圳在盐田港国际货轮登轮作业人员例行检测中，发现1例新冠病毒无症状感染者。随后，深圳对盐田、龙岗、宝安、南山区等重点区域开展了多轮核酸检测。盐田港一名工人确诊新冠肺炎，而这个港口距离欧梦婕所在的翠盈家园，直线距离不到20公里。

抗疫的"战火"，5月底开始蔓延。5月、6月社区组织全员核酸时，她每天都要专门腾出时间接电话。"每天都有三四十个，有的人问你'在哪做核酸啊'，有的人问得更细，'人多不多啊？去哪做人会少一点？'"

如今回忆起当时的场景时，欧梦婕依然觉得滑稽。在社区负责维持核酸检测秩序的她，有时更像是一个身处一线的"线人"，检测期间一有"风吹草动"，她就掏出手机，点开微信，或群聊，或小窗，向网格里的居民"喂料"：

"现在没什么人，快下来做！"

"现在排队的不多，速下楼！"

....

革命路上手拉手，抗疫途中肩并肩，在检测核酸、接种疫苗等防疫过程中，这种和居民彼此心照不宣的"互通有无"，让这场"战斗"，从开始就烙下了网格员和普通居民"相依为命"的印记。

欧梦婕加了辖区超过100户居民的微信，虽然自己也"潜伏"在业主群里有一段时间了，但当初自己申请进群时，着实费了一番劲儿。"很多业主觉得，业主群是业主们沟通交流的地方，属于他们的隐私，你让一个政府工作人员混在里面，多麻烦。"

后来她想了个办法。"我跟群主比较熟，就在微信上问他，能不能把我加到业主群里。他说没问题，然后我就混进去了。"欧梦婕说："不少居民的孩子到了上学的年龄后，都需要办理打印内地居民的采集表，这时他们都会来咨询我。群主也是看着我们大热天在小区工作，疫情隔离期间给他们送菜、送饭，觉得不容易。"

渐渐地，业主们发现，这些散布在小区各个角落的网格员，和自己传统观念里的"街道办大妈"还是有所区别的。网格员们见证并体验过互联网技术迭代导致的社区管理方式革新，也更愿意和更善于运用互联网工具。

但这不代表着，这群对微信群、企业微信和健康二维码如数家珍的网格员，会和中老年居民的群体脱节。"我接触过一个老奶奶，儿女都在香港，请了个钟点工天天过来做饭，但一个人独居。我过去敲过几次门，她都说'我不敢给你开门啊'。"

这样的独居老人，在翠盈家园不在少数。"我们可能要上门，面对面地教他们，帮助他们建档，协助他们注册，不然的话，他们根本就处理不了网上的这些东西。"

某种程度上看，网格员的这些工作，让独居老人在数字化时代有了依靠。

"疫情之后，我们网格员聊过天，大家总有一种相依为命的感觉。因为大家心里都很害怕。疫情严峻时，别人也害怕我们，我们也害怕别人，但现在都过去了。"

疫情后，几个网格员在一起有说有笑，他们说，经此一役，"我们都是过命的交情"。

打疫苗，做普查

在 5 月、6 月顶住全员核酸检测的压力后，欧梦婕和同事们的新烦恼又来了：如何劝说那些 60 岁以上的老年人，去社区康复服务中心接种新冠疫苗。

欧梦婕管辖的网格里，居民的接种率目前不到 60%。没有接种疫苗的居民里，以小孩和老人居多。作为全国外来人口最多的城市，深圳"老漂"群体在深圳生活的主要动力，就是参与到第三代的抚养过程中。

"很多老人身体都不太好，有一些之前得过肿瘤，或者心脏方面的疾病，所以他们不太敢去接种疫苗。"

欧梦婕和同事这时就会告诉他们，可以先去社区康复服务中心体检，如果确实是不宜接种，网格员会让医生给开一个证明，上面写明"暂缓接种"或者"不宜接种"。

由于每天都需要和不同年龄、性别、地域与职业背景的人打交道，网格员和小区居民之间的矛盾和冲突也是在所难免。

"有些年轻人说暂时不考虑打疫苗，这些其实我们都理解，因为疫苗的接种也是遵循自愿原则的，但我们也会给他们一些建议，比如接种的人群已经达到10亿了，安全性是有保障的，所以也不要太有顾虑。"欧梦婕说。

普及接种疫苗的工作，让欧梦婕想起2020年第七次全国人口普查时，在进入企业微信并完成刷脸认证后，她和其他几个网格员面对的一张张神情各异的脸。

在欧梦婕管辖的网格内，每栋楼有30层。她负责其中150户的信息录入。这150户的所有居民，都要她亲自上门，让他们在手机上录入信息。

"前后花了半个月时间。我们有短表和长表，短表内容少，长表涵盖的信息很多，很多填长表的居民填了几项，觉得侵犯了自己隐私权，就会有一些情绪上的表现。这时，自己真挺委屈的。"欧梦婕说。

"每个网格员都觉得自己像个'大管家'。"欧梦婕说。整个网格里的所有普通需求和意外事件，都会在发生的那一刻起，传递到网格员那里。"很多公共服务、政策措施等等，只有通过你的传播和解释，居民们才能了解到更多细节。"欧梦婕说。

"妈妈是超人"

看了一眼妈妈的工作照，不到 6 岁的儿子叫了起来。

"妈妈，你好厉害。"

接着，儿子继续问："妈妈，你是警察吗？"

"妈妈的工作，跟警察叔叔也差不多，爸爸带你去做核酸时，你看见了那些穿着红色衣服的阿姨了吗？妈妈和她们一样。"欧梦婕说。

儿子经常对欧梦婕说："妈妈是超人。"每次听完，欧梦婕都哭笑不得。她知道，自己这个"见首不见尾"的"超人"，白天经常要外出、扫楼、跑社区，只有到了晚上，她才能卸下"网格员超人"的疲惫，看一眼躺在床上的儿子——但她不能抱，因为每天回到家，儿子已经进入梦乡。

"超人妈妈"最经常的工作节奏是：早上 8 时准时出门，夜间 20 时回到家里。"疫情期间 8 时就别想啦，一般都是 10 时、11 时多到家。"欧梦婕说。

这种高强度的网格员工作，自然无法让欧梦婕承担起接送儿子的重担。于是，曾经也是社区网格员，后来更换了行业的老公开始接送起儿子，晚上放学后还要辅导功课。

"网格员的工作节奏高，强度大，就换工作了。"欧梦婕说："全员做核酸的那段时间，我下班回到家都快 12 时了，他和儿子一般都睡着了。"

这时，欧梦婕会踮起脚来到客厅，打开电视，刷一两集早已更新完的网剧，当然，得把音量调到最低。

她还记得，疫情在武汉暴发时，所有网格员回到社区，通宵达旦地加班，"那真的是每天都在加班，做得最多的事就是处理数据，每天都有几百甚至上千人的数据，这就是我们要去执行、录入和核查的工作。"

网格员的工作需要"随时上线"。"最夸张的时候，我们每天干足了15小时，睡觉可能只有不到5小时的时间。"欧梦婕说："我现在最大的生活压力，就是要养我儿子，但我没给他报什么兴趣班，只是让他自己提前学习写字。写好字还是很重要的。"

7月8日晚上9时，结束对翠盈家园的走访，欧梦婕结束了一天的工作，她骑上共享单车离开，她想赶在儿子睡觉前见到他。

撰文　萨泽

当一个"女博士"决定去送外卖

和周南约在深圳华强北某商场的一家饮品店见面。奶茶送到,她猛吸一口,目光投向窗外:"不做骑手以后,就发现这地方还是没那么讨厌的。"

五米外的电动扶梯数次见证她争分夺秒的奔跑。"柜台上那些'屌毛'速度太慢,有天下午磨磨蹭蹭做不出来,被我们几个等餐的骑手轮番'屌'。"周南即兴回忆着,叙述偶有卡顿时,一些华南男性劳动者中通用的词汇就会跳出来填补真空。

周南是香港一所大学的社会学博士候选人。2020年初,受疫情及陆港边境管制影响,周南滞留深圳,无法返校继续学业。"为生计考虑",她在撰写博士论文之余加入深圳华强路一个外卖配送站。4个多月骑手体验在她行为方式中留下的痕迹至今仍清晰可见。

譬如,离职后,她再没选择过非实体店提供的外卖服务,心理阴影来源于经常取餐的一处外卖"黑作坊":污水横流的地面堆满蔬菜与餐盒,雇工叼着烟赤膊作业,与墙上贴着的某网红轻食LOGO形成对照,穿过人行道时,她会本能地靠里行走,"让小哥们的电动车快点过"。

但周南的目标并不止于"体验"。她展示了一个自己拍摄的同事——满大街随处可见的工作服下,是"牌牌琦"式的紧身裤和裸露的脚踝。她试着观察算法、劳动的游戏规则与主观能动性之间的张力,并以女性的特殊视角,为奔忙在系统中的"工蜂"画像。

以下是周南的自述。

每天跑单喝掉的水,都转化成汗液蒸发了

我的外卖骑手生涯开始于 2020 年 4 月,先是做专送,即接受平台派单的正式员工。适应期期间,系统会以一个商圈的四边为界,非常智能地向我派发各个方向的订单,以此锻炼我的能力。

等到不同区域都熟悉得差不多了,我的工作也随之步入正轨:菜鸟们一般被安排跑正班,每天上午九点半,我喊着"××外卖,送啥都快""××外卖,越吃越帅"在配送站前开晨会,常引得周围晨练的老头老太太举着手机上来拍照。

随着午高峰(大约以十点半作为起点)临近,我和同事们开始接单、跑单,脑子里的发条逐渐拧紧:去厕所的间隙基本被排除掉,当然,重体力劳动之下,我喝掉的大部分水其实是转化成汗液蒸发了;生理期期间,经常是连坐垫都湿透了也觉察不到,这种情况理论上可以请假,但如果恰逢运力考核,对出勤人数有要求,我也不好意思让站长难做,只能硬着头皮上。

好不容易能喘口气,吃个饭了,常常已经是 3—4 个小时后。在此之前,没有人舍得下线。骑手圈的玄学说法是,下线可能会中断好运,导致订单流一去不返。毕竟我们每天必须跑够低效(员工日均单数的一半),才算完成了一个有效的出勤天数,出勤天数又算是衡量KPI(关键绩效指标)、发放工资的重要标准,所以系统不给派单的时

候会特别难熬。

但是，上述过程只能称为理想状态。举个例子，我入行的时候正值疫情，理论上是骑手的事业黄金期，去任何地方送外卖，只要扔在门口就行，操作非常简便。但华强南两个聚集着大量供餐商户的城中村后来实施了出入证通行，我和同事们立马傻了，只能通过隔着围墙喊话与商户交流。

后来倒有顾客颇为体贴地在备注里写道："没有出入证的骑手不要接单，否则差评。"可问题在于，订单是由系统强行派到我手中的，我并没有回旋的余地。付费货柜最终成了解决问题的关键，当然，得由骑手自掏腰包。

类似的状况在我们的工作中比比皆是：保安和骑手之间的"世仇"自不必说，因为华强北一度禁止电动车经过人行道，有保安试图用脚绊倒骑行的骑手，引起轩然大波，我本人也曾经"中招"，上厕所回来被锁了车，只好打的送完餐；作为菜鸟，我经常"踩坑"——送到目的地，才发现是某些政府、事业单位大院，不能随便进，或者路被挖得一塌糊涂，需要绕好大的圈子才能和顾客接上头。

许多摩天大楼则堪称"地狱难度"。像华强路商圈最高的赛格数码广场，我接到过那里 66 楼的订单，因为电梯数量有限，没有半小时根本上不去，由此养活了许多"代送"阿姨。她们候在入口，通常没等我们的电动车停稳，就抢过十几二十袋外卖爬楼梯向高层冲去。我每单外卖拿 7 元，得分出至少一半来回报阿姨们的辛勤。

然而问题在于，阿姨们并不专业，洒餐、送错的事情时有发生。于是某次求助"代送"之后，我很快接到一个男人的电话，告知我被他打了差评，并义正词严地谴责我不应该"不尊重自己的职业"："连自己的分内事都不认真做，还能干什么？"这算是我以 200 元罚款为代价交的智商税吧。

我由此意识到送餐路上的种种不确定因素，最终都是要由骑手买单的。这使得我一到雨天就焦虑——手上攥着10多个单，点完一个送达，啪啪啪又进来两三个，众包（任务安排更自由的兼职外送服务）骑手下线之后，许多原本属于他们的"黑作坊"订单不受控制地涌过来。我从来没去过那些"黑作坊"，也不知道要耗费多少时间，才能从城中村的犄角旮旯里把它们找出来，焦虑的来源正是未知性。

所以在我看来，骑手工作之所以难做，是因为他们必须穿行于城市治理的毛细血管中，与林林总总的微观单元对话，与各自为政却又犬牙交错的"条款""规定"角力，甚至承担各种运作瑕疵、痛点带来的消极影响。这种复杂性在中国社会里明明比比皆是，却在系统规定的送餐路线中几乎没有显示。

"系统挺不地道的，喜欢欺负老实人"

前段时间（指2021年4月），北京市人社局劳动关系处的一个副处长去体验了一天送外卖，12小时5单，挣了41元钱。后来有外卖骑手在社交媒体上提到，那41元钱他并没有拿到手。因为他的号是借别人的，又恰好赶上了"微笑行动"（穿工服、佩戴工牌头盔拍照的抽查行动），人脸识别不匹配自然就过不了，号后来也被拉黑了。

无论事实是否如此，这个例子展现出，系统的无差别性和随机性正在颠覆现实生活中个体生存所依赖的许多条件：经验、资历、道德品质、名声、社交网络……我的直观感受是，中国人信奉的那套"先苦后甜""天道酬勤""助人自助"式劳动逻辑在系统面前似乎越来越不起作用了。

比如，许多报道都提到了外卖平台内部的骑手等级，但它遵循的逻辑其实是："能力越强，责任越大"。等级往上走，意味着送餐难度也在增加，因为系统会把那些路程远、路况复杂的订单优先派给你。

与之相对应的是，你也别寄希望于"混脸熟"，以为经常光顾的商家能够优先给你备餐。因为骑手与外卖在系统中的流动真的瞬息万变，到了午高峰、晚高峰还会加速。忙到飞起时，没人会有闲暇抬起头看彼此的脸，更别说记住那张脸。

在这里我尤其想提一提我的正班组长老张，他真的是那种特别典型的老黄牛般的中国好农民，从来不偷懒，无论远近都老老实实地跑。与此同时，20多年来在华强北拉货的经验，使他成了站里的"人肉活地图"，基本上可以在不开导航的情况下迅速、准确地抵达商圈的各个角落。但也许是运气不好，也许是年纪大了，研究不透系统里的套路，他永远挤不进业务排行榜前三。同事们每每提及老张，都会感叹系统挺不地道的，喜欢欺负老实人。

其实，老张完全用不着那么老实，至少在我和同事之间，"钓鱼"是非常流行的。要知道，当专送骑手的任务栏里有一个订单时，系统大概率会根据这个订单再派一个顺路单，顺路单又会继续吸引新订单，以此类推。所谓"钓鱼"，即指专送骑手可以把这个顺路单转给手头没活的同事，帮他们开张。这种基于合作的"内部调控"，确保大家人人都有钱赚，人人都不闲着。

我对一个"八胞胎"订单印象非常深刻，取餐地址与送餐地址完全一样，估计是顾客为了享受优惠拆分了订单。头两单进到组里一个大神手上之后，他马上照顾了我一单，经过数轮操作之后，我们各自揣着四单，心情无比愉悦地上路了。可惜出于未知的原因，老张从未参加过"钓鱼"，他的数据自然就不好看了。

类似地，站长也是骑手工作中非常重要的环节，虽然从理论上而言，他们的责任仅仅是确保运力、处理异常订单而已，甚至，如果顾客在取消订单时填写了与骑手有关的原因，他们的绩效也会受到很严重的影响。

不过值得一提的是，站点每个月的办公消耗，比如房租、水电那些，基本出自罚款，如果这些支出有了着落，一些罚款案例就有可能被豁免。而站长恰恰可以决定罚与不罚。于是,有的骑手就去和站长搞好关系,他们的异常单后来大多被剔除了。

我自创了一个叫"弹性算法"的概念来总结上述情况。具体来说,虽然骑手几乎完全处于系统的宰制之下,除了遵照其制定的游戏规则,没有其他选择,但并不意味着他们的主观能动性被完全扼杀。他们很难驯服系统,却可以揣摩系统,摸索相应的生存方式,至少避免被平台套路。

就像有经验的骑手都不再会去理睬某些订单后面跟着的2—3元快送奖,知道那只是平台变相压缩送餐时间的手段,而且最终大概率会落空。与此同时,以"人情"为代表的诸多变量仍在算法的裂隙中发挥作用。换言之,外卖骑手并不一定彻底困在了系统里,但他们与系统的博弈,无疑更加艰苦了。

"日言日语"

我曾经把骑手之间的交流戏称为"日言日语",因为"日"这个以男性作为主体,又带着些许"以下克上"色彩的汉语粗口在同事们的对话中出镜率极高。比如,他们把跑单称作"日单";为某个平台工作,叫作"日××"。

我们的工作群更是个集中展示男性气质的平台,一言不合就"开车"。"开车"对象千奇百怪,可能是给差评的顾客,可能是街上路过的大长腿靓女,也可能是"黑作坊"里的暴躁老板娘——因为经常举着菜刀威胁要和老公同归于尽,骑手们很喜欢看她的热闹。其中承载的情绪也难以总结,未必都是诅咒,我甚至觉得那些夹带生殖器官的表达扮演着桥梁般的作用,将骑手和他们眼中光怪陆离的城市联结起来。

与他们相处得久了,我也开始本能地将"日"挂在嘴上。有男同事就私下提醒我:"女孩子不能这样说话哦!"那时候,我突然意识到女骑手的微妙位置——既是劳动者，又是被凝视、评价的对象。

首先我不可否认的是，女性身份能为工作带来很多便利。一个女骑手向我展示过她的打赏记录页面，亮眼的数据下，是满坑满谷的"小姐姐辛苦了""小姐姐真漂亮"。一些保安看见我是女的，也会表现出惊奇："你怎么干上外卖了？"然后饶有兴致地和我唠上几句。有对话就有沟通和交流嘛，果然过不了多久，他们会悄咪咪地给我把院子的后门打开，或者给我指出公寓楼的方向。而男骑手就很可能会被"公事公办"。

所以，某次和同事们在华发路地铁站那里偷懒，一个资历较高的山东籍骑手就教育我要"运用好性别优势"："比如说接到顾客投诉的时候，可以把声音放嗲一点，卖个萌什么的，事情就会好办很多。"我想根本原因在于，在以男性为主体的劳动大军中，女性会成为一种别样的风景，与此同时，附加在女性身上的那种"风景属性"也会被无限放大。

在骑手圈子里，年轻、单身的女性同样会受到特别关注。算我在内，我们站的100多号人里女骑手总共只有4个。其中两个已经结了婚，是和老公一起来深圳打拼的，行事方式非常豪迈、彪悍。在同事们眼中，她们几乎与男性无异，除了工作，没有任何"沟通价值"。

与之形成对比的是，我曾经见证过我的男同事"发际线"对一个刚入职的小师妹展开疯狂攻势。小师妹身材瘦弱，没法推着电动车上天桥。"发际线"就赶到天桥的另一头，让小师妹拎着外卖过来，再搭他的电动车去送餐，几乎每次都随叫随到，耽误了自己的事也不在乎。

而说到我自己，虽然我戴口罩、穿雨衣出去跑单的时候经常会被叫"师傅"，但做骑手的几个月里还是数次收到来自男同事的交往请求。离职后被男同事删除或拉黑，也基本上是因为我拒绝了他们的交往请求。某次外出聚餐，我甚至还被男同事借着酒劲摸了屁股，那种时时刻刻被"觊觎"的感觉,让我很困扰。

值得注意的是,我发现他们并不是逢场作戏,而是有认真在脑海中"配置"身边的"异性资源",希望能在繁重的工作之余顺便解决掉婚姻问题。常年置身流动下,传统社会中作为人生尘埃落定标志的"成家"一再推迟,成为他们脑海中绷紧的那根弦。

就像 2020 年"母亲节",我在群里询问同事们都给妈妈买了什么礼物,"发际线"就公开"艾特"我,说:"买礼物有什么用,你这么大了还不结婚,你妈该给你气死了。"无论是那些多少带着点厌女色彩的"开车"行为,还是对于当"接盘老实男"的担忧(这也是男同事们常在群里发表的抱怨),我觉得都是对不安全、不稳定现状的本能反应。

还债!上岸!

做骑手期间,我的工作效率大致稳定在每天跑 10 小时,完成 30 单,并不算是好成绩。我们每天都会公布前一天的个人数据,榜上排位依次为绿区(优秀)、白区(达到平均水平)、红区(增加工作量提醒),我基本上徘徊在白区与红区。于是有同事就会说:"嘻,你是来体验生活的嘛!"

我挺不赞同这种说法的。因为疫情,我滞留在深圳无法返回香港,送餐多少解决了我的生计问题。与我交谈过的几位骑手都出于类似的原因入行,即希望迅速赚钱应对人生中的突发状况。

让我印象非常深刻的河南籍同事"眼镜"就挺典型的。他很瘦弱,戴着一副眼镜,说话像蚊子哼那样轻声,显得很斯文。某天下午一块儿在茂业天地吹空调时,他给我看他儿子过生日的视频。我想和他套近乎,随口问道:"您儿子几岁啦?"他愣了好久,硬是没答上来。

"眼镜"的反常激发了我对他的兴趣。逐渐熟络之后,他才告诉我自己曾是个老板，卷入 P2P（互联网借贷平台）项目跑路风波后，欠下几十万债务。为了迅速还债，他兼送早餐，清晨五六点就开始"全速运转"，忙得昏天黑地，全神贯注。只是生日那天，他简短地抱怨了一下老婆变得越来越冷漠，连祝福都没有发。

"可能我只是一个赚钱工具吧。"他感叹着，话题就此打住。这句感叹背后的情感色彩，听不出是过于麻木，还是过于敏感。

像"眼镜"那样"负债上岗"的骑手，我们站占到三分之一，平时会公开在群里交流剩余债务的数额，以及预计"上岸"的时间。运营网络赌博公司遭遇政策打击；玩比特币失败；在老家斥巨资修建豪宅；因为赌博而将开淘宝店赚的钱挥霍一空……他们入行之前的经历中，能看到清晰的起伏趋势。

换言之，英国学者盖伊·斯坦丁提出的概念"不稳定无产者"（Precariat）未必能精准描摹骑手们的状况。因为他们中的相当一部分虽然嘴上总嚷嚷着"要喝西北风了"，但在位于三线以下城市的老家，都是拥有或曾经拥有一定社会资源（小产业、体制内职位），可以为生活兜底的。经济、社会转型冲击着他们的既有生活方式，更多的人以主动选择流动作为成本追逐这场浪潮带来的机会，也免不了要以有限的能力吸纳、消化由此产生的风险。

相应地，与 2010 年代初我在流水线上接触到的那些辛苦劳作，同时又抗拒、恐惧一辈子打工的农民工相比，我的骑手同事们对自己经历的"命运无常""此一时彼一时"，以及零工经济缺乏保障的本质还是作出了更好的心理建设，也不会因为身处物质、资源匮乏的状态下，就主动压抑自己的需求。这或许源于移动互联网时代对观念的重塑，也源于 90 后一代更为强烈的自我意识。

有不止一个性格内向、社交恐惧（甚至明确自我评价为轻微反社会人格）的同事就提到，虽然辛苦、弹性工资，送外卖还是比进工厂自由度大，"在工厂里和一个拉长打交道就够伤脑筋的，送外卖可以自己玩自己的，可能和100个顾客打交道，只会遇到一两个奇葩"。

的确，传媒中的外卖骑手常常会以以下形象示人：自由驰骋在大街小巷，为美好的生活与未来奔波。平台也会锁定自带"反差亮点"的典型进行宣传，以强化这一形象中的传奇色彩，我所见过的，就包括见义勇为、名牌艺术院校钢琴系毕业、日语流利等等，当然，还有常被提及的"月入万元"。

然而，正如《外卖骑手，困在系统里》一文提及的，自由的表象之下，平台的"弱契约""强监管"属性，低门槛造就的激烈竞争，都在对骑手施加更深层次的控制，"月入万元""迅速还清债务成功上岸"也是以骑手的健康与情感消耗作为代价的。

而根据我的观察，即使社交平台、短视频网站为骑手提供了某种发声途径，即使有些骑手转变为网红、KOL（关键意见领袖），通过拍摄、吐槽职业经历实践着自主表达，但归根结底仍是寄希望于流量变现。

比如，介绍新人进站的骑手能得到至少800元介绍费（最近涨到了3000元）。我知道一位女骑手，几年来通过拍抖音段子吸引了不少粉丝。她将其中的100多人发展成新员工，赚了将近10万元，包括在视频、直播里带货卖电池，都是常规操作。

考虑到这样的现实，我觉得现在去谈论骑手群体的身份认同、团结，或者把他们归纳入"自为阶级"，都有点早。无论从主观或者客观层面上看，他们的联结都是相对松散的。首先，他们默认做骑手只是人生中的过渡状态，不会持续很久。就像我同事经常讨论名车的型号，以及大城市中那些"并不是没有只是暂时不想动用"的社会资源，那才是他们真正在意的。

其次，他们并不一定会共情同行的遭遇。我同事曾把一起导致外卖骑手死亡的交通事故视频、图片发到群里，后附评论："看，又'挂逼'一个。""挂逼"背后透出的冷静、冷漠让我有些震撼——未必是人性、道德层面的缺陷，而极有可能是在"现状仍可忍受"的现实下，对自身处境缺乏反思、观照而导致的。

类似地，当我询问几个骑手，怎样看待网上流行的一段外卖骑手与北京 SKP 商场保安冲突的视频，他们给出的评价包括"带节奏""博眼球"。其中有一个小哥还特别指出，制作视频的骑手"外送江湖骑士联盟""盟主"陈生删去了激怒保安的桥段，所以只是在制造卖点，更像属于网红的套路。对于陈生的前段时间遭遇，他们一致表示"活该"。

所以，处在一种微观视角之下，我反而会觉得这个群体的面貌更加模糊、更加充满矛盾：与主要依赖公共交通系统出行的市民相比，他们与城市空间，以及背后的权力网络进行着更加深入、贴地的互动，却基本被排除在相关话语体系之外；他们被系统整合成规模巨大、运行精密的劳动力大军，但除了扮演算法在现实世界中的触角，却又处于原子化状态，肉眼可见的联结仍被人情世故裹挟，呈现出中国式的"江湖"色彩……但我对这个群体的兴趣，似乎正来源于此。

撰文　卢楠

自由职业的年轻人困于自由

那些辞去工作、依靠互联网从事自由职业的人，他们都过着怎样的生活，有怎样的收获和失落？

在过去几年里，这是社科院新闻所牛天的研究课题。她访谈了100多位斜杠青年（拥有多重职业和多元生活的人群）、自由职业者。与此同时，牛天本人也是一位斜杠青年——她从事学术研究工作，同时也是一位团操课的老师。对这些不用定时打卡上班、区别于传统雇佣方式的青年新兴职业人群的好奇，来自她真切的困境和痛楚。

四年前，牛天博士毕业，顺理成章踏入了科研圈，做了一份稳定的工作。但她发现一些东西变了——在最开始，读书和研究是源自好奇心的牵引，是在不经意的春风翻书，是在马路上的灵光一闪，是在田野调查中肾上腺素膨胀。但在后来，工作KPI是期刊发表、职称评比，工作动力变成了能不能加分、是不是好发表、可不可以快速量产，每一个细节都要精打细算、小心翼翼。她发现自己即将陷入一种保守和无意义的高效人生。"放眼望去，青年不再，形容枯槁；年长色衰，瞻顾迂回。"

这时，她开始反思工作之于个人成长的意义。"当工作沦为机械地上班，我们则陷入了职业倦怠。"职业倦怠（burn out）最早由美国心理学家弗鲁登·伯格提出，它源于工作场所的长期压力，而这种压力没有得到有效的控制。陷入职业倦怠的人，通常会感到精力枯竭，工作效率低，对工作持消极态度。简单心理发布的《2020大众心理健康洞察报告》显示，有接近五成的人在工作中感受到"无意义"，近六成的受访者认为，自己正在经历不同程度的职业倦怠。

与此同时，牛天发现，周围的朋友也处于相似的困境。有人陷入现实的泥沼无法抽身，也有人也积极寻求转型，开始做一些副业；或依托平台，成为自媒体博主，开启灵活的就业方式。截至2021年2月，中国互联网网民规模已达到9.89亿人。便捷的网络创造了大量就业机会，除了围绕互联网发展起来的运营、产品等岗位之外，也诞生了很多自由岗位，其中不乏平台创作者。

牛天把这一类的从业者，称为"数字灵工"。具体来说，是依托互联网平台进行文化内容创作，包括图文、音视频等内容，且提供线上文化服务的青年群体。伴随对工作意义的追寻，在渐进的田野调查中，她慢慢接近这个群体，了解他们的工作方式，并开始探究这种新型的"灵工"形式，对于消解职业倦怠的作用、对个人潜能的挖掘，以及对当前就业的影响。

以下是牛天的自述。

自媒体创业者，只为自己工作

我遇到的第一个研究对象叫林安，之前在广告公司负责文案策划。林安的困境，是一个非常典型的困境——职场倦怠。离开上一家公司时，她已经是一家公司的市场部经理。"工作稳定，但就是不开心"。

林安喜欢工作，但不喜欢机械、重复的打卡上班，每天看似忙碌，但更多是做一颗"螺丝钉"，为别人打工。她感到自己与工作的距离渐行渐远，工作的价值和乐趣逐渐变得稀薄。职场倦怠，这也是大部分"数字灵工"开启转型的动力。

当前，高密度的工作挤占了人们的生活空间，个人意义和工作意义的捆绑逐渐紧密，但自上而下的科层制、晋升制和螺丝钉般的工作模式，让越来越具有自主意识和个性的青年人在工作中时常感到无力。人类学家项飙认为，这是一种新的异化，现代性社会塑造出的好似一个巨大的个体，即从生活和感受来说自己是占据中心位的，具有强主体性，但在工作里又是非常渺小的。

为了寻找工作的价值，林安开始寻找出路——她擅长写作，公众号起初是她个人的电子日记，没有专门运营过，但零散记录一些生活感悟。她在辞职之际，做了两件事：一是探访周围不上班的朋友，看不上班还能够做什么，并形成文字记录下来；二是她花了2—3天时间写了篇名为《现在的年轻人，为什么都不想上班了？》的文章，发到了自己的公众号，同时贴在了豆瓣。

她没有想到的是，一周后，公众号后台突然涌进来很多用户留言说："你写得太有共鸣了。""我也不想上班。"那篇文章上了豆瓣的主页推荐。当时有242个微信大号来申请转载这篇文章，也为她带来了冷启动阶段的用户积累。

公众号和豆瓣是林安平台创作的起点，她趁着流量高峰，把手上已经累积的3篇不上班的人物专访稿子发到公众号上，并计划将《100个不上班的人》作为创作核心内容，以一周一篇的节奏持续输出。后来她又接到了一些来自其他平台的撰稿邀约，包括抖音、腾讯、转转等平台。初期的收入相较于职场有所缩水，但令她兴奋的是，可以靠写作优势赚钱养活自己，并乐在其中，这也鼓励她告别了打卡上班的固化模式，开启了以平台撰稿为生的"数字灵工"生涯。

《2019年中国灵活用工发展白皮书》显示，七成以上求职者选择灵活就业的首要原因是工作时间有弹性。互联网平台打破了时空区隔，一根网线、一部移动设备就可以生产内容，这令多年在职场中受制于时间规训的人们感到自由。

除了时间自主权的回归，调研中我也发现，伴随互联网成长起来的青年，对工作方式与内容有个人独特的理解——当代年轻人普遍具有较高的文化素养和技能，能够敏锐洞察并生产出能引起共鸣的作品。而现在的平台，又在某种程度上消解了精英与素人的鸿沟，赋予个体可能性。一个平台账号就是个人创作的窗口。不同于数字零工的接零活，他们的工作不仅是灵活、机械的，还是灵感和灵捷的，基于个人的优势、迸发的灵感，生产文化类的内容，形成自主的内容创作，我将他们称为"数字灵工"。

比如林安，很早就意识到自己的长板在于内容创作，这也通过她的公众号推文得到了验证。她看到了写作技能能够成为为自己打工的砝码。《100个不上班的人》的采写初期是以图文的形式发在微信公众号上的，为了拓展内容渠道，她也在B站以长视频的形式输出不上班人们的故事。

这些内容初期是不赚钱的，随着粉丝量增加，她接到了稳定的商业广告和其他平台的撰稿邀约，还有商业活动，工作机会接踵而至。目前公众号粉丝已经有4万左右，B站有2.6万。她将自己看成一个文化IP（品牌），后续开设了小红书等平台。粉丝的黏性带来的联动发展让她的收入逐渐稳定。

智联招聘发布的《2020年中国白领群体灵活就业》报告显示，自媒体创作者占比近六成。创作内容涉及文化、教育、游戏、时尚、网络文学等行业，全职和兼职就业人数达到3000万，其中全职就业约1145万，总体数字超过了传统文化产业的2789万的从业人数。

林安这样的自媒体创作者属于积极的劳动主体，他们期待在工作中创造性地发展自己，从螺丝钉变成一专多能。在职场中人们往往是被动的，以 deadline（截止时间）为第一生产力，完成的任务仅是工作链条的一部分，但为了自己而工作的"数字灵工"，则会主动学习，技能如滚雪球般增加，同时自我也得到了成长。比如林安为了拓展变现渠道，在公众号创作之余，也用长视频的形式将人物故事记录下来，从拍摄到剪辑，她几乎是从 0 到 1 开始学习，并在大量实践中打磨镜头语言。学习被工作推动，加之粉丝的积极反馈，逐渐让林安找回了工作的意义。

但"数字灵工"也会有自己的困境，比如这种个体化的工作形式，是相对孤独的，社交成为困扰林安的难题，她灵活的工作时间，与上班族的时间表总是逆向而行。林安说："当你坐在窗前看到，夕阳落下，熙熙攘攘的回家人群，车水马龙的街道，好像跟你都没有什么关系。"于是她开始从自身的困惑出发，利用平台发起了自由职业的线下交流活动，讨论内容从初期的社交，不断扩大到职业转型、平台创作、工作困境、心态转变等主题。几次的线下活动积累了一部分忠实粉丝，鉴于此，林安开启了"自由会客厅"的项目，逐渐以线上线下社群的方式联动平台内容创作。

从林安的案例我们可以看到的是，"数字灵工"开启以个体为中心的工作形式，对内找热情，对外链需求，因此这种工作的关键是要有内动力，工作不仅为稻粱谋，某种程度上也成为自我赋值的文化概念上的活动。或是创造有趣的内容，或是引发共鸣为他人带来价值，林安坚持用利他思维做有价值的内容，做对他人有用、有帮助的事情。"不论是写一篇文字、拍一个视频，甚至做一个项目，利他思维都能让你走得更远。"一部分"数字灵工"放弃了循规蹈矩的框架下的工作，踏入新型的工作形式，寻求自我在工作中的意义，也许探索的过程荆棘满地，脚步会慢，但长路漫漫，未来可期。

学了计算机专业，但他最后做的是野生摄影博主

"数字灵工"的涌现，也让我们看到了一个流变——文化生产者和受众之间的二元关系变得流动、模糊。平台给予个体均等的文化生产的机会，受众也可以成为生产者。以个体名义发出的文字、图片、视频都有可能引发共鸣，一些日常的知识分享也可能成为爆款，带来注意力经济。"数字灵工"中的一部分人，主要提供的就是技能和知识，他们虽然并非专业领域的老师，但是生产的内容往往有趣味性和实操性，深受网友拥趸，可以称为"野生老师"。

他们提供的内容包罗万象，比如摄影、美食、艺术、学习、音乐、生活妙招等。他们边学边探索边分享，将学习的体验和过程展示在平台上。B站上的各类野生教学博主，都是一些普通从业者或者在校生，比如有人会分享"零基础插画教学""如何用手机拍出时尚大片"，也有博士生分享"如何快速阅读英文文献""哪些文献搜集工具值得拥有"。相比传统专业的知识学习，这些方法和妙招往往能够即时兑现，成为年轻人喜爱的学习资源，同时也适应了当下快节奏学习、实用性和趣味性的需求。

周于斯是一位摄影Vlog博主，他的内容分发在微博（120万粉丝）、B站（19.7万粉丝）和抖音（56.2万粉丝）三个平台。三个平台都围绕摄影技能分享。主要包括设备测评、摄影技巧、后期剪辑、旅游Vlog、个人成长感悟等板块。2020年，他的收入是以往职场中的3—4倍，大部分来自广告。

周于斯大学学的是计算机，但他并不喜欢自己的专业。大学期间，他爱上了摄影，在假期旅游途中，他会用单反记录风景，并把图片穿插在游记中，在马蜂窝等平台发布。闲暇时，他也会接人物摄影赚点私房钱。他会有意识地学习单反摄影技巧，大部分知识都是碎片化式的日常学习。他说："摄影这个领域不需要很系统地去学习，我

都是在用的过程中发现问题，然后再去专门找书和网站来看，专攻某个知识点。"

在学习的过程中，他随手发到微博上，获得了粉丝的关注。伴随拍照设备的轻量化，手机摄影成为趋势，周于斯敏锐洞察到了这一点，他开始学习手机摄影。2017年11月，他开始在B站等平台上分享手机摄影技巧，由于微博拥有固定粉丝，B站上也很快被联通。

"野生老师"类"数字灵工"的兴起，值得我们思考的是：对专业知识的重新阐释，以及人们获取知识的意识和方式正在发生改变。现代社会的流动性和风险性，使得专家知识变得并非唯一和权威。而这些"野生老师"具有问题意识，提供的内容有易得性和可操作性。比如周于斯的视频会教大家"拍出高级感人像大片，你只需要一部手机""六分钟视频让素人也可以拿起手机完成高级大片"。这部分内容，消弭了严肃知识和实用知识的边界，让看似遥远的知识和技能变得接地气且可实现。

但周于斯也在与另一种困境战斗——各个知识领域的蛋糕，随着"数字灵工"数量剧增而变得越来越小。注意力经济的不确定性，让粉丝的内容偏好变得难以预测。"被看见"才能够处于不败之地。因此，寻求突破和变化，打造内容的可见性，是"数字灵工"创作的关键。"有的时候想内容和选题就是一天，不知道窗外的日出和日落。"周于斯过去的一年在深圳6平方米的小屋经常这样度过。

即便是有了选题，内容的精打细做和精心的雕饰也是可见性的保障。平台具有公开性和透明性，"数字灵工"会标签形象个体和内容，用以区分普通创作者。他们会编辑平台身份，比如Vlog创作者等，在这过程中，通过优质作品的积累争取获得平台授予的优质博主的认证。此外，"数字灵工"会在每一条内容上打上标签或关键词，提高在海量信息中被搜索的概率。周于斯会用文字标记视频内容，粉丝通过预览窗口即可锁定视频内容，比如"调色""街拍大赏""自拍修炼"等。

然而，受众的注意力分散且有限，你永远无法预测哪个内容可以引发关注和共鸣，唯有不断与时间赛跑——大部分"数字灵工"都会保证更新的频率，这不仅来自粉丝的催更，也来自平台的认证限制。B站、抖音等平台认定优质内容创作者的标准之一是"具有稳定更新频率"。为此，周于斯经常会忙到凌晨。以令自己兴奋的内容创作为工作，使大部分"数字灵工"有较强的内驱力，但也因此陷入了新一轮的自我压榨。

部分"数字灵工"也开始意识到，除了提供实用性的干货，富有感情力的文字、图像、视频更能引发粉丝的共鸣。周于斯会定期坐在镜头前总结个人的感受。

2020年末的一期"写给30岁自己的信"，就是他站在江边的寒风中读信的场景。"过去的一年，忙碌但不累，没有人逼迫你工作。我认识到了有趣的职业，接触了很多新鲜的事物，有机会拍出喜欢的东西，但是这些过程是孤独的，我牺牲平日的社交，认识到的世界都是网络中的影像……但努力是唯一能掌控的事。"2020年末，他对着镜头这样总结自己的30岁。其中有几次风吹跑了信纸，他停下来，说了句：太冷了。这句话他也放在了正片里。

寒冷的冬风和过去一年热腾腾的创作历程，让屏幕后方的我们感受到向阳奔跑的朝气，真实且有力量。可见，"数字灵工"的工作也是一种自我展演，他们需要不断在平台上输出新近的表演，将新近发生的事项和个人的热情、兴趣持续呈现在公众面前，创造真实感，引发共鸣。

周于斯的故事，让我们看到的是，工作的理性化形式被改变了，传统的工作是学习的演练场，需要经过专业学习和多年积累，一个人在工作中的定位取决于他的毕业文凭、培训证明等；如今"数字灵工"中的"野生老师"扩展了工作的外延，工作被赋予了动态的美感，他们不设边界，开放式学习，把兴趣转变为工作。在这过程中，他们也开始真正地接纳自己，逐渐从你该如何、你该有什么样的工作这般强硬的自控自律的状态，转换为平和与持续感知，与不完美的自己共存。

从公司财务，到百大情感主播

2020年，我的研究对象雨嫣的生活，发生了彻底的改变——这一年，她辞掉了财务的工作，成为一名全职主播。她希望可以成为生活的掌舵人。

雨嫣并非播音主持专业出身，但从小就很喜欢主持这个职业。大学入学时，为了找到好工作，她选择了财务专业，但这并非她所爱。大学她加入了学校广播站，当时她的普通话还夹杂着方言，并不被其他人看好。2009年，她开始利用课余时间练习普通话，纠正发音。2012年，在朋友推荐下，她开始在荔枝、蜻蜓网络平台听电台，也尝试自己录制节目。在那个智能手机还未推广的年代，她会把自己的声音下载到MP4上，反复纠正。也是在那时，她发现自己的声音有催眠功能，适合播讲情感类的内容。2012年音频平台兴起，她是最早一批投身到平台上的主播。

如雨嫣一样，部分"数字灵工"并非在初期全职。平台赋予了灵活兼职就业的可能，部分青年人通过专业化兴趣爱好，在平台上发布作品，开启了平台创作的第一步。当兴趣能够变现时，"数字灵工"进入了职业转型的初期，但这也出现了问题：副职占用的时间太多，导致二者不能兼顾。财务/主播的斜杠职业身份大概持续了八年，当主播副业完全超过了主职的收入，雨嫣决定放弃主职，全身投入平台创作中，成为一名全职的"数字灵工"。

全职主播的道路并非坦途。辞去之前的全职，意味着失去了稳定收入，生活变得充满风险和不可控——平台收入不完全由创作者决定，在没有保底收入的前提下，还受到粉丝和评价机制的影响。雨嫣的收入主要来自播读有声书，按照市场价 80—90 元／时，一本书的播读需要 7—8 小时，每个月的固定收入最多可达 7200 元。平台为每本书设置了 10%—20% 的提成空间，想要拿到提成，就需要高点播量和完播率。这两项都达标了，才可以获得几千元的提成。

但这充满了不确定。一是书籍播读市场中，科幻类、穿越类小说点播率高于个人成长、励志鸡汤类的暖文，作为情感主播的雨嫣的播讲内容，先天不具备优势；二是完播率完全让权给听众评判，但注意力的不确定性和粉丝的黏性是主播无法控制的。加之平台提现隔月制度，加剧了这种不确定，让雨嫣陷入对自我的怀疑和职业的焦虑。

全职的"数字灵工"抽离了组织系统，职业规划和发展路径失去了顺序的晋升和系统规制；工作内容的选择和发展方向全凭自己，这也意味着艰辛的探索。

雨嫣曾经尝试过播读点播率高的悬疑推理类小说，但她发现不论是兴趣还是声线都难以驾驭。另外，为了增强粉丝黏性，她也尝试举办粉丝见面会，经营圈子，建立社交。但矛盾在于，生活中的她和个人风格并非一致，为了不让粉丝失望，在线下，她会去极力表演，这个过程是煎熬的。"我真的不擅长，在线下很累，会小心翼翼地坐着，也不敢大声说话，全程我在照着知心温柔姐姐的人设在演。""数字灵工"的职业选择本是自主的、开放的，但面对平台的规制，他们好像又一次掉入了事与愿违的怪圈中。

于"数字灵工"而言，他们策展式的内容生产，已经成为一种生活方式，灵活的个体化职业，意味着他们的工作和生活产生了结构性的同化。因此，在面对平台的规制与职业发展的掣肘时，一部分人会反思优势，展示贴近自我的形象，正视工作和生活的结构化的同向性，工作于他们而言，不仅是实用性，更是实现全方位的个人成长。

他们会依据个人优势和生活阶段，以更为贴近真正自己的形式工作。

而雨嫣也做出了自己的选择。她决定减少线下的活动，专攻内容，聚集她的兴趣和擅长所在——自我成长类书籍。她每次都会精读、做笔记，在消化吸收之后再播讲给听众，这个过程，她是享受且能够切实感到自我成长的。2021年，她30岁了，站在人生的十字路口，她未来计划推出女性成长的原创播客，结合自身职业转型及心路历程。她说：“我就是一个30岁在一线城市奋斗的女生，经历了传统行业到博主的转变，我有很多体会和感悟，在输出成内容时，也是与自己展开的对话。”

一个更自由的、有更多可能性的未来

关于工作和生活的关系，美国社会学家莱特·米尔斯曾经有过这样一个论断：如果人们从事的工作和最终的产品之间没有什么联系，如果工作和他们生活也没有什么内在的联系，那他们就必须接受工作本身没有意义的现实。因此，他们会多少带着某种怨气去从事自己的工作，或者到其他地方去寻找生活的意义。

而在今天，各种平台的发展，催生了灵活的就业形态，以文化创意内容为生产要素的"数字灵工"，给了人们到其他地方找寻工作意义的空间和想象。于"数字灵工"而言，依托平台职业化的结果不仅在于具身的生存，关键在于生产富有感情力量的文字、图像、音视频等创意产品和服务，进行自我赋值。

这不禁让我们追问，工作的意义到底是什么？工作和生活一定是一种紧张的关系吗？工作必然走向异化吗？马克思在解释劳动的异化时指出，劳动是人的本质特征，是人的第一需要，然而，异化的劳动却让人感到劳动是苦役，工人在劳动中不是肯定自己，而是否定自己，不是感到幸福，而是遭受摧残。但从"数字灵工"的身上，我们看到了劳动不仅是人们生活不可剥离的一部分，也是能自我赋值的一项有意义的活动。

不同于职场中的"螺丝钉"，也不同于低技能、接零活儿的零工，"数字灵工"表现为较高的文化素养，且一专多能。这种工作方式改变了被动的就业形态，激发了一种主动的灵活业态，同时改善了青年人疲软的工作状态。

"数字灵工"的意义，不仅是为社会就业提供保障的下限，由于主体知识水平和技能的提升，以及青年人对工作态度和价值的转变，高技能、强创意成为其显著特点，这意味"数字灵工"不再是被动"接活"状态，转向依据个人职业生涯发展的主动选择。

此外，工作效能的考量标准也发生了改变。形式理性逻辑支配下的工作，个人要在固定职位中生产出客观的绩效，正确、数量、质量是唯一评价标准。即使是依托平台的零工经济，也是以量取胜的劳动模式。但"数字灵工"具有强主体性特征，工作即自我赋值的过程，具有非凡表现才能、能够生产出创意的主体才能够因创造出"表现力经济"而持续获利。

当然，我们也应该看到"数字灵工"的个体化困境——沉浸式的创作、社交的缺失、资源的匮乏也带来了一层更为隐秘的自我剥削，更容易导致自我崩溃。

我们或许正在经历着一次集体性的转变——从面对世界的倦怠，回归到面向自我的倦怠。能否在对工作的意义和精神满足的寻求中，为自我建造一个闲适空间，这是所有人都在面对的问题。我们期待会有相关政策能保障灵活劳动者的个人权益，同时也期待"数字灵工"真正能够向更多的人群渗透，在未来成为一种更自由的工作方式，提供更宽广的职业选择。

撰文　牛天

二

从边缘走向中心 | 数字技术里的县乡新图景

基层"数字新势力"

> 信息时代的农村，可能比城市经历更剧烈的改变，因为我们观察的方式正在变得越来越先进和智能，变得无所不在。我们不仅可以得到一个关于地球任何角落的高清照片，还可以分辨分析照片上的内容……
>
> ——雷姆·库哈斯

库哈斯说，对于乡村的兴趣，和自己在20世纪70年代对纽约的兴趣一样。"对于乡村，我格外看重数字技术在其中起到的变革性作用。"库哈斯说。

这位曾经的记者、编辑和社会观察家，从建筑师的视角出发，为未来世界作了一个定义：世界的未来，在乡村。

这是一个关于现在和未来的时间层面的问题，一个关于城市和乡村的存在形态层面的问题，最重要的是，这是一个关于边缘和中心的地缘关系层面的问题。

就像后工业时代的西方国家，在二十世纪七八十年代开始出现"逆城市化"现象，"逆城市化"的话题，在当下的中国社会中又被反复提及。都市青年在历经对城市化不满后"逃离北上广",小镇青年为圆"都市梦"而"重返北上广"的多轮循环后,在原本无法轻易逾越的城乡鸿沟中,找到了和工作、生活及自我和解的一粒灵药:数字化工具。

数字化工具,确实催化和助推了边缘走向中心的过程:

一个距离杭州市区20公里的小村,成了盛放都市青年"创业梦"的"天使村",依托微信公众号、外卖、小程序等工具、平台,"小镇做题家"依然在小镇,"农村有为青年"仍然驻留乡村——物理概念上,他们偏安世界一隅;空间、格局维度上,他们称得上是"心怀天下"的一群年轻人。

库哈斯眼里"世界的未来"——乡村,同样吸引了一名名来自一线城市、整天在实验室做研究的"高知"博士。在这一章中,从小干农活时,会思考"能不能发明一种工具,在树荫下就能把活都干了"的史磊刚,在支持和参与了多个关于智慧农业的国家课题、学术研究后,决定找回"初心",回归田地。在田野里,他找到了自己的职业赛道,也成了众多用数字化技术和互联网思维反哺乡村的返乡专家、博士中的一员。

史磊刚在农村看到的现状是:原来干农活的主力是青壮年,现在是"386199部队"——这是农民自己起的名字,"38"是妇女,"61"是小孩,"99"是老人。

同样,我们会在本章,把目光聚焦在一群留守农村的中年妇女身上。曾经,她们是农民、出租车司机、工人;现在,她们走进直播间,把头发染黄,把头发拉直,把造型做透,把形象"升级"。带货、培训、做直播,她们在大时代的边缘浅唱,"舞台"则是被流量、数据和镁光灯决定的直播间。

在一个个被数字化浪潮席卷、影响乃至重塑的乡村,"386199部队"找到了新坐标,焕发了新生机,曾经那道深浅交融的城乡鸿沟,正从无到有、由点及面，被越来越大众化的数字工具弥合。

同一个世界，多元化"舞台"。那些被时代丢弃，但被数字化那双"无形的手"拽回队伍中的"掉队者"，那3000万名在江湖边缘游荡，但在线上重新收获关注的卡车司机，那群和数字经济深度绑定，连续创业五年的年轻人，在缺乏舞台的现实世界里，依靠数字化工具和技术，创造出了属于自己的人生舞台。没有人在时代的边缘浅唱——每个县乡里的人，都在自己的舞台中央迅速"出圈"。

久未激活的乡村文化，顺道也就"出圈"了。

"出圈"的不只有乡村文化和乡村青年，还有那些正在成为"新上楼青年"的小镇青年——这些人来自天南海北，身怀技艺五花八门，他们不甘于在数字时代做一枚"螺丝钉"，而更愿意做一个"比较有用的零件"；他们在数字平台"闯荡江湖"，用数字工具"连接世界"。他们或许讷言、内向，有的甚至不苟言笑，但他们却是最善于利用数字技术，和周边、社会、世界展开"对话"的一群人。

交流的作用和意义，在数字化时代重新被放大，就像那个用建筑和城市对话、用空间和个体生活发生联系的"建筑大咖"库哈斯说的那样："现在我们办公室里的员工在交流时，都用电子邮件来发消息——即便他们之间可能只隔了两米的距离。在我看来，城市里这种数字交流带来的负面影响是：它阻隔了人与人之间真正的交流，也阻碍了可以通过这种交流产生的创造力。"

毫无疑问，真正发生对话、产生连接，并在此基础上构建起一个个和"破壁""出圈"紧密相关的财富梦、数字梦、人生梦的，是那些藏匿于小镇、乡村的"数字新势力"：它们不起眼，但能随时在"云平台"上起势而"舞"；它们不特别，但能随时进入数字化的"特殊场景"；它们或许不在地理意义上的轴心，但却凭借对数字技术的个性化理解，构建起了一个容纳交流、对话、碰撞的"数字中心空间"。

基层"数字新势力"

"当中国把数字科技运用在城乡交流上时,它激活了人的原创性和创造力,此时技术联结的,不再是城市里坐在邻近两张桌子旁的人,而是散落在城乡不同地区、不同环境下工作的人。在这一情境下,数字通信手段,确实成了促进交流和互动的工具。"库哈斯说。

连来自荷兰的库哈斯,都洞察到了中国小镇、乡村的这股"新势力"——如果说世界的未来在乡村,那么数字化的未来,也可能会在乡村。

一群年轻人"连续创业"的五年

六年前的创业热潮，意外卷入了一批刚进大学的年轻人，他们在浪潮奔袭的缝隙中寻找空间——抓住微信公众号、外卖、小程序上的机遇，从"小镇做题家"到现实的大学"梦想小镇"，新的挑战和变化也在不断涌现。"内卷"激烈的社会语境下，一群年轻人"连续创业"的五年，会经历什么？

76家创新企业的商标贴在杭州市余杭区梦想小镇"天使村"村口的宣传墙上，向每一个来到这片创业园地的访客展示它蕴含的潜力，墙上的标语里写道：

"时机可能不能决定所有事情，但时机可以决定许多事情。"

一条余杭塘河连起了新与旧。穿过一栋栋坐满年轻人、创业公司聚集的崭新大楼，几百米之外，是横跨在余杭塘河上的古桥，桥对面则是一片古朴的建筑，国学大师章太炎故居在临街显眼位置，冷冬上午，青石板铺就的街道上，零零星星的游客，不紧不慢地欣赏河两边的景色。

从杭州市中心一路往西20公里便能到达梦想小镇天使村，正如它的地名一样，这是一片新旧交错的地方，梦想是源于对未来的憧憬，小镇是故乡凝结而成的意象，天使则更像是一种诱惑。

"梦想"在小镇随处可见。在"梦想之墙"上，布满了创业者们的"金手印"，它们拼成一个英文单词"dream"。余杭塘河边的电子屏幕上有一句话："梦想还是要有的，万一实现了呢？"这句话无时无刻不在闪烁着蓝色的光，仿佛就是说给河对岸一栋栋大楼里的创业者听的。人们称梦想小镇是"让梦想变成财富"的地方，能将公司进驻梦想小镇的创业者都是带着光环而来。

21岁的大二学生杜渊拿到了这把金钥匙。

出走的"小镇做题家"

在天使村6栋的一个办公室里，杜渊和高少辉头戴粉色和金色的米老鼠头纸头套，正在模拟一场直播，他们正在做一款帮助95后年轻人恋爱的社交App和QQ小程序。粉色头套代表女生，金色代表男生，直播是他们最新尝试吸引用户关注的方式，他们想在其中找到位置。

平台已经拥有超过300万用户，背后的团队不到30人——借助2018年上线的小程序，他们有机会触达数以亿计的年轻人。但这一切并不是偶然促成，杜渊并不是一个创业新手，早在15岁时，他便向父母提出过一个惊人要求。

"我想做一个网站。"不容置疑的口气。

一向对杜渊持放养态度的父母听完他的创业计划后表示支持，杜渊想做家乡第一个门户网站，在上面发布旅游景点、特色小吃、二手房屋、工作招聘等信息。

注册域名，买服务器，虽然只需几千块钱就可以启动创业，但对只是初中生的他而言，这仍然是一笔巨资。除父母的支持外，杜渊去打了寒假工，800块一个月，在酒吧里洗杯子，晚上8点上班，凌晨四五点下班。

在PC时代，敦煌县城里很多人都在用杜渊做的网站——敦煌在线，这是他第一次在创业中获得成就感。一度有广告找上门——一家酒厂看到了杜渊留在网站上的QQ号找过来，表示可以用酒券去换广告位。拿着酒券去酒厂提酒，别提有多激动。杜渊很在乎网站排名，"我每天放学回来，第一件事就是拿手机去搜一下关键词，看我排第几"。这次创业从初中持续到高中，高二后学业变忙，在高考的关卡上，网站以关闭而告终。

父亲在旅行社工作，母亲在照相馆上班，这是一个生活在敦煌小城的普通家庭。初中以前，父母几乎不用担心杜渊的成绩，当时，姑姑在敦煌县城开了一家手机维修店，杜渊常去玩，当时最新款的手机、电脑，他总比其他孩子先接触到，感受到网络魔力，他开始自学编程。

他记得，高三的时候，冬天早自习，天微微亮，他站在座位上背英语单词，从教室窗户里向外望去，可以看到鸣沙山，微风拂过山头，吹起黄沙，像有丝绸飘过。他想，我得离开这里，先看看外面的世界。这也是当时老师们对他们的思想灌输，"考上大学就会拥有一个美好未来"。

高少辉的班主任同样对他这么说，高三这一年他铆足了劲做题刷题，希望去到一个重点大学。

在没有意识到大学的重要性以前，他是一个叛逆学生，一度整日在校园内外闲逛，打架闹事不读书，几乎被放弃。高二时，他创业开过一个烧烤摊，但禁不住混混朋友们吃喝，很快倒闭。高三时，他遇到了对他给予足够关注的班主任，现在想起来，这算是挽救了他的未来。

在福建南平乡村读完小学四年级，高少辉才跟随做生意的父母来福州念书，回忆起童年，那是一段自由烂漫的时光，父亲在外，他又是家中唯一的男孩，深得母亲和家族老人喜爱，青春期的叛逆，父母也拿他毫无办法。

那一年"小镇做题家"的日子，终究没有辜负。2013年，他拿到了杭州电子科技大学的录取通知书。大学的创业经历，改变了他的人生，按照父母预想中的计划，他本应该是回福州找一份安稳的工作。

在高考报志愿时，杜渊的父母希望他报考师范或气象学专业，因为这两个专业在敦煌是最好找到体制内工作的，他都拒绝了。离开早就决定好了，高考结束后，2014年9月，杜渊来到了拥抱互联网和创业的杭州。

互联网给杜渊打开了一个相比古老敦煌更加崭新的世界，在杜渊做网站前，敦煌尚没有一个出口可以了解敦煌的历史与当下，是他感受到了互联网气息，并抓住了它。杜渊很少去跟父母解释，自己正在做什么事情，也几乎跟他的高中同学们失去了联系。

这六年里，杜渊保持每年回家一次的频率，那是一个渐行渐远之地，年轻的他尚不清楚故乡对自己意味着什么。

"微信上诞生的校园创业明星"

因为高考而中断第一次创业，一直是杜渊心里的遗憾。

在无比重视成绩的中学，杜渊无疑是孤独的，他做的网站，是他区别于其他学生的重要作品，他享受这种不断升级打怪的过程。

进入杭州电子科技大学之后，杜渊迫切需要一个新机会。

他发现，周围同学很流行用校园微信公众号，但都是以在线查课表、查成绩等教务功能为主的官方号，能否有可能去做一个以生活服务为主并且可以商业化的校园微信，做一个连锁？

他把这个想法说给了当时的学生会部长冯林源、负责运营校内公众号"杭电助手"的高少辉和其他几个熟识的朋友，几人一拍即合。

他们想到了"口袋大学"这个名字,即"将大学装进我们的口袋"。注册域名和公众号,发布信息,张罗同学加入。2014年12月31日,跨年之际,他们组建了简易口袋工作室,在校园内进行了第一次招新。

大学的第一个寒假,团队开发了口袋杭电(杭州电子科技大学)、口袋浙财(浙江财经大学)两个公众号的基础功能。

2015年3月21日,开学不久,杭电首推"网上刷水"功能,学生们结束拿着水卡在校园接水的传统,可以直接从公众号线上订水,粉丝快速增长。

那是一种一个人走在路上想到这件事都会笑出声的喜悦,这样的成果,杜渊想告诉身边每一个人,也是刺激团队成员继续往下推进的强心剂。两天后,团队在浙江财经大学进行地推,全员出动,主打"第二课堂报名",吸收了前500名种子用户。一个月后,下沙地区的众多高校加入进来。

杜渊和他的同伴们跨进了创业的浪潮,看着粉丝数逐渐增加,年轻人心潮澎湃。加入的名单越拉越长,杜渊、冯林源、王赏、张柱、高少辉、蒋舜彬、费新新……

那两年,《中国合伙人》在大学校园里被讨论得很多,有一句台词,同样也被他们所知,"梦想是什么,梦想就是让你感到坚持就是幸福的",他们有着剧中人相似的心境。来自大学城里的不同高校,是朋友、同学,也是"合伙人",都年少气盛,有冲劲,每次头脑风暴是他们最期待的时刻。

他们看到了"口袋大学"可复制并且规模化运作的可能性。

需要注册一家公司,注册资本10万元。一穷二白的年轻人,从生活费中挪用,问朋友和父母借,每人几千块,终于凑齐。

兴奋挟裹着紧迫与焦虑袭来,人的精力是有限的,已经完全没有上课的时间,杜渊和另一位合伙人冯林源决定暂时休学。

2015年5月14日,公司注册成功,6月3日,递交"口袋大学"商标申请。一个从微信公众号中看到的商机正式转化为公司化运营。

拿到执照的那一天,团队受邀参加"2015年中国O2O新商业峰会",在火车站里,每个人都很激动,那是一种离成功又近一步的真切感受。开往北京的火车上,还敲定了一项合作,"口袋杭电"与"口袋师大"达成联盟。

暑假很快到了,他们离开校园,团队15个人前往浙江金华进行封闭开发,为了省钱,所有人一起吃住,15个人凑钱租了一套200平方米的公寓,唯一一间有床的房间给了四个女生住,所有男生只能打地铺,两两一组轮流排班做饭,其余的时间都是泡在办公室里开发新功能。

"帮室友找对象、树洞、约个球等鼓励学生走出寝室的社交功能都是那个暑假经过头脑风暴开发出来的。"回想起来,那是一段异常纯粹的时光,所有人都像打了鸡血一样。

开学后,宿舍空间太小,早出晚归会打扰同寝室的同学,他们干脆在学校附近租了一个两居室。只有两张床,这意味着每天都有人要打地铺,他们选择了抽签的方式,抽到哪里睡哪里,没有人有怨言,大家都是学生,说要加个班,你干就得了!

这是一种像"老友记"一般的友情,那是一段不计较得失和利益的时光。

对杜渊来说,2016年10月27日是一个难忘的日子。

这一天,他的创业团队在第八届浙江省大学生职业规划与创业大赛中获本研组创业实践类一等奖,他本人也被授予"2016年浙江省最佳创业实践之星"荣誉称号,在随后的路演中,有9家投资机构为其举牌。

正是在这次路演中,杜渊拿到了进驻梦想小镇的钥匙,并获得了两年的免租期。这是一份昂贵的奖赏,在外界的话语中,这相当于一扇成功的大门在等待这群年轻人开启，他们怀着激动的心情接住了它。

这一切就像是一个美好的梦一样，机会推着他走向了一条创业之路。杜渊和冯林源重新回到学校读书，想在创业和学业上寻找平衡。然而，危机往往就掩盖在成功的表象下，隐藏在不断滋生的渴求中。

寻找新"缝隙"

在"口袋高校"疯狂复制，往杭州以外高校扩展的过程中，一年过去，他们发现，不只是他们，几乎是所有人都发现了公众号这一机会，大学里的头部公众号已经很难撼动，作为一个"入侵者"，明显水土不服。

按照理想中的预设，每个学校都要建立运营团队，真正实施起来却发现，不是每一个学校都有感兴趣的人愿意做，学生团队流动性大，内容质量也参差不齐。

团队决定捡起之前被搁置的一个项目——食堂外卖，做"口袋公社"平台。在校园物流的基础上，引入众包，开发调试产品之后，拿到了美食城一年的独家代理权，他们尝试融资，无果。2016年7月，他们利用暑假时间前往深圳科兴科学园，试图挖掘校外白领外卖市场。

"我知道还有很多坎等着我去迈过，但我一点儿也不怕，因为信念，终将成功！"当时的杜渊展现着强烈的信念。

现在回过头来看，这条路走错了：把食物送到寝室与一开始鼓励学生走出寝室的创业初心不符；白领外卖当时已有巨头杀入，巨额补贴下，小公司生存缝隙狭窄，他们毫无招架之力。

迷茫之际，苏州一家投资公司找上了门。

路演起了作用，因为了解到杜渊之前积累的校园创业经验，决定给予百万级风险投资，团队撤退深圳转战苏州，开启第三个创业项目——口袋高校。

公司进入快车道，两年内，有 1.3 万个校园公众号接入了口袋平台，覆盖 2000+ 所高校，连接近万名高校新媒体运营者。口袋高校也加入腾讯微校平台，高峰时，公司月营业额超过 20 万元。

变化也随之而来，2018 年，伴随版本更新，微信订阅号信息不再以列表形式排列，以大量信息占据用户微信消息列表的粗放模式成为过去，口袋高校的微信矩阵流量遭遇断崖式下跌，广告收入也随之大幅减少。

是继续创业还是放弃，他们又走到了新的关口。除了是否要创业的焦虑，还有离别的哀愁，一群年轻人，四年里一直吃住在一起，这种属于少年时的"义无反顾"，让他们一直没有离散，毕业，让他们不得不考虑未来的人生。"留下来还是找工作，成了一个两难选择，大家都很难受。"

"很难停下来，不甘心，并且也还有机会。"

在暂停的间隙，杜渊曾去梳理过自己的创业路径，产生过怀疑："也许是因为太了解学生这个群体了，团队似乎养成了路径依赖，更倾向于去做面向学生群体的产品。"

高少辉、冯林源决定与杜渊再次一起创业，他们的办公地点也从大学迁往梦想小镇——终究还是要经受社会考验，这群从小镇出发的年轻人，来到了另一个小镇。

他们身上有着相似的东西，童年都在小镇或乡村度过，都很早对互联网产生兴趣，一度也都是"小镇做题家"，都有对成功和变得"不一样"的渴求，凭借着这些，大众创业的环境作为推力，很容易将他们吸引到一起。

离开校园创业"江湖"后，浙江师范大学金鹏已经将自己的健身餐连锁店开到了上百家，浙江工业大学邓建波的创业公司在 2017 年就获得了数千万投资，中国药科大学的高欣正在进行直播创业，河海大学的王晶亮做了新媒体公司……他们都曾是"口袋大学"的参与者，无意间，当初在微信上的创业过程，也催生了一批新创业者。

再回"象牙塔"

在梦想小镇很多事情都是新的。

荣誉已是过去，对杜渊和高少辉而言，成长是必须的。年轻人如何管理年轻人，是一大难题。公司有20多名员工，仅靠"江湖"或"兄弟义气"去维持并不现实。还有现金流问题，尚未盈利的项目，如何说服投资人和员工未来是有前景的？

他们常去找在大厂工作的朋友聊，听取他们的意见，借鉴一些适用的工作方法。员工的平均年龄只有25岁，大片的粉色背景和随处可见的标语营造出温馨浪漫之感：

让相遇变得简单
走心认真、保护女生、契约精神、尊重隐私
好的缘分值得等待
优秀、成长、创新
上班上得好辛苦，吃口零食来弥补
我感觉我上辈子是个蒲公英

他们回到了自己擅长的社交领域，现在的公司与业务，可以追溯到做"口袋高校"时的"帮室友找对象"创意。

这里面有投资人的建议，从擅长领域着手，风险低；也关乎创业的初心，在大学时，他们就发现年轻人对线上交友付费意愿强烈。"大家可能觉得大学生都很活跃，很容易接触异性，事实正相反，很多人都没有恋爱经历，尤其是出了大学，进入职场之后，很难有机会接触异性,仅仅是恋爱体验就特别难得。"选择 QQ 小程序的原因是,他们发现,00 后大学生一直在用 QQ,大三的时候要实习了,要找工作,要跟导师见面了……这些变化都会在空间里呈现。

杜渊展示了正在不断迭代的 App 以及 QQ 小程序,在这两个平台上,有 300 多万人参与线上交友活动。

回望创业的过程,他们发现,在过去五年里,确实踩到了一些风口,只是当时不自知。把青春赌注在一场场创业里,除了成功的喜悦,也有遗憾,因为投入太多精力在创业,他没能好好享受大学泡图书馆、郊游的轻松时光。

浪潮过后,大学生创业也回归理性,在"内卷"的社会语境下,他的学弟学妹们已经没有了当初创业的环境和机遇,更多人选择深造或进大厂。如果重新选一次的话,"我应该还会那样去做,但是可能会慢一点,不会那么激进"。杜渊的梦想是创建一家能为社会创造价值的独角兽公司。

会议室墙上,一张"乘风破浪"的书法作品是团队去扬州玩时带回来的。值得庆幸的是,这些一起去的朋友,大部分都还在身边,在一个电话可以约饭的距离范围内,在创业路上。

身边真切发生的财富自由的故事也刺激着杜渊,这样的故事他在大学听过很多,至今仍旧吸引着他,并相信有一天,自己会成为故事的主角。

撰文　JUMP　徐浪

小镇上的心理咨询师

作为一种现代病,在城市中,人们已经意识到并普遍接受心理问题的存在,心理咨询师也成了新兴的热门职业。然而,在广袤的乡镇地区,心理问题还未从历史的地表下浮出,仍然在经历和过去并无二致的污名。其中,青少年的心理问题尤为突出。

舒怀和薇薇是一座小镇上的心理咨询师——如同薇薇所说,小镇像一潭死水,她们则试图向其掷下石子——互联网连接起了她们跟各种各样的咨询者。在这份职业中,她们窥见小镇的人间百态,尽其所能为小镇居民提供科普和援助,也在这个过程中反思和疗愈了自身。

"问题儿童"与"问题家庭"

禾川镇很小,在镇上开车从东跑到西都不消20分钟。它所在的江西省永新县,东西南三面环山,仅有北部延伸出一条狭长的走廊,通向外面的世界。这里没有高铁和火车,人员进出都靠大巴和私家车接驳,前几年,刚刚有条高速公路连接到了这里。2018年,永新县刚刚脱贫，禾川镇算是其中最繁华的镇子。

舒怀和薇薇就是在这个镇子上，做着心理咨询的工作。而心理咨询的对象，通常是镇上的青少年们。

这些少男少女，有的厌学，有的抑郁，有的沉迷游戏。他们大多失学在家，作息紊乱，不与人交流，被父母强制送来做心理咨询。尽管表现不同，根源却差不多：据舒怀观察，要么是父母控制欲太强，要么是幼时缺少陪伴。

禾川镇是一个重视教育的小镇，在这么一个46.71平方公里的小镇上，分布着9所小学、6所中学和1所职业学校。这里没有大学，如果你想上，就必须杀出重围考出去。

县城里的家长们相信学习改变命运，把对未来生活的期望都寄托在了孩子身上，如果他们考上好大学了，就可以走出县城，走到外面的世界去。每一年高考季，县里的"状元"是谁，谁家孩子考上了清华北大，谁家孩子又考上了985，都是人尽皆知的大事件。孩子考上了，街坊邻居和亲戚都能沾光，家里要摆酒席，社区里指不定会贴一联横幅在门口："热烈庆祝×××考上×××大学！"

然而，在这些"成功孩子"的背面，是那些被家长寄予太高期望，被过度控制，被反复拿来跟其他孩子比较，又或是努力过却不被认可的孩子。他们的父母关心成绩和排名甚于他们内心的感受，最终在青春期和更年期的双重发酵下，诞生出了一个个"问题儿童"和一段段破碎的亲子关系。

这里也有不少留守儿童。在舒怀的观察里，由于县城收入水平较低，一些父母为了赚钱，经常跑到广东深圳或者是江浙一带打工。在第一个孩子断奶之后，他们出门打工，过两年之后，再回家生第二个孩子。此后他们再次出去打工，两个孩子就托付亲戚或长辈照顾。孩子到了三年级，本该是培养学习和生活习惯的时候，但由于缺少父母的引导和关爱，就很容易"长歪"，也很容易缺乏安全感。等这些孩子上中学，问题暴露得更明显一些，就成了所谓"坏孩子"：男生斗殴打架、逃课去网吧、搞小群体；女生谈恋爱、化妆打扮、炫耀男朋友。

这时候，他们已经大大超过了爷爷奶奶的掌控范围。即便是父母回来管教，也于事无补——父母的教育方式大多只有打骂。无奈之下，父母将这些"坏孩子"送来做心理咨询。不过，舒怀说，他们带过来主要还是希望孩子能变"好"，能"走正道"，乖乖回去读书上课，而不是关心孩子的心理状况到底如何。就她所知，县城留守儿童的比例达到了30%，而前来咨询的青少年中，留守的比例则超过了六成。

五年前，舒怀和她的女儿，也正是这样的"问题家庭"。那时她已是一位颇受学生欢迎的中学语文老师，却在和女儿的亲子关系中束手无策。舒怀从小要强，在成为母亲后，也每天督促女儿做功课。不像她，女儿天性散漫，小学时成绩还不错，初中开始下滑，此后和班上同学差距越来越大。舒怀为此着急上火，有时女儿想和她吐露心事，她也完全听不进去，只会和女儿说："你好好学习就行了。"久而久之，女儿就也不愿再跟她讲话。

最焦虑的时候，舒怀失眠、厌食，体重噌噌往下掉。她找到自己之前的导师，亦是一名心理咨询师寻求帮助。导师建议她去考个心理咨询师证，也许能帮助她调节心理状态。舒怀想，这也是给女儿做个好好学习的示范，于是，她开始了心理咨询师的道路。

互联网是他们寻找心理咨询的第一入口

舒怀刚考证那会儿，城镇的心理咨询领域仍是一片空白。

一方面，线下咨询资源极其匮乏：城镇里没有精神专科医院，医院里也很少设立心理诊室，更没有个人心理咨询室。另一方面，城镇居民对心理健康问题的认知度普遍较低：大多数人谈"心理"色变；就算家里有谁真出了点心理问题，不到万不得已也不会外说，毕竟镇子这么小，稍微传出点什么事就会弄得全县皆知。在这种条件下，城镇心理咨询的发展不容乐观。

线上平台的穿针引线打破了这个困局，镇中隐秘的心理需求有了倾诉的出口，舒怀和薇薇也有了真正实现她们第二重身份的可能。

从学习到考取证书到真正成为一名心理咨询师，舒怀花了两个月。

考取证书后，舒怀常在心理咨询线上平台根据语音和视频教程自学提升。前几年，她对精神分析特别感兴趣，就去这几个平台上搜曾奇峰老师的个案、理论和书籍来看；这几年她看具体案例多一些，就会时不时在平台上打包购买一些课程和督导的示范，或者预约专业的督导师共同分析遇到的个案。

舒怀发现，很多青少年的心理问题，根源在上一代。而小镇的中年夫妻，亦有很多饱受婚姻关系的困扰。有的在育儿上产生理念分歧；有的妻子常年在家做家庭主妇，进入更年期，丈夫却很少回家；有的配偶由于经济或者社会地位的提高，导致出轨。

并不是所有出了问题的家庭都愿意向咨询师求助。薇薇认为，原因也许是，县城范围小，熟人圈狭窄，口耳相传。人们觉得家丑不可外扬，同时担心：我现在跟你讲的事情，待会儿会不会被你传出去？

这样的心态背后，是小镇对于心理咨询的陌生，以及心理问题在中国广袤乡镇地区的长期污名化。不同于城市，来访者能够正视自己的心理状况，知道焦虑、长时间的情绪低落等都属于心理问题的范畴，心理咨询不过是正常的心灵保养而已；在小镇，人们通常认为心理问题就等同于精神病，得送去医院的心身科治疗。

而小镇上的人能在家门口附近找到心理咨询师，第一入口却是从互联网上，舒怀在网站、微信公号等平台上留下联系方式，他们通过留言和电话，找到她，向她倾诉自己的苦恼。

相比在城市，他们更愿意与舒怀线上建立联系，约定线下见面。来访者大部分是家长，他们学历不高，为了孩子的教育问题找来。舒怀时时都能感到小镇和城市居民思想观念的差距，有时这也体现为一种局限性。"可能因为小镇人们总觉得见到你真人，我才能放心。"舒怀说。

舒怀发现百分之七十的来访者都把寻找心理咨询当作求救的几乎最后几步，他们网络平台找到自己，既有试试看的意思，也抱有很大的勇气。

舒怀曾接到过一个电话，来电者是一名做泥水匠的农民工，他的女儿有比较严重的心理问题，问舒怀什么时候有空，他想带女儿去见见舒怀，让她帮忙开导开导。等线下见了面舒怀才知道：对方因为女儿的情况非常着急，就抱着试试的心态打了电话。经过安抚，女孩儿的心情平复了一些，舒怀才离开，这也算是扶了一个处于冲动中的青春期女孩一把。

虽然薇薇入驻时间较短，接手的案例不多，但她还是坚持在平台上回答来访者留下的问题。在现实工作中，她其实是看不到人们的心理问题的，在互联网平台上，她才发现在正常的社会运行轨迹之下，潜藏着这么庞大体量的心理咨询诉求。

在小镇上，知晓城市人的烦恼

舒怀和薇薇除了通过平台接触本地的来访者，也接触到了很多来自外地的来访者。这种时候，她们就需要通过QQ、微信等社交软件与对方进行线上咨询。

而线上咨询免除了线下复杂的过程，直接切入主题走流程。"您好，欢迎您进入专业心理咨询中心，我是舒怀，请问您怎么称呼？""请您编辑一段文字，把你的主要情况发过来，我来评估一下。"这两句话是舒怀在线上与来访者接触最常用的开场白。

"线上心理咨询一板一眼一些，线下自由一些。"舒怀说道。

除却咨询形式的改变之外，屏幕与网络塑造的"安全距离"，一方面让来访者更容易打开心扉，另一方面也限制了来访者的信任度和回馈度。

薇薇就有这种感觉：线上咨询的"安全指数"更高——网络所带来的虚拟距离能帮她免去可能的肢体冲突，也让她和陌生的来访者之间留有一定的隐私空间。

不过，如果是面询，薇薇可以通过观察来访者的外貌、衣着、神情、精神状态来判断对方的性格和问题，也可以根据对方的反应来调整接下来问题的方向。但若是线上咨询，薇薇并不知道对方是否真的信任自己，也不知道对方说的话有几分真假；倘若是文字咨询，她甚至无法准确判断对方的语气，而她自己语气的传达效果也会大打折扣，这在一定程度上增加了彼此沟通的障碍。

相比薇薇，舒怀在线上遇到的阻碍可就更令人"窒息"了。

她曾经接触过一个被父亲推荐过来的来访者，对方有较严重的社交障碍，总感觉自己时刻被人注视，平常走路的时候总会产生幻觉，觉得后面有人在追赶着他、要害他。虽然对方也住在禾川镇，舒怀却无法与之面询，只能通过微信文字交流。当舒怀和往常一样询问对方的感受和困惑，对方却完全不予配合。

在那一个小时里，不论舒怀如何挑起话题、好言相劝，对方回复的信息不超过 15 句话，并且大部分都是像"哦""好""可以"之类的短词。谈到这一段经历，舒怀止不住叹气："真是好难过好难过，但你又一点办法都没有。"好在，对方事后又重新回看她发过的文字信息，现在的精神状况还是有所改善。

从特殊教育学校里习得"共情"

"有时候，我也觉得，小镇就像一个封闭的湖一样，如果没有很大的事件，在这里是掀不起什么风浪的。"薇薇说，"如果不是自己家里有人心理问题比较严重，或者出了小孩因为心理问题跳楼的新闻，大家是不会去关注心理健康这回事的。毕竟人们更容易关心跟自己有关的事物，就算有的时候能刷到一两条与心理健康有关的讯息，但因为与自己关联不大，和自己之前的认知也不同，刷完之后也不会留下什么印象。"

在做心理咨询的副业前，薇薇是在县里的特殊教育学校当老师，班上有自闭症儿童，有脑瘫儿童，有智力低下的儿童，也有聋哑的儿童。薇薇常常感到，尽管这些孩子在身体或精神方面有一些残缺，心思却比一般孩子敏感细腻很多。

有一年临近"父亲节"，薇薇讲课时随口说道："爸爸都是非常爱我们的。"话音未落，坐在她旁边的一个小男孩突然小声啜泣起来。薇薇说，那个小男孩平常都并不爱哭，当时在课堂上也没有其他小朋友欺负他。后来一问才知道：小男孩的爸爸在外面打工，一年只回来一次，她说的话让小男孩想起自己的爸爸了。也有一些失聪的孩子，有时候会跑过来问薇薇："老师，刚刚有一些人在盯着我看，他们是不是在议论我？"

这些孩子也因而更容易产生心理问题。她从他们身上，也能看到当年那个敏感自卑的自己：父母外出打工，她被寄送到重男轻女的伯父家，只有当时的小学班主任，愿意倾听她的心事。她希望自己能成为那个班主任那样的人。来到特殊教育学校任教后，薇薇想，如果我懂了一些心理健康的知识，是不是就更能懂孩子的心理了？于是她也成了一名心理咨询师。

但身边人依然无法完全明白，心理咨询师到底是一份怎样的职业。在薇薇的父母眼里，国家二级心理咨询师证和教师资格证、金融分析师证还是法律职业资格证，并没有多大区别。但薇薇和舒怀都能清楚地感知到，这份工作给自己带来的巨大改变。她们反复提到了一个词：共情。

刚来到特殊教育学校，薇薇很不适应。孩子们的领悟能力较差，有的话她无论重复多少遍，孩子们似乎都记不住。一开始，她不能理解，一会儿怀疑是孩子们故意气她，一会儿又害怕是因为自己能力不够才教不了这些孩子。她自己有压力，又不敢让同事知道，就只能偷偷地躲着哭。在接触心理咨询后，她逐渐理解了孩子们，也理解了自己："孩子有的时候也不知道自己的行为会让你生气，再加上他们本来情况就比较特殊，不听话也不一定是因为我能力不够。我现在觉得他们只要在这里快乐学习就好了，成绩什么的都不重要。"

她不仅能够共情孩子，也能共情他们的家长。好几次，她听家长聊小朋友的家庭情况，听着听着，和家长一起哭起来。她相信这种共情是双向的，"当我理解他们不易的时候，他们也懂得体谅我工作的不易，都是相互的"。

对舒怀来说，这种共情是从对女儿的倾听开始的。从事心理咨询五年后，女儿的成绩并没有像她想象的，由于受到鼓舞而飞升，但现在，她已经没那么在意女儿的成绩了。接触了越来越多的青少年心理案例，舒怀逐渐意识到，自己之前的教育心态是不健康的。

"其实她本来性格就不随我，不是一个争强好胜的人，是我总在后面推她，让她去拼命上进，达到我所满意的状态。她当时还那么小，才初中，就要承受我施加给她的那种压力，也是不容易。"舒怀说："我之前觉得她作为我的女儿一定要有出息，现在就觉得她对自己的状态满意就好。"

女儿悄然发现，那个过去只关心学习、推着她往前走的妈妈，竟然愿意坐下来听自己讲话了。

撰文　王子诣

把那个大厂农学博士丢到农村

我第一次见到史磊刚那天是周一,他身着发灰的深蓝色polo衫,黑色长裤,长裤下露出一双沾了土的黑色皮鞋,出现在腾讯中关村银科大厦的一楼。

比起写字楼白领,他这身装扮更像是村官,在一群穿着T恤、短裤,脚踩运动鞋或拖鞋的同事们之间显得格格不入。晒得黑黝黝的皮肤,更重要的是年龄,将史磊刚与周边这群二三十岁的年轻人区别开来。

史磊刚是一位农学博士,2021年39岁。碰面的时候,他指了指随身携带的笔记本电脑,电脑边角已经磨花了,"是不是看起来很旧,但其实买了没多久,这是我的武器,走到哪儿,带到哪儿"。其他人的战场在电脑前,而他的战场则在广阔田地里——他是腾讯超过8万名员工里唯一的农学博士。

史磊刚在河北农村长大,童年在农田里劳作时,他异想天开:"能不能发明一种技术,农民坐在树荫下就能把活都干了?"这种为百姓寻求便利和幸福的朴素情怀贯穿了他的人生,指引他读到农学博士,又从实验室回归田野。

过去 20 年间，史磊刚学会了种好地、管好庄稼、经营好农场，走遍了中国几乎所有的农业省，在上千个村的田间地头考察，这些经验让他意识到，农业不只是一颗种子的问题，需要有系统思维，制定老百姓看得懂、买得起、用得好的方案，才有可能有效解决"三农"问题。

以下是史磊刚的自述。

回到田野里去

在学术道路的最开始，我和大多数科学家一样，最大的愿望是培育出好种子来：如果有一个产量高、抗性强的种子，种到地里就能增产增收，那农民就有钱了。所以我入学之后，一直在一线研究新品种。

给玉米进行杂交的时候，需要在一天里最热的时候完成取花粉、授粉、套袋、挂牌的工作。玉米长得比人都高，我走在里面的时候花粉不停地往我头上掉，四周是密不透风的玉米墙，连一丝风都没有。

野生稻杂交的条件就更差了。稻子生长在黑泥里，泥里有蚂蟥，有时候还有蛇，那几年的暑假我基本都是戴着草帽、穿着雨鞋在农田里度过的。连实验室的工作带上地里的工作，往往从早上 7 点一直干到晚上 12 点。当时我做了 100 多份野生稻种质，有黑的、红的、绿的，然后从中筛选出最好的品种。

实验田里，农作物生长在一个标准的环境下，一切都按照最科学的方法去设置，合理的密度，科学地施肥与浇水，不间断地监测，像呵护婴儿一样去呵护一株水稻、一棵玉米。实验田里的庄稼，产量高，品质优，也不生病，但是种子一旦到了老乡手里，就会出现各种各样的问题。我去老乡家的地里看，发现农田会出现缺苗断垄，密的地方特别密，稀的地方特别稀，施肥和灌溉都是靠经验。另外，收获的时机也把握不准，比如小麦，收得晚了，麦子熟过头损失很大；收得早了，晾晒不及时会发霉。

在全国各地下乡时，我会给老百姓做农业培训。农民一听我是博士就来了劲头，问什么问题的都有，有人问病虫害的问题，有人问稻子倒伏的问题，还有人直接问我："史博士，你知道哪儿可以申请补贴？哪里可以挣到钱吗？"农民需要解决的问题有很多，但我除了种子的情况，其他都无法给予什么直接有效的帮助。

我开始感觉到，想要让农民富起来，只靠好种子是不行的。

到了博士阶段，我的研究方向开始从分子育种设计转向整个农业系统评价与优化，简单来说，就是找到适合庄稼生长的环境，让好的种子结出好的果实，例如告诉农民如何选择作物品种、如何科学施肥灌溉把田种好。

为了了解农民的需求，学以致用，我开始频繁地带着师弟师妹往田间地头跑。我们带着成千上万份调查问卷，调研了至少上千个村。在做田野的时候我就发现，随着城市化进程，农村整个的生产经营体系也在发生变化。

原来干农活的主力是青壮年，现在是"386199部队"——这是农民自己起的名字，"38"是妇女，"61"是小孩，"99"是老人。

不少农村都变成了"空心村"，这意味着就算我挨家挨户给乡亲们技术指导，他可能也没法执行。尤其是2010年以后，"空心村"的现象就更明显了，我越来越觉得想解决农业的问题，智慧农业是一条有效的路径——将物联网、大数据等技术运用到农业的生产、服务、销售中去。例如专家可以在城市指导农民种地，农民也可以随时获得天气和农产品收购信息。

这应该是我今后工作的方向了。

打入老乡内部

小时候，上学时，我爸一直跟我说，如果不好好学习，将来就要一直在农村干活，吓得我赶紧拿起书来读。当时城市和乡村之间差距太大了，城里收入高，生活环境也好，很多同龄人考出去之后也确实没有再回来，离土地越来越远。

我学了农学专业，总会想到小时候干农活时冒出的念头："能不能发明一种工具，在树荫下就能把活都干了？"

博士毕业后，我开始从事智慧农业相关工作，利用互联网和物联网等技术，更好地解决农业生产问题，同时也带研究生探索大数据、人工智能、区块链等技术在农业中的应用场景。其间，我积累了农业、机械、软件等多学科交叉知识和实践经验，主持了国家课题，也有了不错的学术成果，但同时，我在一线的时间越来越少。

这时候，有位德高望重的老先生问我：你取得的成果是否真正地帮到老百姓？思考很久之后，我决定回归初心，重新回到田地里——离开科研岗位，加入了腾讯。

当这家公司想要去和乡村产生连接，它选择了一种很直接的方式，便是招出生于农村并理解农业的员工，让他在田野里找到自己的职业赛道。来到腾讯后，我作为农业农村行业专家和架构师加入乡村振兴的工作中。

身份转变的同时，尴尬也随之而来，重新融入和被接纳是一个需要耐心的过程。

原来我是作为一个博士、专家下乡，不管是培训局长也好，县长也好，他们都非常虔诚地听我的建议，虽然结束后不一定会执行，但至少沟通时是客客气气的。到了腾讯，我们就成了乙方，村民和村主任会质疑我、挑战我，意思就是："我们为什么要听你的？你的方案好在哪了？"

二 | 从边缘走向中心 | 数字技术里的县乡新图景

为了争取村民的支持，我经常带着一台电脑在田埂上跟农民交谈。一开始我去田里找人家搭话，我问："你家几亩地？""现在种的是什么品种？""你种的麦子好像长得不太好，是不是生病了？"人家第一要忙着干农活，第二觉得我说话没意思，根本不愿意理我。好不容易有人愿意听我说两句，也往往会不耐烦地打断我，"你说的这个东西，可以让我赚钱吗？"

我很能理解老乡们。我老家在河北农村，二十世纪八九十年代的时候，土地还是一个农村家庭最主要的收入来源。我家种了小麦、玉米、棉花，四季都在忙碌，少有休息的时候。但一年辛苦到头，也没有多少收入。我很小就开始帮家里干农活，夏天的农田里又闷又热，秋收时又要争分夺秒，经常累到胳膊都抬不起来。

对于农民们来说，生计的压力摆在前头，麦子要收，花生要刨，接下来棉花要摘，枣子要打，一天到晚都在忙活，稍有耽搁就误了收成。

农村和城市不一样，农村没有信用体系，一个农民所拥有的就是那几亩地、几头牛，既不能用来抵押也不能用来贷款。急需用钱的时候就只能杀猪杀牛，实在不行就去亲朋好友家借。

这时候要求老乡们认真去听你讲什么大道理，讲什么三年五年之后智慧农业的发展，其实根本不现实。他一定是追求短期效益的，需要看得见摸得着的实惠。你这个人来了以后，直接给乡亲发点钱，甚至是给一袋洗衣粉，老乡就很高兴。

我想帮助老乡，又发现他不听我说话，这可怎么办？

时间长了，换位思考，与乡亲们打成一团，我也学会了和乡亲们聊天。我自己是不吸烟的，但是我会随身带一包好烟，在田间地头遇到了乡亲们，就先把烟递上，再把电脑打开。这样我起码为自己争取到了一根烟的时间——在烟抽完之前，他们都是愿意听我说话的。

既然大家都关心钱的问题，我的开场白就变成了："今年收成好吗？你家粮食有积压吗？你现在缺钱吗？"收成不好，智慧种植，可以让地里增产增收；农产品积压，我们智慧农业能打通销路，把好粮食卖出好价格去；农忙季节缺钱买种子，或者家里出了意外，我们会给你争取普惠金融，低息贷款。

教会一个老乡容易，教会一个县城的老百姓就无能为力了。这次我想到了说服县长，让县城的管理者真正理解和贯通了智慧农业的理念，我们提供技术，政府带领百姓发家致富。全国有2800多个区县，我的目标是，三年帮助100个。

做通了县长的工作，接下来是一层层地和当地政府打交道：之后是局长、副局长、科长、科员，还有数量众多的龙头企业、合作社和家庭农场。现在我基本上天天在外面跑，今天在河南，后天就在广西了，下周福建。

最近半年，我常常往河南信阳光山跑。光山在大别山里，是集中连片的特困地区，也是中央办公厅定点扶贫县。这里的地形以丘岗和浅山区为主，不适合种庄稼，以往村民都外出打工挣钱，上万亩丘岗地都成了光秃秃的荒山野岭。每一次去光山，都要从火车转汽车，汽车转公交，最后甚至要坐老乡的摩托和三蹦子，才能到目的地。

现在到光山，看到的是一片片茶园沿着丘陵起伏，满眼翠绿。光山的气候和地形比较适合油茶树生长。油茶籽可以榨茶油，营养价值很高，比橄榄油还贵；榨油剩下的茶籽饼粕还可以堆肥入药，提取茶皂素。帮助老乡节约化肥等农资投入，通过互联网平台，塑造农业品牌，卖出好价格，这就是智慧农业系统在起作用。

河南卢氏和周边几个县就是香菇产业的优势带，香菇品质很好，另外卢氏的香菇规模很大，有10万人在从事相关产业，国家也有政策在支持产业走规模化、标准化和品牌化道路——这些事是我去卢氏之前就知道的，中国各类农业的大数据都在我脑子里装着，我基本了解每个区域适合发展什么产业。卢氏的小路两边都是一个一个的白色大棚，掀开一看，里面都是香菇。我们正在做的就是帮村民们把香菇卖出去，卖上好价钱。

学者要比农人多想一步

听说河南遭遇大暴雨时，我正在广西农村调研。河南的老乡我接触得最多，当下心里就揪了起来，立刻开始和河南的朋友打电话，一直是无法接通的状态。后来在新闻上看到，这次暴雨已经造成河南28万余人受灾。秋收在即，很难想象农民们看着即将收成的田地被暴雨冲毁是什么样的心情。

也许没有人知道他们是什么心情。暴雨过后，媒体对灾区的报道也主要集中在城市里，农村的灾情都变成了一个个没感情的数字：有多少人被困，多少人失联，多少亩农田被淹没。

在天灾面前，农民是绝对的弱势群体。

对城市居民来讲，灾后还可以迅速开始新的工作，就算受了物质损失也有保险公司理赔，但对于农民来讲，他一年的收入可能就没着落了。卢氏种香菇的农民可能辛辛苦苦花10万元、20万元建好了大棚，洪水一来，立刻血本无归。

近几年因为全球气候问题，极端天气频发，这种旱灾、虫灾、涝灾每次袭来，最无力的都是老百姓。我想，乡村振兴一方面让老百姓增产增收，还要降低他们的风险。如果没有好的灾情应对和保险体系的话，哪怕农民连续增产三年、五年，一旦有一季发生了灾害，他们立马就返贫。这对于农村家庭可能是毁灭性的伤害。

在防灾减灾上，我们也许可以做点什么。大数据能派上用场，通过历年的气象大数据，我们可以知道各个地区的受灾概率。比如卢氏这个地方春末夏初是不是易发旱灾，夏季是不是容易内涝？通过智慧农业的微信小程序，我们还可以快速向农民推送极端天气预警。我们也会事先储备一些灾害应对方案，让农民在灾情面前不至于手足无措。

灾情过后保险公司往往是超负荷工作，等待定损和理赔的过程特别的长。但农业和其他行业不同，不完成定损理赔就没法开始耕种，也就没法灾后重建。借助遥感技术，可以迅速判定投保的农田范围和受灾情况，尽快进入理赔流程。

现在我正在制定智慧农业防灾减灾方案，提高农民应对自然灾害的能力，帮助受灾区老百姓及时补种成熟期比较短的作物，比如谷子和黍米，让农民不至于今秋颗粒无收吧。

刚开始时，我以为技术是限制农业农村发展的主要因素；后来我觉得，想让农民们致富，更多的需要市场调节。但在灾情之后，乡村振兴还要考虑生态的问题。我正在朝着这个方向努力，利用互联网技术，建立乡村和城市之间的有价值和有温度的连接通道，促进资源优化配置，确保我们所做的乡村振兴成果最终是惠及老百姓的。

中关村的办公室里，大落地窗前能看到不停息的车流，我知道这里的年轻人们都有光明的未来，他们中的很多也许和我一样从农村走到这里来，也许不会再回到农村去。我希望有一天，我们的努力终于可以改变农村，让乡间变得像一首田园诗，让农民的收入和都市白领没有差别。

到那时，我的理想就实现了。这就是我一直想做的事情。

撰　文　邢逸帆

在直播里找到自己

在湖北偏远的孝昌、当阳乡村里，有一群农村妇女，她们是农民，曾经的出租车司机、工人，现在她们如那些明星、CEO（首席执行官）一样，干起了直播带货，来帮助村民把农产品卖出去，把自家的鸡蛋销往外地。

武汉大学社会学系青年学者杨华曾去孝昌调研过"农村妇女留守"现象，用社会学的视角看，留守在村里的女人并不是单独个体，她们嵌入家庭、家族和村庄熟人社会的结构之中。对妇女们而言，真正的问题是她们在交往、精神、闲暇、价值、安全、归属等方面的需求能否更好地得到满足。

村里的平行世界

每次点开视频号开始直播，吴圣翠就像是进入了另一个平行世界。

在现实生活中，她是一位孤独的农妇。村里的大部分人都选择外出打工，吴圣翠的丈夫也常年在安徽的一家锅炉厂工作，农忙时才回来。

吴圣翠一个人住在空荡荡的老屋里，没人说话，白天像连轴转的机器一样，忙着打理家里的菜地、鱼塘和鸡舍，晚上独自躺在床上，听到屋外狗叫时，还会心慌，"感觉胸口怦怦地跳"。

但 2020 年年底，村里组织电商直播培训，吴圣翠学会了玩视频号，生活变得跟原来大不一样。尽管已经 54 岁，但在互联网世界里，她喜欢自称"香菇妹妹"，每天晚上 8 点准时点开直播，跟来自全国各地的朋友们聊天。

吴圣翠总是早早做好准备：换上那件最喜欢的灰粉色呢子大衣，戴上标志性的红色丝质围巾，在小桌子上摆好两个保温杯当作支架，再拿出笔记本，一遍遍地复习在别人直播间学来的"专业话术"——

"伸出你发财的小手，左上角帮我点个关注""一个不嫌少，一万不嫌多""来了就留言，今年更有钱"……

刚开始，吴圣翠只会机械地重复这些语句，后来，她慢慢学会介绍村里的农产品，跟进入直播间的人互动，还会自如地跟别人开玩笑、唠家常。

吴圣翠喜欢上了直播的感觉，像是掩藏在山野间数十年，终于被更多人看见了。

她经常一播就是三四个小时，中间一口水都不喝。凌晨一两点，实在困得不行，她才不好意思地跟直播间里的亲人们道别："我是个农村人，还要早起干活，很辛苦的，我准备下播了。"但这样的告别语要说上四五遍，吴圣翠才会真的关掉直播间，她不好意思，也舍不得离开这个网络世界。

像吴圣翠这样迷上直播的人，在农村还有不少。农夫电子商务有限公司的培训讲师吕凯一直在湖北省的各个村县讲课，教农民们做微商、剪视频、直播带货。

十几年前，还在读书的吕凯就在北京中关村兼职卖数码产品，熙熙攘攘的人群和络绎不绝的叫卖声，让这个农村出身的孩子第一次感受到了人们对技术和网络的热情。但 2018 年，当吕凯回到湖北老家，尝试教村民直播带货时，台下的学员们几乎都还在用砖头般的老式手机。

城乡之间的信息差让吕凯震惊，接下来几年，他一直奔走在各个村县之间，希望通过电商培训，让村民们与互联网世界产生连接，用技术创富创收、改善生活。"但后面越来越难做，如果不做旗舰店，要获得流量很难。"

2020年，视频号的兴起让吕凯看到新的机会：农民可以随手用微信注册一个视频ID，再邀请好友关注，这样的方式更适用于农村这种熟人社会。

视频号培训课程开办之后，村民们很踊跃地报名参加。吕凯发现，大部分学员都是女性，其中有想要售卖滞销蔬果的农妇，有开了几十年出租车的"的姐"，有在家带孩子的妈妈或奶奶们。她们基本上都能坚持每天直播，一天少则三四个小时，多则七八个小时，烧火做饭播，下地干活也播。

虽然粉丝数很少，带货量也不大，但每个人都很享受地沉浸在直播的世界里。在这里，她们不再是困在土地和家庭里的农妇，也不只是谁的妻子或母亲，在手机屏幕上一连串的点赞和小心心里，她们尝到了做自己的快乐。

"料你也坚持不到三天"

近几年，很多农村都开始大力发展电商产业，希望借助互联网助力乡村振兴和脱贫攻坚工作。当阳市也顺应政策和发展趋势，在各个村镇召集学员，到靠近市区的电商产业园参加培训，但刚开始的时候，基本上没有人愿意参加。

很多村民的思想观念很保守，但凡和网络沾边的东西，他们都觉得是骗人的。有些人平时也刷短视频，但要他们去做直播，都觉得是

"丢人现眼"。吴圣翠怕被村民们嘲笑,刚开始上课都是偷偷去的。

培训课程一般是九点半开始,她住得远,早上5点多就要起床准备,割草喂鱼喂鸡,捡好鸡蛋,备好柴火,忙完之后才能出门。到市里的班车早晚各一趟,吴圣翠得先骑摩托车到镇上的车站,要是错过六点半那班车,她就只能去其他村镇找也要参加培训的同学,搭个顺风车。

有其他村民问起,吴圣翠总是佯装去市里卖菜,不敢说是去学做直播的。最近,村里果农家种的冬桃卖不出去,堆在地里都烂掉了,她才说起自己学习直播的事,还鼓励他也去上课,但对方一口拒绝了,"我才不像你这样搞传销"。

老公也不支持她直播,觉得这是"抛头露面""不务正业",两人因为这件事起过不少冲突。有一次,吴圣翠忙着看视频号里的留言,忘记做饭,后来老公几次叫她做饭她也没听见。一气之下,老公抢过她手里的手机砸到地上,吴圣翠气得直流眼泪。

刚开始学直播的农村女性们几乎都会遇到类似的情况。大部分男人都不太支持自己的老婆做直播,觉得这是"抛头露面""不务正业",甚至觉得她们被人骗了。

吕凯负责的另一个培训地点湖北省孝昌县,孝昌被称为全省电信诈骗第一县。县道和乡道两旁的房屋墙面上,随处可见大幅的诈骗人员照片,县城里经常有巡逻车用喇叭播放口号,提醒村民谨防被骗。

公司刚到这里来推广农村电商经济时,总被人当成骗子,村民把业务员骂走的情况数不胜数。到现在,网购基本普及,大部分人每天也在刷短视频和看直播,但当直播培训班真的开到县里,很多人仍然心怀芥蒂。

孝昌县仙人石村的王素美从2020年年底开始学着直播,卖自家产的土鸡蛋,吕凯建议她取名为"仙人石鸡蛋姐"。刚开始,老公不太支持,她就挤出休息时间偷偷地播。白天在养殖场忙碌一天,晚上回家给丈夫孩子做好饭,王素美就躲进隔壁装打包盒的杂物间里,架两个纸箱支撑手机,坐在板凳上,小声地直播。

"料你也坚持不到三天。"老公语气里带着嘲讽,王素美不服气,坚持直播了一周。老公继续打击她:"你不会唱歌跳舞,身材不好,说话又不流利,这个真的不适合你。"王素美气得不理他,憋着一口气,继续直播。

结婚十几年来,王素美几乎没有听到过老公的赞美。她把所有的精力都放在了老公和孩子身上,白天帮老公打理建材店铺的生意,下午回村里的养殖场喂鸡、收鸡蛋,晚上接孩子放学,再给家人做饭。

不管是家务还是生意,王素美都处理得井井有条,很多亲戚朋友都夸她是个能干的女人,但老公从来没夸过她。

想起这些,王素美直播的时候忍不住流眼泪,网友们在评论区说了很多安慰和赞美的话,屏幕上的大拇指和爱心一个接一个地弹出来,她感觉到了久违的温暖。

送"奶茶"的网友 Allen Zhang

吴圣翠刚开始直播没几天,就体验到了直播的神奇之处。

从培训班回来,吴圣翠暗地里观察了一个月,每天看别人直播到凌晨。春节过后,她开通了自己的视频号,以"香菇妹妹"的身份,正式开始直播。第一次直播就持续了七个半小时。吴圣翠一开始不知道该说什么,就一遍一遍地自我介绍,直播间有新人进来,她就念出对方的 ID,跟他们打招呼。播到凌晨,还有人时不时地进入直播间,"就像家里来客人一样",吴圣翠不好意思下线,一直播到凌晨三点半。

吴圣翠到现在还经常念叨那一晚的直播。晚上九点左右,一个 ID 名为 Allen Zhang 的网友进入直播间,给她送了一杯奶茶,后来还有几个北京的网友进来，下单了两份农产品。吴圣翠激动地一夜没睡着，心里反复念叨着那几个 ID。

儿媳妇姓张，她心想这或许是亲家在北京的亲戚，天刚亮，吴圣翠就打电话问这个事，但没有结果。后来才知道，这个 Allen 原来是微信的创始人张小龙。她也才真正感受到，常年住在村里的普通农民，终于被外面的人看到了。

直播之后，王素美也感受到了世界的宽阔。

她 34 岁，十几岁帮家里卖皮鞋，结婚后跟老公在县城开店铺，前两年为了照顾老人，回到村里开养殖场。她几乎没有离开过孝昌县，也没想过去看看外面的世界。但在直播间里，王素美认识了来自中国各地的朋友，也萌生了走出去的念头。

2021 年年初，王素美去考了驾照，老公嫌她开车技术差，她还是天天开着往返于家和养殖场之间。王素美想把车技练好，到时候跟着吕凯老师开车去其他电商培训基地，跟更多人交流。

更重要的是看见了自己。过去的 30 多年，王素美一直都是为父母、老公和孩子而活，很少为自己考虑。她常常给自己很大的压力，想成为老公心目中的好妻子，但现在，她想通了，"没有必要，活出自己的快乐最重要"。所以，哪怕老公一直不支持，王素美都坚持每天直播。她跟老公开玩笑说："我现在不需要你的赞美了，直播间里多的是。"

36 岁的余自玲是王素美在培训班的同学，接触直播后，她改变了很多。余自玲曾经在广东打了几年工，本来已经升到文员的位置，后来为了结婚生子回了老家。

她自嘲说，从那之后，自己成了地地道道的农村妇女，不化妆，不买新衣服，每天穿着拖鞋下地干活。偶尔被叫去跟同学们聚会，她感觉自己"土得要死"，很自卑，再不敢参加这样的活动。

第一次直播时，余自玲也不自信，恨不得躲到镜头外。时间久了，看着直播间里各种陌生人的赞美和支持，她慢慢觉得自己或许还是不错的。

余自玲发现一些流量大的主播都很漂亮，于是也开始学着打扮自己。她花 300 多块钱去县城把头发染成了黄色，做了个离子烫拉直，还剪了个齐刘海。换了个造型后，余自玲觉得自己变年轻了，像是"回到了做女孩的时候"。直播间里，很多人"美女""美女"地喊她，她害羞得笑个不停。

回想起年轻时在外打工的日子，余自玲常常感叹，如果不是回农村结婚，她此时或许已经在深圳定居，过上了完全不同的人生。但时光不能倒流，她很感激能有机会进入互联网的世界，这一次，她想抓住这个机会，为自己而活。

留在农村，靠自己赚钱

通过直播间，吴圣翠看到各种各样不同的人生活法，心态慢慢改变了。

原来，她总是很拼命地干活儿，自己耕种着一大片菜地，还把父母的农田也承包了下来。除此之外，她还搭起大棚，种了很多香菇。老公不想让她这么累，说了她几次都没用，有次想要把大棚拆了，两个人又大吵一架。

吴圣翠从不觉得累，总是笑眯眯地跟人说："我喜欢干活。"直播之后，她才发现，自己还有很多喜欢的事情。

吴圣翠爱上了跳舞。每次干完农活，快走到家门口时，她就一下子兴奋起来，冲到房间里拿出音响，一边放着舞曲，一边洗衣服做饭。有时候，她还会把小音响带去菜地，音乐声在空旷的田地里回响，她感觉挥镰刀时似乎都更有劲。

吴圣翠最新的一个音响，是她自己挣来的。到了一定时候，农村的地里会有很多蜈蚣出来活动，吴圣翠花了几个小时捡了一大兜蜈蚣，卖了1000多块钱。她想都没想，拿出800多元买了一个"糖豆广场舞"大音响。

不下雨的时候，吴圣翠会把音响搬到院子里，把音量开到最大，跟着视频学习新的舞蹈，再把自己的表演发到视频号上。她还喜欢约直播培训班的同学们一起跳舞。四五十岁的阿姨们聚到院子里，跟着音乐尽情扭动，笑声喊声一直传到水塘对岸的树林里。

王素美也经常跟培训班的同学们一起玩。原来，她的生活里除了生意就是家务，"玩都不知道该怎么玩"。

老公有时候跟朋友出去聚会，她也跟着去，被老公开玩笑说，"怎么不跟着自己的朋友玩"。王素美想了想，发现自己似乎没有朋友。仅有的几个曾经玩得好的同学，当了妈妈之后，都没时间联系，关系越来越淡。直到参加了直播培训班，她才又找回跟同学们相处的感觉。

王素美经常邀请她们去自家的养殖场玩，附近有一大片松树林、一大片果园，还有一条河，可以钓鱼，还能烧烤。

王素美变得越来越爱跟人交往，她主动帮其他同学卖鸡蛋，还请很多在家带孩子的妈妈做临时工，帮忙打包鸡蛋。她希望，留在农村的女性，不只是待在家里带孩子，还能有自己的工作，靠自己的能力赚钱。

余自玲经常去王素美家帮忙打包鸡蛋，再加上在直播间里卖自制的咸菜，她每个月能赚好几千块钱。有了独立的经济来源之后，余自玲更自信了，她把这些钱留作自己的零花钱，虽然不多，但用起来"感觉很爽"。

吴圣翠刚开始做直播，还没赚多少钱。她有时候也发发牢骚，说直播到凌晨，比干农活儿还辛苦，赚得还没在集市上卖菜多。但每天晚上8点，她还是习惯性地换衣服、化妆、架好手机，像上瘾一样，连续播上三四个小时。看到直播间里的在线人数越来越多,吴圣翠觉得赚钱似乎也没那么重要了,她享受作为"香菇妹妹"的那个自己。

吴圣翠之前一直不好意思让村民们知道自己做直播,总是关着门,一个人在卧室里播。最近一次,她把链接发给了其他村民,看到有熟人进入直播间,就热情地跟他们打招呼。

"纸包不住火啦",吴圣翠觉得没必要再隐瞒,她想自信地告诉别人,直播没什么丢人的,每个人都可以为自己的乡村代言。

撰文　王浠

拽回掉队的 8500 万人

我们置身技术快速迭代的时代，没有人能阻挡技术迭代升级，改造人类生活。我们中的许多人享受着技术带来的便利，但与我们生活在同一空间之下的残疾人，却时常因技术迭代产生的掉队感，而与主流人群更为疏离。

历来，鲜有人在簇拥技术迭代向前的同时，照看他们以免掉队。他们常常因停留在过时生活里而比原来更为离群索居。当技术照看到这群"掉队者"，他们会因此获得追赶上人群的机会。

掉队者

"我做什么事都是慢吞吞的。"李保军一边自嘲，一边一瘸一拐地走在人群之后。他早就习惯了，这具残缺的身体已经陪伴他慢吞吞地走过了50多年。

1968年，李保军出生在湖北省黄梅县一个小村庄，村子深处山林中，交通不便，穷苦是几代人的宿命。刚出生没多久，李保军就被查出患有先天性小儿麻痹症。家里没钱医治，只能任他自生自灭。

贫苦的家庭条件和残缺的身体夹击之下，李保军在人生路上也成了掉队那一个。每一步，他都落于人后。

家里人外出务农，没时间照顾李保军，就把他留在摇篮里。由于一直蜷缩在小空间里，李保军残疾的双腿日渐萎缩，到五六岁，同龄的孩子在田间地头乱跑乱跳时，他连站都站不起来。再长大些，李保军攒了些许力气，挣扎着从摇篮里翻滚出去。他慢慢地学会爬行、站立，后来勉强能够拖着双腿走路，但速度很慢，容易摔倒。

"一根稻草都能让我倒下。"李保军苦笑，但还是跟在人群之后，颤颤巍巍往前赶。

15岁那年，李保军的生活停滞如一潭死水。母亲因病去世，李家失去了一大部分经济来源后，李保军不得不辍学回家。他再次掉队。原来的同学们初中毕业礼那天，他在家里做家务。同村同龄的年轻人成群去了县城挣钱，他待在家里做家务；父亲去世、哥哥结婚后，他搬去和哥哥、嫂子一起生活，还是待在家里做家务……

还没开启的人生，似乎已经结束。

和哥哥嫂子一起生活时，李保军很怕被当成累赘，干活儿总是很卖力。烧火、做饭、喂猪，只要身体能承受，他都抢着干。但这些没法给家里带来经济收益，嫂子似乎也不看在眼里，总嫌他动作慢，做不了事。

"吃饭的人多，赚钱的人少。"李保军说，每次哥哥嫂子吵架时，他躲在旁边，总能听见类似的抱怨。这些话像凿子一样，一点点凿碎了李保军的自尊。有时，他忍不住，感觉心里涌上一股怒火，但很快，怒火会被压下去，转成自责，变成一句喃喃自语："还是怪我没用。"

在一次正面冲突之后，李保军搬出了哥哥嫂嫂的家。寻常的一天，李保军照常在家扫地，嫂子嫌他慢，当着他的面骂他是"吃闲饭的"。李保军实在忍不下去，回骂了一句，嫂子气得抄起手边的扫帚，朝李保军打过去。

一气之下，李保军从家里搬了出去。他找姐姐要了一床被子，一个煤气罐和一袋米，搬到父亲留下的土屋里。那个屋子年久失修，早就改成了牛棚，李保军把被褥往地上一铺，几乎跟牛睡在一起。

李保军很想靠自己的力量改变命运，他想向看不起他的人证明，他不是咸鱼，可以靠自己的力量活下去。但对于一个掉队近30年的小儿麻痹症患者来说，自食其力，不是振臂一呼就能完成的事。李保军从出生开始就被各种各样的东西困住——摇篮、家庭、山村，一个接一个地，把他和外面迅速变化的世界、和其他人一点点拉开距离，最后近乎隔绝开来。长年累月产生的距离难以消弭。

一开始，李保军听说村里有人去县城骑三轮车赚钱，他也想跟着，但在考虑身体条件能不能支撑他骑三轮车前，他发现自己连村子都没出过。第一次进城，他站在马路边甚至不知道该怎么走，更不知道在哪儿能搞到三轮车。当三轮车夫的计划，因为他近乎为0的社会经验而搁浅。

后来，他学别人在家劈竹子做香签赚钱。刚开始几年还不错，50块钱买回来的竹子，手工加工七八天，大概能赚15元钱。但过了几年，订单越做越少，赚的钱也越来越少。李保军后来才明白，外面的工厂渐渐地都开始用机器做香签，他这种手工制作的方式早就被淘汰了。

后来，一次偶然的机会，李保军听说十几里地之外的林场招守林人，决定去试试。村里，没有人愿意干这份苦差事。护林人独守偏僻荒芜的山，生活条件艰苦，还赚不了什么钱。但李保军稀罕这份工作，觉得这总比一个人睡牛棚好。不意外地，这差事落到了李保军头上。他锁了家门，一个人进了山里。

先开始，李保军很享受山林生活的悠闲，他经常坐在树下打盹或发呆。在李保军的形容中，他从未有过那么放松的时候。在山林里，不会有人嫌他慢，也不会有人看不起他。可是时间久了，他心里的孤独和绝望越来越浓烈。每天晚上，李保军都会早早地关灯上床，听着屋外呼呼的风声和偶尔几声狼嚎，他一个人躺在床上，经常默默流眼泪。

进山的第一个冬天，李保军就发现仅凭他力量，基本的生活都难以保障。大雪封山，他一个人被困在深山的木屋里，无法下山打水。由于没有料到会被冬天考验住，李保军没有事先知会，因此也没人来送食物。能不能活下去，只能听天由命。

那是李保军又一次感觉，自己的人生或许早就结束了。绝望之时，他拿出上山时带的农药，拧开瓶盖，闭着眼睛喝了一口。苦涩的味道在李保军的嘴里蔓延开来，林间木屋里，他止不住地流眼泪，觉得自己渺小得像这座大山里的一只蚂蚁。

"像我这样的人，不声不响地死了，也不会有人在乎。"眩晕袭来的时候，李保军脑子里冒出了这句话。紧接着，又有话冒了出来："真的就这样结束了吗？你真的甘心吗？"

李保军猛地惊醒，抓起身边的洗衣粉吞了一大口，把喝进去的农药吐了出来。药不烈，他捡回了一条命。在那一刻，李保军想通了：哪怕自己天生落后于人，也不想就这样放弃。"我想把自己抛到社会里去，让别人看到，尽管我是个残疾人，也能够对社会起到一点点作用。"

从山上下来之后，李保军总是在找各种机会证明自己的价值，想尽力填补因身体残疾与正常人落下的距离。他强迫自己改变原来孤僻的性格，没事就去村里晃悠，跟人聊天，替人帮忙，有时候还帮村委会干一些活儿。

李保军发现，自己在跟人交往方面好像还行，不管男女老少，他总能找到话题聊。时间久了，村民之间发生一些鸡毛蒜皮的纠纷，李保军去调解一番，总能和平收场。村委会缺人手，他就主动去帮忙，站岗、统计、发通知,什么都干。李保军做这些事情从来不主动要求报酬,有些人愿意给钱,他就收着;对方不给,他不说话。对掉队数十年的李保军来讲,能做点事情就足够了:"别人需要我,就说明我还有利用的价值啊。"

他需要钱,但如果没有,能证明健全人也有需要他的时刻,对李保军来说也是一种收获。

但有些差距,仅靠个人的努力难以填补。比如,第一次接触到网络直播时,李保军又一次感叹自己"太慢了"。

消息是从乡里到镇上、从镇上到村里,一级级传下来的。县里的残疾人联合会要办一个"电商培训大会",消息传到了这座小山村里,传到了李保军那里。那是2019年,互联网早已融进城市里人们的日常生活,而李保军手里连台智能手机都没有,也是第一次听说"电商"这个词,不明就里。

李保军激动地报了名。尽管对电商毫无概念,但他隐隐觉得,这也是一次追赶其他人的机会。他找朋友借了一部智能手机,一瘸一拐地走进了电商培训班的教室。

其实,在那几天的培训中,李保军什么都没学会。老师在讲台上说了很多话,一个步骤一个步骤地讲解。这些信息穿过耳朵到达李保军脑子里,李保军只觉得"像听天书一样"。他捧着那部借来的智能手机发了几天的呆,培训结束了,李保军还是什么都不会。

但第二年,李保军还是报了名。对李保军来说,这些培训更大的意义是,他看到了自己不是孤身一人。宽敞的教室里,几百个身体有残疾的人坐在一起。李保军在这里不是掉队者,整个人都放松下来:"大家都一样,不存在谁看不起谁。"

而且,不管是否存在歧视,"正常人"和"残疾人"这种社会意义上的定义本身就是一个无形的枷锁,在现实世界里,他们无处可逃,但在虚拟世界里,似乎能找到一种新的可能。

中国残联最新统计数据显示，目前，中国各类残疾人总数已达8500万，其中超过1500万人生活在国家级贫困线以下。尽管政府和企业都在通过"互联网＋助残脱贫"的模式予以帮助，但是几十年，甚至是几代人落下的距离，很难在一朝一夕之间填补。在具体的生活中和细微的情感上，这些掉队者仍需要更多照看。

现如今，李保军已经能熟练地眯着右眼，把那部用了好几年的智能手机举到脸跟前，用食指慢慢地滑动屏幕。他打开手机，一条一条地看那些唱歌或搞笑的视频。音量很大，洗脑神曲一首接着一首。有时候，李保军自己也会发布一些短视频，大部分都是用一张微笑的照片配上花哨的滤镜，一首苦情歌作为背景音乐。智能手机里的世界给他提供了一种暂时的庇护，谈及这两年最大的感受，李保军皱起眉头，眯起右眼，长叹一口气："还是太晚了啊。"

消弭

对李保军来说，电商培训班是另一次追赶的开始。课堂上，他第一次见到了如今的朋友吕帅霞。

培训的最后一天，主办方邀请残疾人模范发言，吕帅霞穿着一件鲜艳的红裙子走上了讲台。那一刻，李保军意识到，原来像他们这样的人不一定只能做森林里的小蚂蚁，他们可能追赶上正常人，甚至还能站在台上闪闪发光。

培训班结束后，李保军请侄女送了他一部智能手机，整天在家自己捣鼓。2020年培训开始，他又报名上课，2020年完全听不懂的课，能理解一些内容了。2021年，培训班教微信视频号直播，李保军一节课不落地听完了。结束之后，李保军还经常向班里的模范学生吕帅霞和年轻的同学张伟请教。

吕帅霞是李保军动力的来源，但他不知道，看起来光鲜亮丽的吕帅霞和他一样，也曾是被落下的那类人。作为先天性的残疾人，他们有着相似的命运轨迹。

吕帅霞出生在黄梅县苦竹乡，和地名一样，她的生命里也带着苦的味道，而她也早早地习惯了这种苦涩。吕帅霞不记得右手是什么时候、怎么样受伤的。她只知道自有记忆以来，她都是靠那只健全的左手让自己活下来，也撑起整个家庭。

小学五年级时，吕帅霞的妈妈去世，家里只剩爸爸和哥哥。她把大部分时间拿来做家务，剩下的时间抽空学习，到了初三，她实在坚持不下去了，决定辍学。在那一刻，吕帅霞的人生转向了一个更黑暗的方向。

在那个年代，一个残疾人，没有文凭，还背负着一个残破的家庭，几乎没有主动选择的可能。在远房亲戚做媒、连哄带骗的情况下，14岁的吕帅霞嫁给了邻村一个双耳失聪的孤儿。丈夫脾气很差，吕帅霞害怕，想逃走，却又不知道该往哪里逃。她被困在了别人给她安排好的婚姻里，按部就班地结婚、生孩子、养孩子。一天又一天，一年又一年，生活推着她一步一步向前，没给她任何选择的机会。

这样如杂草一般的人，往往拥有更顽强的生命力。一旦有了阳光和露水，它们就会抓紧机会，疯狂生长。

2010年，吕帅霞等来了机会。当时，丈夫在外地打工，儿子读初中不在家，她从妻子和母亲的角色中暂时解脱出来，拥有了时间和自由。吕帅霞想干点什么拉近自己跟正常人的距离。她学过缝纫，想去服装厂找份工作，对方一看她是残疾人，直接拒绝了。吕帅霞很生气，但又对招工的人表示理解："我一只手，当然没人家两只手快啊。"

屡次找工作碰壁之后，吕帅霞决定自己干。她看到街边有一家裁缝店，生意还不错，就把自己仅有的2000元存款拿出来开店。刚开始，吕帅霞只是打算赌一把。没想到，一赌就是十年。

试图养活自己、消弭和其他人差距的这十年，吕帅霞每一步都走得不容易。她起早贪黑,每天守在店里。因为有顾客嫌她做得慢,她干脆整天坐在缝纫机跟前,用时间换质量。做好之后,又有顾客不相信这是她做的。有些顾客看着桌上摆的精美绣花或鞋垫,盯着吕帅霞空荡荡的右手袖口,反复地问:"这个是你做的吗?""真的是你做的啊!"

吕帅霞是急性子,一开始听到这些议论恨不得骂回去。见得多了,她慢慢学会了不去理睬。"他说他的,我做的我的,不能因为这种人就影响自己的心情。"吕帅霞说。

在吕帅霞的经营下,缝纫店在街坊之间有了名气,引来了黄梅县残疾人联合会的注意。残联推荐她去参加省里的绣花比赛,她鼓起勇气去了,捧回了一个奖杯。对正常人来说,这一生中得到的一些奖项或表彰,或许是努力就有可能收获的回报,但对吕帅霞来说不仅如此,在步步落后的人生中,这是她第一次走到人群的最前面。

2019年,电商的潮流涌进农村,吕帅霞也走在前面,成了最早一批接触新事物的人。2021年的培训之后,吕帅霞又成为班里最早开始做视频号直播的人。

每天晚上,洗好碗叠好衣服之后,吕帅霞就换上一身漂亮的衣服,支起直播架,对着手机开始播。直播的内容不外乎聊聊天、唱唱歌,随意上架的商品成交量并不高,从一个月几十块到几百块,但吕帅霞已经很满足了。

在小小的手机屏幕里,她把残缺的手藏在画面之外,看起来就全然是普通农村妇女的模样。那一端的人看不到她残缺的手,也不会投去异样的目光;而这一端,她不再是那个被时代抛弃的山村女人,她能和所有人一起平等地看这个世界——再往更深处理解,这其实是一种残酷的乐观。

追赶

吕帅霞身着红裙在讲台上分享创业经历时,台下还有另一个人心中激荡。"既然她可以,为什么我不可以?" 80 后学员张伟暗暗在心里较劲。她和李保军、吕帅霞略有不同,她的残疾并非天生,而是突发意外造成的。

人生的前 20 多年,她过得波澜不惊。曾有过那样的生活,让突然掉队的痛苦,在张伟身上放得更大。

2009 年,张伟从深圳的一家服装加工厂辞职,回到家乡黄梅县停前镇,准备结婚。虽是父母逼婚,但张伟觉得这种事在农村再正常不过了,没什么好抗拒的。她甚至心怀感激,这个男人很老实,对她也不错。结婚没多久,张伟就有了身孕,幸福的日子似乎就在眼前了。

意外突然降临。农历五月初四上午,丈夫出门工作,张伟怀着八个月的身孕,一个人在家做家务。晒衣服的时候,她不小心踩到地上的水渍,摔倒在楼梯上。肚子太重,张伟的腰椎着地,顺着接近 5 米长的楼梯滚了下去。闻声赶来的邻居把她送到医院,医生诊断说是腰椎骨折,脊椎神经受损,下肢完全瘫痪,今后都要在轮椅上生活了。

张伟始终不愿意接受这件事。无论是躺在医院的病床上,或是坐在家里的轮椅上,她常常在不知不觉中就情绪失控。很多时候,只要周围一安静下来,张伟就感觉一堆乱七八糟的思绪涌进她的脑子里,接着脸上就已经布满了泪水。最痛苦的时候,她甚至想过自杀,但更让她绝望的是,作为一个下肢瘫痪的残疾人,她站不起来,连死的能力都没有。

张伟突然被重重抛下,落在所有人后面。与这具残缺的身体共处的十几年里,她始终想要迎头赶上。她不愿意相信,自己的命运只能如此。

为了不被人看不起,张伟强撑着从轮椅上站起来,跌跌撞撞地练习走路。一开始撑着四方形的支架走，后来试着用双拐，接着又换成单拐。或许是因为年轻，或许是因为她的毅力，长期的主动训练之后，张伟能够自己走路了，虽然姿势很奇怪，走几分钟就双腿酸疼，但她很开心，起码不再是个毫无行动力的累赘了。

身体的残疾可以凭努力改善，但整个社会对残疾人的态度，她无力改变。特别是在她身处的小山村，突然残疾的张伟，被夫家视作一种耻辱。

向来喜爱她的婆婆，一次都没去医院看望过她，却频繁劝儿子跟张伟离婚。张伟忍气吞声地进行恢复训练。慢慢站起来后，婆婆仍然打心底里看不起她。张伟给婆婆做饭、倒水，却常常遭到白眼，有几次，婆婆甚至故意往地上泼水，想要她再次摔倒。张伟没有办法理解，为什么成为残疾人之后，婆婆的态度会有这么大转变。

意外坠入掉队生活后，在家庭之外，张伟也感受到不少异样的目光。恢复行动力之后，张伟可以在不用拐杖的情况下走一小段路，但是会一瘸一拐的，不太好看。有时候出门买菜，总有路人一直盯着她的腿看。还有人当着她的面发出啧啧的感叹："哎哟，这么好看的小姑娘，怎么是个瘸子啊？"这种时候，张伟很想回怼一句"好看吗？"，但心里的自卑总会压得她低下头，默不作声地走过去。

顶着这样的目光，张伟将自己封闭了十年。其间，她几乎都待在家里带孩子，把大孩子带到上小学的年纪，她又生下第二个孩子。等两个孩子都能自己去上学了，张伟才有时间和精力重新找工作、重新融入社会。

她试过去村里的服装厂上班，但没做多久，身体就难以承受这种高强度的流水线生产工作，原来已经治愈的大小便失禁问题复发。没办法，张伟只能辞去工作，重新做回一名残疾的家庭主妇，与外界的世界日渐脱节，而浑然不知。

2019年，通过电商培训班，她才恍然：时代早就变了。受伤之前，她用的是 2G 手机，到现在已经是 4G。2009 年，她在深圳打工一个月能赚五六千块钱，在村里算混得很好的。但十年过去，留在深圳的工友已经月薪过万，买车的买车，买房的买房，而她留在农村，整天在家里带孩子，什么也做不了。

对比之后，张伟想要追赶的劲头更加迫切。她在很短的时间里学会了用电脑打字，操作办公软件，手机上的各个短视频平台也玩得很溜。培训之后，她很快就通过考试，找到了一份电商平台线上客服的工作。

2019 年参加电商培训时，她把站在台上的吕帅霞设定为目标，想成为像她一样优秀的模范代表。一年之后，她如愿站上了讲台。

到了 2021 年，她紧跟着吕帅霞的步伐开通了微信视频号。

张伟喜欢唱歌，她特意买了一个专业声卡，没事的时候就不停地看热门主播的视频，学习最火的网络歌曲。但张伟知道，跟那些粉丝上百万的主播比，他们这些农村的、残疾人主播算不上什么，靠直播赚钱维生，更是不切实际的幻想。

身体的残疾、农村的闭塞、十几年的落后，不是一夕之间就能被直播改变的。在直播间里，摄像头只拍到上半身，只要她不说，没有人知道她下半身的残疾。但直播结束后，她还是要继续在网上找些能赚钱的工作，还要鼓起勇气继续面对周围人的异样目光。

但至少，在直播的两个小时里，张伟尽量不去想这些。她打开清新粉嫩的滤镜，微闭双眼，轻声和着伴奏歌唱，一个又一个大拇指和鲜花从屏幕的下方缓缓飘上来，像梦一样。

有时候，她还是会看吕帅霞在微信短视频号上的直播间。张伟和李保军与吕帅霞互加了好友，熟人间偶尔见着对方在直播，就会点进去看看，点个赞表示支持。

一次，吕帅霞邀请张伟和李保军到家里玩。晚上 9 点，他们吃完饭喝完酒，吕帅霞脱下戴了一天的围裙和袖套，换上一件学院风的黑色连衣裙。她在二楼儿子的卧室里支起直播架,那是整栋房子唯一有空调的房间。燥热的空气和蛙鸣被隔在窗外,吕帅霞单手铺好床,再在上面摆好一包纸巾、一碗冰镇葡萄和一大杯白开水,准备开始直播。

屏幕里,吕帅霞背靠白墙,保持着一种端庄的微笑。李保军和张伟忍不住笑出声来,吕帅霞朝他们瞟一眼,就立刻崩掉,不可自抑地笑到弯腰捧腹,整个人都离开了直播画面。

其实大家都搞不清楚好笑在哪里,但从相识到现在,每当他们几个聚在一起,就经常笑个不停,有一种和其他人相处时都没有的轻松和快乐。或许网络为他们营造的世界是虚幻的,但他们因此而结识,为彼此搭建起了一道真实的、温暖的防护罩。

撰文　王浠

被干预后的凉山贫困奇观

四川凉山州美姑县九口乡勒合村，彝族男孩吉克尔布站在一所破旧的房屋前。一盏补光灯打在他的脸上，映照着脏兮兮的脸庞。他对着镜头，带着哭腔稚嫩地说，自己没有了爸爸也没有了妈妈，只能帮邻居干活赚点钱来照顾年幼的弟弟和妹妹。他的话随后被编辑成一段《叔叔，只能这样了》的视频。视频火了，获得10万+点赞和3.5万+的评论。

没过多久，凉山州美姑县公布了一个调查结果：这则视频是发布者"吕先生凉山行"用鞋子、衣服和学习用品诱惑吉克尔布拍摄的。房子是安排的，脸上也是刻意弄脏的，卖惨的剧本完全为博取流量。"人民日报"公众号针对此事发布了一篇名为《删除！道歉！》的文章。

在凉山，这种卖惨并不是孤例，很多彝族居民都靠短视频或直播讨生活，向外界展示"贫困"是很多播主的流量变现砝码。这与当地政府的脱贫叙事产生了冲突，镜头内的凉山彝族生活也因为所谓"卖穷"而变得模糊不清。

2021年暑假，中山大学人类学博士、广东外语外贸大学讲师姬广绪带着人类学研究的课题，和学生一起，走遍大凉山五个原贫困县，走访了21个彝族主播，试图还原凉山彝族青年在数字媒介影响下的生活真相。

悬崖村

彝族汉子某色拉博在紧贴山崖的2556级钢梯上，飞速攀爬，他身后是垂直距离约800米的高耸悬崖。这里是四川省凉山彝族自治州昭觉县支尔莫乡阿土勒尔村，又称悬崖村。

这个村处于美姑河大峡谷断坎岩肩斜台地，所在位置就像三层台阶的中间那级，海拔1400多米。以前村民们只能使用树藤编织的藤梯往来悬崖峭壁，如同生存大冒险。村民某色拉博早就习惯了这样的生活。

没想到，2016年5月24日，《新京报》发了一篇《悬崖上的村庄》的文章，彻底改变了悬崖村和他的生活。悬崖村因为报道一夜成名。人们无法相信现在还有人生活在一种近乎与世隔绝的穷困之地。就在报道后不到三个月，悬崖村用钢管搭建的楼梯代替此前的老旧藤梯。2016年11月初，新天梯建好；年底，村里通了4G网络。

法国作家德波在他的《景观社会》中说："在现代生产条件占统治地位的各个社会中，整个社会生活显示为一种巨大的景观的积聚。直接经历过的一切都已经离我们而去，进入了一种表现。"中国社会开始经历"影像物品生产与物品影像消费为主的被拍摄的景观社会"，大凉山的彝族年轻人也被卷入到这场景观社会的营造和展示过程中，而背后支撑他们的是日益完善的数字基础设施。

2021年暑假我带着我的学生顺着钢梯爬进悬崖村。钢梯一侧是村民攀爬用过的、现已废弃的藤梯。在钢梯上还可以看到，一条粗粗的光缆就顺着钢梯的方向一路蜿蜒着通向悬崖村，而正是这条"信息天梯"打开了某色拉博和村民的另一个世界，让他们按下加速键与世联通。

一个凉山州商务局的干部和我说,凉山州每年移动互联网的数据流量使用在全省排名第二,这个说法在我整个田野调查的过程中得到了一种直观的感受印证。

这加速联通带来的变化,也让某色拉博始料未及。

2018年,他偶然看到游客手机中的短视频,感觉"很好看,很吸引人"。游客提示拉博可以利用悬崖村的火爆IP制作短视频,拉博心动了。他注册了一个抖音账号,成了悬崖村最早的网红。

网络拍摄的重要地点是钢梯。攀爬钢梯比想象中艰难许多。我来回一趟累得气喘吁吁,用了四个半小时。而某色拉博下山,他最快只要15分钟;上山,他最快只要30分钟。他至今仍然保持着上下钢梯速度最快的纪录,因此他的抖音账号名叫"悬崖飞人拉博",但拉博一开始也并不是只想在钢梯上飞。某色拉博是家里最小的儿子,曾经到外地厂里打过工,但是村里的习俗是一旦兄弟分家,最小的儿子必须回家承担起照顾老人的责任,当哥哥结婚分家后,某色拉博就回到家开始了种玉米、放羊的生活。

当上初代网红后,他最多时每月靠着直播打赏和带货能收入2万元。他因为在网络上的影响力迅速成为村里的名人,曾经被邀请到成都等大城市去做节目。至今,某色拉博的抖音账号说明里还写着"本人上过:中央电视台中央一频道,中央二频道,中央四频道,央视七频道,中央十三频道,香港TVB,在电影频道跟周迅一起做过评论,动漫微电影《云端上的幸福》主角等"。这些经历都是他在成为主播成名之前做梦都不敢想的。

在某色拉博的带动下,村里的年轻小伙子、小姑娘都开始跃跃欲试,买来手机、充电宝和手机支架,注册抖音账号,打开视频羞涩地从第一声"家人们,欢迎来到我的直播间"开始,进入借由网络平台编织的新生活。

有人做主播，有人却对此仍然怀疑。

我在悬崖村上见到了当时村中为数不多的没有参与直播的年轻打工人吉克（化名）。他说自己是家里的长子，18岁辍学后就到青岛去打工，其间换了很多家厂，现在他已经27岁了，仍然每年出去打工。

他说自己性格内向，害怕在屏幕前讲话，工厂里流水线上的工作虽然辛苦，但没有社交的压力。明年吉克和老婆还是会出去打工，因为家里在沐恩坻社区只分了一套两居室的安置房，自己还有两个弟弟，家里七口人全靠和老婆两个人的收入维系，他压力很大。现在年龄最大的弟弟在读高中，学习成绩一般，他想多赚些钱在县城给弟弟开一个小超市糊口，自己也想多赚些钱再买一套房子。

自从悬崖村出名后，和自己同龄的不少同村年轻人靠直播带货赚了钱，但是他说这些不是长久之计。村子的热度近一年已经大不如前，游客越来越少，村里的几家客栈也都经营得并不景气，要想致富还是要靠国家的政策和自己的努力。

这就是她的日常，这就是她的生活

女人们对于视频平台比男人显得更为热情。我采访到的彝族主播里有67%是女性。她们在直播中更加愿意使用美颜功能。

彝族地区因为海拔较高，光照时间长，紫外线辐射强烈，这里的男孩子和女孩子普遍肤色较黑。为了取悦粉丝，更加迎合当下流行审美，女孩子在视频制作和直播的过程中喜欢把美颜功能开得很大。但是彝族人在体质特征上有区别于汉族人。

从我个人角度看，彝族的小伙子、小姑娘都有天然去雕饰的自然美，而这种美绝不是千篇一律的美颜技术能够体现的。相反可能是因为他们自己的"底子"太好了，美颜过后的身形有点落回俗套的感觉。

相比于拍视频段子，他们更喜欢用直播的形式与粉丝互动。主播往往衣着邋遢，背景通常为一处破旧的房屋或者空旷的野外，有时甚至与家畜同框。在直播的过程中，主播通常刻意表现出生活的艰辛和生活条件的艰苦。例如有的主播蹲在户外直接将地里种的圆根拔起来简单擦拭就大口吃起来，有的主播将煮好的方便面盛在一个肮脏不堪的脸盆中喂给自己的弟弟妹妹。粉丝们观看这种"贫困"，完成内心中对自己现有生活"富足"的认同，收获了一种心理上的爽感。彝族主播则通过呈现出一种差异化的生活方式，将注意力转化成流量变现，增加收入。

阿西，一个19岁的小姑娘，家住在昭觉县的一个偏僻村庄，是抖音平台上一个"头部"彝族女主播。网络上关于她的评价呈现两个极端。一种极端正面的评价认为这个19岁的小姑娘是彝族青年自我发展的典范，代表了当代彝族社会从"要我脱贫"到"我要脱贫"的发展观念转变。在阿西16岁的时候，她被村里的同乡带到青岛打工，因为当时家里特别贫穷，16岁的她长得比同龄人都要矮小，工厂员工制服的最小尺码她都穿不上，工厂担心一眼被看出是童工而惹上麻烦，没有录用她。无奈她被同乡带回了家。在随后的两年中她又和村里的人一起打工，但是因为年纪太小，每天晚上睡不着觉，躲在床上偷偷地哭，因此做不了几天工就会被送回家里。

其实阿西是家里最大的女儿，看上去要比她实际的年龄成熟许多。因为不适应外出务工的生活，2020年，在接触到了短视频后她便毅然投身其中。她给自己的定位是带货主播。每天早上八九点钟开播，直播的场地多半是在奶奶老宅门口的山坡上。在直播平台上，她会不断简单重复性地回答网友的提问，同时兜售凉山的土特产。

花椒是她最重要的带货产品，也是她最重要的收入来源。2021年暑假我从盐源县城开车一个半小时到了她的家里，看到了她直播时的真实情景。第一眼见到她，似乎和当地的年轻女孩没有什么不同。她穿着朴素，皮肤被晒得黝黑，因为知道我要来，提前换了一身干净的衣服，擦了鲜艳的口红。她和我想象中的坐拥296万粉丝的网红完全不一样，镜头前和镜头外没有太大的差异，在和我聊天的时候她就把手机对准自己的两个妹妹，其中一个大一些的妹妹继续回答网友的提问，另一个小妹妹则靠在姐姐身上写作业。

我问她为什么会选择在这么破旧的生产房前面直播时，阿西说这里就是他们一家人平日劳动的地方，家里的猪、羊和牛都养在这里，白天爸爸把牛羊赶到山上，晚上再赶回来圈起来。

秋天时候打荞麦也是在这里。因为自己家的地就在附近，这里地势相对平坦，打好的荞麦就储存在生产房里。

对于她来说边直播边劳动就是她的日常生活。她说自己并没有刻意去"卖惨"，也并没有给自己立一个想要被同情的悲情人设。她摊开手给我看了前一天打荞麦手上磨的水泡，水泡破了留下瘀痕。这是她的日常，这就是她的生活。

她说做主播这一年的确赚了很多钱，在抖音平台上每卖出一袋100克的花椒可以赚五毛钱，卖一袋500克的花椒则可以赚八块钱，我不知这种定价方式是怎么来的，她说每天直播最多会有3万人同时在线，最少的时候也有五六千人，每天直播大概四五个小时，好的时候可以每天卖出2000单左右的花椒，每个月的收入平均会有三四万块。

这些赚来的钱她都用来改善家里人的生活了，她给家里买了100只羊，10头牛。现在全家人的开销都由她负责，赚来的钱也都由妈妈保管。即便如此她每天还是要干农活，帮助父母分担家务，不然爸爸就会骂她。爸爸一直不理解她做的事情，但当有钱交给妈妈时，爸爸也会很开心。她说自己对未来的生活充满信心，直播间里的暖心的话语也让她相信这个世界是美好的，但是自己也深受直播间的话语暴力折磨。自从在抖音上小有名气之后，抹黑她的谣言就从来没有停止过。有人说她已经嫁人生了孩子，还有人说她自己有房有车，背后有团队在操控直播"卖惨"。每次直播时她都要和那些"黑粉"在直播间争论，甚至有几次她情绪失控崩溃大哭。

阿西说抖音平台对于直播时的表达和行为监控非常严格，她也深知其中的"潜规则"。直播时她会小心翼翼地避开一些导致下播的敏感词汇。因为两个妹妹还未成年，每次直播时，但凡妹妹出镜，她必须在镜头中，否则就会因违反抖音规则被处罚。她在回答网友关于出镜妹妹年龄的询问时也会闪烁其词，顾左右而言他，表现得成熟而老练。阿西还谈到了一个在直播中把握尺度的问题，她说现在凉山州已经脱贫了，作为凉山的彝族有义务和责任向外界宣传这里的山山水水、现在幸福的生活，所以入镜的画面绝不能刻意地炒作"贫困"。当我即将结束访谈想要和她合影留念时，她说背景只能对着大山，而不能把破败的生产用房拍进镜头里。

走出凉山，我仍在平台上关注着阿西的动态，追踪着她的线上生活。当我每次进入阿西的直播间或者观看她的短视频内容时，每每会发现有网友对视频中的生活场景进行评论，而其中更多的是震惊和质疑："现在还有这么穷的地方吗？"

"检讨"与"乞讨"

关于穷的观感总是相对的。

陈东（化名）是我在悬崖村钢梯上遇到的一名主播，当时他正背着一整箱的景田矿泉水沿钢梯往上爬，步履蹒跚累得满头大汗的他手里拿着手机和充电宝一边爬一边气喘吁吁地和直播间里的"老铁"讲着自己今天发生的事。

因为我在抖音关注了他，所以我一下子就认出了他。我下意识地拿出手机准备拍一张他直播的照片。他在看到后立刻喝止我，不可以拍他。

我当时想以出画入画为职业的主播不应该"晕"镜头才对，其中一定有故事。我和他套起了近乎，说是他的粉丝，在抖音上关注了他，这次就是专程来看他的。

即便如此他还是坚持说我可以"取关"他，也不可以给他拍照，而且他的表情似乎有些愤怒。我放慢了脚步，开始和他攀谈，试图缓解他愤怒的情绪，了解这背后的原因。陈东可能也累了，停下来坐在了钢梯上对着手机中直播间里的"老铁们"回答着问题。我表明了来意，介绍了我的身份和此行的目的，当他得知我并不是记者时才慢慢放松下来，将手机的镜头对准钢梯对面的大山，从兜里掏出烟，点着了，开始和我聊起了他的经历。

陈东是悬崖村的村民，有六个孩子，全家的收入依赖花椒，钢梯修好之前全家人的生活过得紧紧巴巴，钢梯修好后，旅游的人多了，他开了一个小超市，卖点水、烟、方便面贴补家用。和村里的年轻人一样，陈东从2020年开始玩起了抖音，拍摄悬崖村的风光和自己上下钢梯的日常，还积累了27万粉丝。他说当年第一个来报道悬崖村的记者，就是拍了自己送儿子上学爬藤梯的图片才让悬崖村火起来的。说到这里他用力地吸了一口烟，长长地舒了一口气。

1981年出生的陈东面部消瘦，骨骼分明，是悬崖村倒插门的女婿，六个孩子都在读书，最大的女儿在读高中，最小的也上了小学。一些社会爱心人士在报道中看到了他的故事主动"一对一帮扶"资助他的孩子读书生活的费用，这让他的经济压力小了不少。不过他还是抱怨现在孩子读书的开销大，家中的经济收入捉襟见肘。

让陈东犯难和不满的是他的户口问题。陈东家由于户口不在悬崖村，所以不算扶贫对象。悬崖村贫困户每人每年有政府补助，另外还有每人1000元用于购买种猪种鸡，两笔加在一起有接近1万元，但陈东家享受不到这些政策。他想不明白他买了房子，老婆也是这里的人，原来村里同意接收他们的户口，现在悬崖村开发旅游了，又不同意接收了。"怕我分走开发带来的好处。因为国家要发展，第一个老家被淹了，现在第二个老家不给我转户口不让我发展。我们家是悬崖村唯一一家没有户口的。"

为了贴补家用，陈东的大女儿和二女儿放假了要在钢梯上卖水，有一次大女儿从下面背了一箱水沿钢梯回家，来悬崖村采访的一个记者将女儿背水的画面拍下并发到了新闻媒体上，配了一些扭曲事实真相的文字，导致他们一家人被政府相关部门批评，并要求他们写检讨。

陈东认为这个事情对他们的伤害很大，自此以后他对于如何被呈现在镜头中变得非常在意。面对生活的窘境，陈东说自己拍抖音、发视频就是为了用这样的方式改善生活，让自己的六个子女能够安心读书，将来改变命运，走出大山。他甚至自嘲说现在自己就是在网络上"乞讨"，乞求大家出于同情的打赏。

修正网红

陈东的"乞讨"式呈现，是凉山脱贫工作一直试图摆脱的。

我在悬崖村整村搬迁安置的新社区沐恩邸社区中就看到为了让搬迁后的彝族百姓过上更加"文明"的生活，社区的社工鼓励居民保持良好的生活习惯，通过签订好生活习惯承诺，例如每周洗一次澡，一个月剪一次指甲，完成任务的居民就可以获得相应的积分，换取洗衣粉、洗手液等奖品。

凉山不仅通过改建庭院等方式改善彝族居民居住环境，改变洗脸、洗手等生活方式，还希望通过培植网红，展示脱贫成果。

2019年凉山州委宣传部就请今日头条和腾讯的业务专家来凉山培训，带领网红们到昭觉县实地拍摄，提高凉山宣传系统、县（市）融媒体中心、网红的拍摄制作水平。

抖音四川在2021年8月就与凉山州合作开启了"上新了凉山——凉山新风貌抖音短视频大赛"，全面直观展现凉山脱贫攻坚成果和乡村振兴工作。截至2021年11月，此活动话题"#上新了凉山#"在抖音共计播放1.1亿次。此次话题中的视频给粉丝建构出一套全新的关于凉山的话语修辞：这里人杰地灵、山川秀美、物产丰饶、民族文化历史悠长。而即便是关于劳动的场景也体现的是彝族人勤劳能干的优良品质。

我似乎看到了完全不同的彝族青年草根主播的媒介形象，这种形象似乎更加符合主流话语对新时代彝族年轻人的期待，悬崖村的木果就是这种全新凉山主播的代表。

沐恩邸安置社区是悬崖村居民木果的第二个家，2020年全家人从悬崖村搬到了这里，因为分的房子面积较小，父母年迈不习惯县城的社区生活，木果就在县城附近的村子里租了一间房子给父母住，自己带着妻子和两个孩子搬进了沐恩邸社区。平日里小两口经营着一家"西尼吾商铺"的小超市。这个超市总共投资了15万元（房租一年26 400元，拍卖佣金3000元，人工费14500元，还有水电、装修和进货费）。这些钱一部分来自银行贷款（5万元），一部分是向朋友借的（2.5万元），剩余的都是自己攒的。目前超市刚营业一个多月，每天从上午8点营业到晚上10点半。生意还不错，木果说他之所以会想在这里开超市，是因为过去他们在山上生活可以自给自足，但是现在搬下来之后，虽然有不错的房子可以住，但是没有了收入来源，所以开个超市让老婆看店，顺带照看三个小孩（两个女儿，一个儿子），自己还是做直播带货。

木果告诉我他是从2019年开始玩抖音直播的，当时和朋友一起随便玩一下，但是没想到关注的人越来越多，所以他们就开始自己学着做视频，一两天就发一个段子，因为时间太长不更新会被粉丝忘记。通过这个直播平台，木果认识了不少的人，得到了很多人的帮助，自己也学到了很多东西。比如他说有北京的粉丝姐姐给他送冰箱，浙江的粉丝大哥给他寄东西，他自己也通过在网上与人交流，学会了很多汉字，每年通过直播可以获得2万—3万元的收入，最多的时候赚到过4万块钱。从2020年开始木果在抖音、今日头条还有西瓜视频上做直播带货，他不卖惨，也不展示穷困，相反积极和政府合作，之前还去德昌帮当地商务局宣传带货，口碑不错。

网红们或许早就意识到了凉山对贫困叙事的要求变化，他们正小心地避开发展话语的管控，拥抱去除贫困印象的话语表述，谨慎地继续用贫困信息实现个人平台流量的累积和商业变现。

撰文　姬广绪

游走线上江湖的 3000 万卡车司机

3000 万卡车司机的庞大群体，不仅擎举中国物流运输动脉，也关涉 3000 万家庭，厂家、保险、车管等链条的上亿人生计。

三年里，中国人民大学博士、中国传媒大学教师刘楠从无意间"闯入"卡车协会盛大的年会，到"卧底"卡友微信群、线下田野访谈，见证了他们崎岖而壮阔的网络组织发展。其中，民间智慧与江湖纷争齐飞，媒介赋权与数字奴役并存。

卡车司机们自称是"最后一批游走江湖的人"，他们抱团"追老赖"，免费去疫区送货献爱心，为遇难卡友捐款，从"虚拟团结"走向"实用团结"，进行团结文化建设。然而，任凭他们拼尽全力，也难在智能系统与资本平台的数据算法中"松绑"。

车毁人残，重新买车："月供之剑"悬在头

三年田野间，我在卡车司机组织见过很多"奇人"，会编顺口溜的宣传员、书法隽永的卡协会长、直播喊话"老赖"的司机等；我也见证了很多悲痛时刻，有卡友撞车遇难、春节前的追悼会等。

2021年五四青年节，在河南访谈卡车司机时，我听到了一个死里逃生的卡车司机故事。他的故事之复杂，远难用"心酸"等固定字眼形容。

"好好一辆新车，报废了只能卖3万元废铁。我现在走投无路了，保险公司如果还是不赔，我就跟他们拼了！"刘峰很有诉说欲，第一次认识，他就跟我连讲了近两个小时。

49岁的卡车司机刘峰正在经历人生最大的经济危机。

2020年11月3日凌晨3点，河南漯河344国道，刘峰拉载石子的重型半挂车，和对面卡车相撞。他刹车右转方向盘，躲过高压杆，48吨的庞然大物，冲入路边两栋民房，民房当场坍塌。

30多万贷款买的卡车，才开了四个月报废，只剩残余的车挂，而每月还有1.4万元的贷款要还。撞毁的民房，幸好当天无人居住，两家户主共索赔100多万元。

"切割机、起重机，救援好几个小时，天亮从废墟扒出来我，卡车头扭曲变形，成一堆废铁了。"倚着拐杖，刘峰打开手机收藏的车祸现场照片给我看。

死里逃生已是万幸，然而车祸已发生半年，保险公司一直拒绝车损赔偿，理由是行驶资格证过期。

"正好就卡在13天。驾驶证有效期内，资格证到六年了该换了没再换，跑车出长途了没到家，保险公司就说不赔。可是后来我去换资格证，交通部门说没过期，照样给我换。"

刘峰是卡车协会会员，他去求助卡协禹州分会长王晓伟。对方发来社交平台的普法视频，这种情况不该拒赔，刘峰赶紧去找律师走民事诉讼路径。

王晓伟很惊讶，陷入窘境的刘峰，拄着双拐找他，要买新卡车。"他出院在家中静养，没几天就找我，说高利贷两分也行，要买新车。"

想要贷款买一辆新卡车，并不费劲。访谈期间，我在河南国道路边看到不少"首付两万提车到家"的广告。果不其然，刘峰的新车很快就提到家了。

车厂销售竞争激烈，纷纷降低门槛，这也是大量卡车司机涌入市场，"摊薄运费大饼"的原因之一。驾龄20多年的刘峰，感慨这几年运费不断下降，货运信息平台的服务费却变着花样增加。

如今，刘峰一边打官司，一边又雇了两个司机。他昼夜不分，盯着货运平台和各种信息群，做全盘总调度，让新车24小时运作起来拉货。

身体康复需要一年，小腿与脚踝处打钢钉支撑，刘峰就挂着拐杖，开着家用小车，每天去附近石子厂找订单，石子厂有时躲避环保检查，夜里开工，他就凌晨3点去厂里谈价格。

"那天我上山等了几个小时，一下子一吨涨7块，谁能接受了？本来拉石头，一顿进价60元，卖100元，就赚个三四十元运费。还得还两个车的月供，给两个司机工钱。"

在平顶山农村的刘峰家，我在两层小洋楼看到有遥控开关的车库，这见证着早年他做卡车司机的辉煌。而如今，他为每吨石头子波动的几元运费，日夜操心。

法院还没有宣判，难关还在眼前。刘峰大儿子在参军，每月工资9000多，寄回8500元支援，但是远远不够。

小学文化的刘峰每天都在脑中算账：车祸房屋索赔100多万、救援费一万九、鉴定费一万四，第一辆报废的卡车月供一万四，第二辆新卡车月供一万四，雇的两个司机，每个人月工资一万。

"贴钱也得干，要不分期交不上。"刘峰和我见过的很多卡车司机一样，分期买车的低门槛，像开启了永动机的按钮，"月供之剑"悬在头，日日不能停。

卡车司机的"江湖组织":团结起来"追老赖"

刘峰"死里逃生"的车祸,涉及撞车、房屋赔偿、车损保险等好几个案子,卡协公益调解部部长、卡协禹州分会长王晓伟前两次开庭都去了。

因为帮卡友维权、免费为武汉火神山医院送物资、投身村庄抗疫受伤等事迹,王晓伟在2020年全国总工会联合交通运输部开展的推选活动中,获得河南"最美十大货车司机"称号。

不只是刘峰的官司,还有司机王孟刚车祸遇难案,王晓伟去广西事故现场处理相关事宜。2020年11月28日晚,43岁的郏县籍卡车司机王孟刚在南宁322国道发生重大交通事故,当场死亡,车辆报废,留下三个尚在读书的孩子。

因为王孟刚的驾驶证件"尚在实习期",保险公司拒赔,王晓伟帮他家人找律师起诉,现在案子还在等消息。

王孟刚是卡协会员,很快卡友们捐款6万多元。卡协会长易学兵和王晓伟等人组成慰问团,把卡友们的捐款送到赵楼村王孟刚家属手里。

为遇难卡友捐款、追讨老赖、抱团互助,是卡车司机自组织形成的重要原因。刘峰和王孟刚所在的卡车协会,我跟踪近三年,目睹他们一次次的组织行动。

中国有很多卡车司机自组织,可以用"门派林立"来形容。《中国卡车司机调查报告》把卡车司机组织分为三类,一是基于原生性社会关系的组织,如"中国龙""东北虎";二是基于商业关系的组织,如"卡友地带";三是基于公益理念的组织,如"传化安心驿站"。报告总结卡车组织化的四大需求是:救援、讨债、议价、认同。

事实上,卡车组织"江湖"纷杂,分分合合,兼并竞争,加上一些非法组织被取缔,也如大浪淘沙。卡车协会总部在河南叶县,一开始就注重"名正言顺"。

2017年,卡车协会在当地民政局、民政部门登记备案,会员3万多人(还在增加),在全国有上百个分会微信群。卡协以"互帮互助,无私奉献"为宗旨,还设计了统一的微信头像模板、会员卡、卡友服装、卡协标志牌等。

我是无意中"闯入"卡协组织的。2019年1月,春节返乡,听几个跑卡车的老乡说起要参加卡协年会,眼神闪光。多年田野调研的好奇心驱使着我去看看。

在河南偏远的小县城,年会现场让人震撼。500来名天南海北赶来的卡友和家属,在红色签名墙上写下名字。音响轰鸣,彩灯闪烁,摇臂专业拍摄,现场直播地址打开,各地卡友的点赞评论不断跃出。

卡车协会易会长发言致辞:"协会一年成功地帮卡友们追回20多万工钱,团结力量大。"东北二人转热场,"卡车协会专用酒"摆上桌,歌曲响起,大咖秀模仿者跳起太空舞,还有魔术的烟雾喷出。一面面锦旗被卡友们送上台,在激昂的颁奖音乐中,有司机穿着厚绒睡衣上台领荣誉证书。

参加这次卡协年会后,我开始陆续对协会会长、微信群群主及管理人员、卡友等进行访谈,参加卡车司机线下组织活动,加入几个微信群,观察其线上组织运作、维权实际案例,尤其是动员"追老赖"的行动。

面对卡友举报,卡协调查员先会专门核实,以卡协名义和欠主电话协商。如果协商无效,微信群动员大家电话攻击。"软硬兼施"包括电话骚扰、集体标记对方为"疑似诈骗电话"。有时统一发震慑性信息:"我们有3000万卡友队伍,如果你一意孤行拒不还款,我们将对所有平台公布你的劣迹!希望你考虑清楚!"

卡友的网络追讨动员机制主要包括激起愤怒、情感认同、集体共识、荣誉激励,追讨也是有策略的。群主和"老赖"交涉时并注重卡友造势:"不要停,'老赖'在跟我谈条件。加大力度。"追讨条件谈拢,群主会发布命令:"所有兄弟姐妹们停止攻击!"最后群主会发红包,参与人员获得积分奖励等。

但是道高一尺魔高一丈,被卡友集体"轰炸"过的老板,有的开始了智能设备"反攻",用隐蔽号码反发消息打恐吓电话"把你整得怀疑人生",还有的"老赖"去报警说自己被恐吓。

为了规避法律风险,2020年开始,卡协把下属的"追讨部"改成"公益调解部",卡友微信群发布的"追讨令"变为"调解令"。邀请河南当地有名气的庄根栓等人担任法律顾问,走合法的"非暴力维护权益"之路。

因为帮湖南卡友处理事故赔偿,庄根栓劳累"失声",在家休养。2021年五四青年节,汝州卡协分会长王正召带领十几名卡友去看望他。庄根栓干脆带上扩音器,跟卡友们交流。

"庄老师具有古代侠士的那种气质,卡友有困难他都一样帮忙。"前一段庄根栓的儿子结婚,计划几十桌,结果前来的卡友太多,增到了100多桌,八成人都是卡车司机。后来,宴席桌子干脆摆到外面,现场很壮观。

平台与人:困境该如何突破?

五四青年节,卡协多个分会长聚在一起,谈论最多的是"资本信息垄断"的问题。网络技术是双刃剑,货运信息平台提供了方便,也带来"钳制"。

"资本公司掌握了大数据,就掌握了话语权。比如软件监控哪条线卡车空闲多,给你出的运费价格绝对高不了。"

"一个集团来对抗我们零散户,很好对抗,知道你回程跑这趟活,着急回去,真的有的最低就1公里1块钱。出租车还有运费最低标准呢，货运没有。"

《中国卡车司机调查报告》显示，71.2%的卡车司机开自己的车，是自雇型劳动者，通过App找货成为主要方式，货少人多的情况经常出现，从而导致有司机为了不空车返程，报出低于成本的价格。平台上五花八门的收费项目令司机们感到不忿："平台上抢单交200元，运输宝加9块钱，意外险加8块钱，这都是无形，都要收的。技术服务费是最近才有的，加10块钱。"

卡协公益调解部部长王晓伟很感慨，之前一家新货运平台，找到他和其他卡车司机组织的负责人座谈，希望组建"良心"货运平台，对抗"平台垄断"。就在座谈前，对方说计划取消了，公司被收购了。

货运平台、卫星定位，互联网时代的卡车司机裹挟在各种系统链条中。

事实上，很早之前卡友们就四处反映，河南禹州的运输公司强制安装"驾驶室监控系统"，收费2800元（可议价至2700元），培训费140元至240元不等，"不安装仪器和学习费，营运证不给盖章"。

王晓伟仔细研读相关文件。"但是我们阅遍所有文件，没有一个明确指出监控设备是必须安装的，费用必须是卡友买单的。"王晓伟说。

视频系统监控，好处是可以智能识别司机是否有疲劳驾驶、抽烟情况，但是司机们认为这也会侵犯隐私，给搭档的司机夫妻带来困扰。有时还会有识别不准确的问题，有司机吃饭塞牙下意识用手抠了一下，系统立即提示"请勿吸烟"。

直到新华社刊登报道《河南禹州：大货车必须装2000多元的视频监控，否则过不了年审》，问题才算被拿上台面解决。

然而，卡车司机与市场资本的关系也是复杂的，不是非黑即白、你对我错的对抗，而是互相依赖、协商谈判、对抗博弈，有时各种关系又糅杂在一起。

基于自身的利益、关系、议价能力、维权风险、生活压力，卡协会审慎地选择自己的行动策略。货运涉及购买、维修、保险、物流等一系列链条，卡协拓展了"赞助商"和"合作商"，卡友平日消费打折优惠，卡友年会的费用也会获得一定资助。

王晓伟2020年初自己组建了运输物流公司，出售轮胎、卡车，提供卡车挂靠服务，并拓展当地的物流用车业务。

王晓伟说，自己的初衷是："以前卡友挂靠的公司常有不合理收费，我们卡友建立的公司，在保险费用等方面更维护卡友的利益。"

而这也引发了争议，有卡友认为这是对卡友组织资源的变相利用，群主有私心。也有卡友认为这是好事，"很多卡友都需要购买设备和挂靠运输公司，自己人不会坑自己人，更有保障"。

而王晓伟被很多媒体报道形成的影响力，也转换为社会资本。当地工会主动找到他，组建当地的卡车司机分会，进行改革创新。王晓伟上了当地工会杂志的封面，最近和工会商谈建卡车司机驿站的事情，还联系当地的石化公司支援场地。

社会学家伊桑·米勒认为，团结经济这种新型的经济模式相信人具有非凡的创造力，可以根据自身所处的社会和生态环境找到解决经济问题的途径，团结经济不以追求利润最大化为目的，其行动鼓励共同为社会、经济和环境的公正而努力。

以王晓伟为代表的卡车司机们的选择，印证着他们从"虚拟团结"到"实用团结"，再到"团结经济"过程，他们为此经历了一系列自组织的探索，这正是他们为了"公正"而作出的努力。群主自建运输物流公司是否会走向另一种理性算计的商业"异化"，则需要进一步考察。

遭遇车祸的刘峰，加入了王晓伟的卡协分会群，第二辆卡车还选择在王晓伟的运输公司购买。他说这个选择是因为"信任"。王晓伟曾经帮他从"老赖"那里追回运费，在他躺在医院时又遭遇保险公司拒赔时，是王晓伟给他发来了普法视频，给他了"定心丸"，并开始走法律途径维权。

2021年5月13日，刘峰车祸赔偿案在河南平顶山新华区法院开庭。刘峰和爱人穿戴整齐，带着情侣款的方形金戒指，走进法院。当天，法官建议刘峰与保险公司调解。开庭始末，保险公司的代理人没有和刘峰打招呼，双方表情漠然。

走出法院时，刘峰立住拐杖，把嘴里嚼的槟榔吐在地上，然后叹了口气。这场持续半年的赔偿拉锯战，还没有结束。

撰文　刘楠

深圳市罗湖区,在手机上等待接单的工人

路边阿婆的菜摊也与时俱进,摆上了付款码

云南白族村落的女性正在录制视频

四川凉山通往悬崖村的数字化天路

阿土列尔村农村客运预约响应式
客运点

行驶线路：阿土列尔村——昭觉县城
承运公司：昭觉县短途客运有限责任公司
车牌号：川WRM137　川WN6837　川WMU909
　　　　川WNG608　川WN0863　川WUT893
　　　　川WWZ360　川WRT558　川WR1631
　　　　川WFK572
联系人：马海依合　电话：18328852713
公司调度电话：0834-8331648
服务时间：每日运行一班预约时间（9:00——11:00）
昭觉县公路运输管理所制

搬迁后的悬崖村村民木果，做起了直播

白族对歌现场

彝族网红女孩阿西在直播

张伟和吕帅霞（右）在直播，她们留守农村，身体有残疾

罗湖区笋岗街道是一个高度网格化的社区

正沉浸于短视频的男人

微信支付二维码出现在烧腊小店

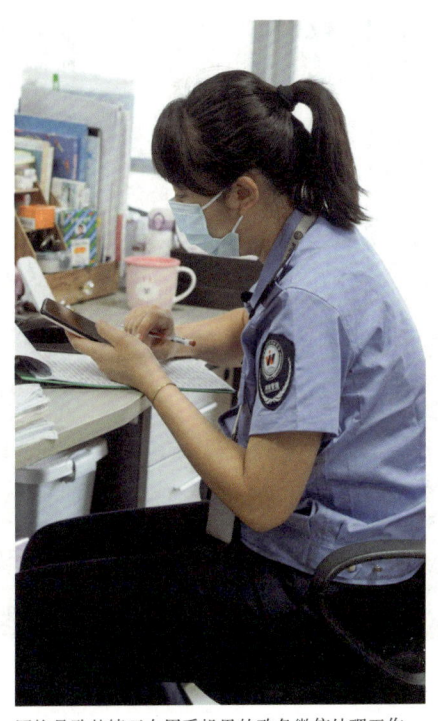

网格员欧梦婕正在用手机里的政务微信处理工作

广州，荷兰人欧阳白正准备给老板用微信支付付款

流动小摊上的线上支付二维码

路边扫码即走的共享单车

白族村落里的对歌现场,村民自发用短视频传播

无锡太湖花园第二社区的无锡话课堂，老师苏孟璞（右一）已经 80 岁

湖北当阳，留守妇女吴圣翠在做视频号直播

广州白云工商技师学院电竞专业学生的宿舍

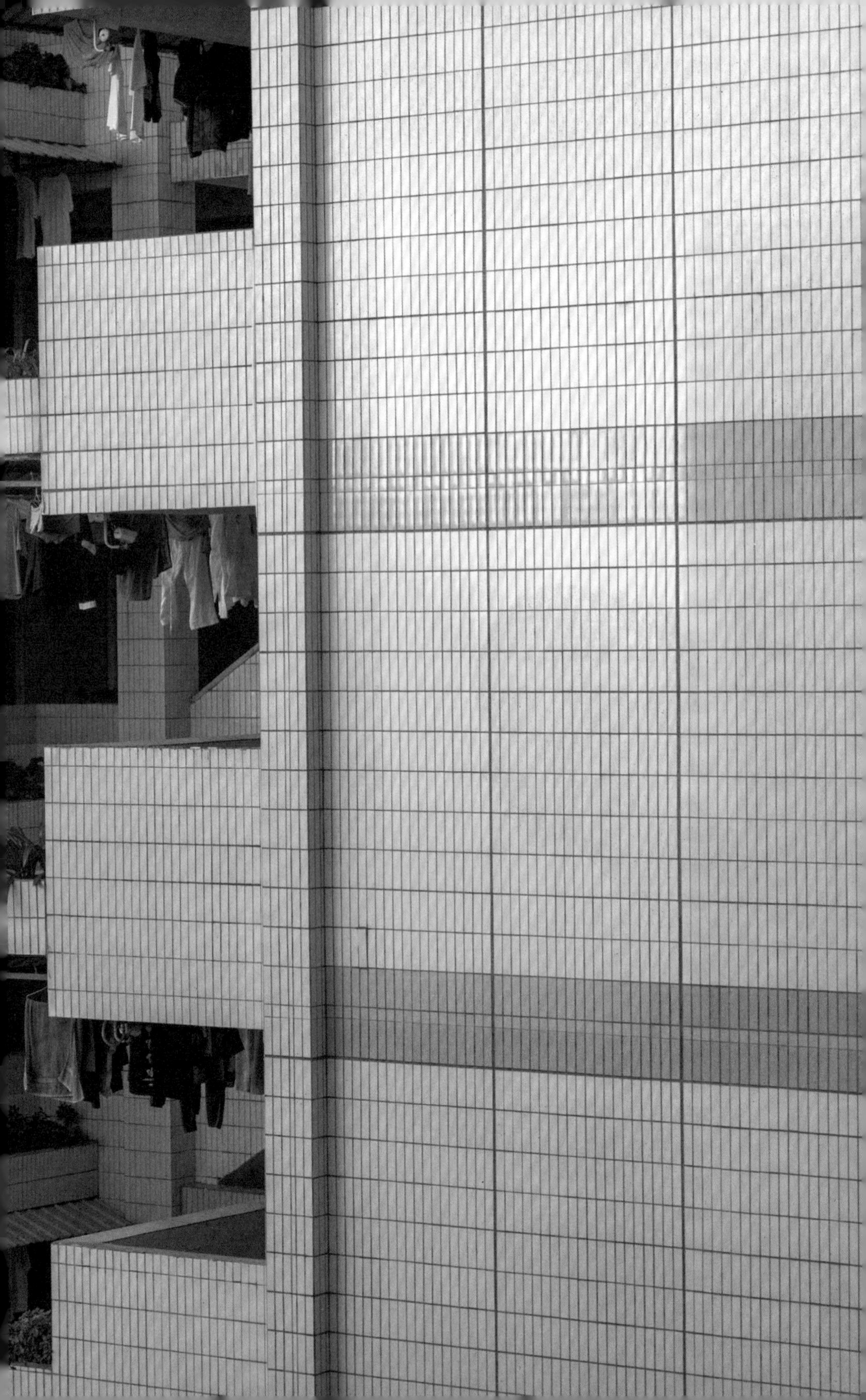

正在游戏里进阶的电竞专业学生

在电竞教室里独自练习的学生

深圳华强北，匆匆而过的骑手

深圳华强北，被拥堵在马路上的骑手

深圳华强北，一位女骑手走过巨幅奢侈品广告牌

图片作者　隋欣　王浠　孙信茹　姬广绪　隋欣　钟瑞　高宁　王炳乾　陆兆谦　FOV

三

年龄不再是问题｜数字生活里的代际新关系

一块屏幕里的新家庭关系

尼尔·波兹曼曾在《童年的消逝》一书中提到，电视的出现，抹消了成人与童年之间的界限，也进一步导致在电视这种新媒介下"童年的消逝"。波兹曼在写就这本20世纪80年代出版的著作时，恐怕根本想象不到，在数字化浪潮席卷全球的今天，电脑、智能手机的普及，给全世界儿童的精神生活所带来了怎样天翻地覆的变化。

如果波兹曼活在这个时代，也许他会对另一个年龄层——老年的消逝更感兴趣。在我们近年看到的诸多调研当中，尤其在县乡基层，智能手机上承载的诸多应用，给本地空心化生活中的老年人画上了一个"时间黑洞"，极端如"短视频上的靳东"，既安慰又最终蒙骗了一群他的阿姨粉丝。

当我们的关注点从童年到老年，越来越多的年轻人也在反思，数字技术的进步，是推动了人类的发展，还是局限了人类的发展？

无时不在闪烁跳跃的微信群聊，摩擦着年轻人下班后无法放松的神经。从这层意义上看，如果我们依然用旧眼光，去看待层出不穷的新事物，那么所有人都将深陷一重困境中：无法摆脱，也无法逃离数字生活。

平台有意识伸出的"橄榄枝",对有一些人而言则成了"救生圈"。在过去一年中,关于青少年模式、老年人模式的讨论和探索越来越多,比如微信这款国民应用,在更好适应青少年、老年人使用场景上的调整。但完全助力孩子们适应这个数字时代,仍然需要家庭与社会提供更多的引导。

本章节中,我们关注了老年人在使用智能手机时碰到的窘境,尤其在疫情期间,因为健康码的广泛使用,很多老年人被迫跌跌跄跄地跟上节奏。而在另一个更加具体的场景,例如取钱办业务时,他们所碰到的问题,也需要银行和数字平台的共同介入才能得到解决。

当越来越多的数字原住民成长起来,一群年轻人要为曾经(至今仍存在)被"污名化"的游戏正名,而第一批学习电竞专业的孩子们,正在企盼属于他们的未来:玩游戏不再是一项娱乐,需要严密的训练、细致的分工以及团队合作,乃至不屈不挠的精神,才能铸就职业生涯的辉煌。

我们从中看到了两代人之间的冲突与和解:黄梓豪一度因为玩游戏和家人发生冲突,他曾经对父亲说出"我就是不想去读高中,你把我送到哪里都没用",但在认准要去读电竞专业时,父亲成了坚定支持他的那一股力量。不可否认的一个事实是,当80后、90后陆续成为父母,他们对于互联网的理解,早已和当初的自己的父辈不同。游戏,也可能成为一项事业。

我们还关注到了家庭日常关系中,围绕一部手机产生的各种纠葛:父母对于如何限制孩子使用手机的管理困境;中年人对于上一辈使用手机进行指导的无力感;在学校的老师们与孩子们展开的一场"手机争夺战";……而那些因为疫情在短期内无法回国的留学生,又借助网络跨洋和家人彼此陪伴——一块小小的屏幕,照出了人间冷暖。

代际也许是错落的,但我们欣慰地看到了一种表象之下的不断融合：越来越多的力量，正在帮助填补老年人与时代之间的数字鸿沟；更多的父母，正在尝试去理解孩子作为数字原住民而与生俱来的"数字习惯"，这种理解，体现在每一代人几乎都沉迷过电视、摇滚乐和其他新事物上。

2019年，千禧一代发表的一封信中说道，更年长的人，可能只会将技术看成商业和公共设施的工具，或是提供便利的效率工具。但对千禧一代来说，技术像真理一样，是一种自然存在的事物。就像排水系统之于城市，电子屏幕、智能设备和数字工具，对日常生活而言绝对是不可或缺之物。

这也恰好也点出了两代人之间矛盾的根源：年长者认为的工具，在新一代数字原住民中被认为是一种范式。而在另一类场景中，大家所以为的数字工具、数字设备和数字平台，则在有意无意间，成了老年人自身无法轻易跨越的鸿沟。

千禧一代写的那封信，有人这样留言："和前人相比，千禧一代的成长时代并没有什么特别的，只是有所不同。一切都在加速，几百年来都是如此。再多的华丽辞藻和分析都改变不了这一点。当你们长大了，有了十几岁的孩子，你们也一样会这么抱怨他们的。这就是命运的循环。"

在数字生活的新场景，所有人都无须烦恼因为年龄而产生的代沟，因为在数字时代，年龄从来都不是问题。

80岁，不再害怕去银行

特殊的角落

泸州市江阳区一环路边上的银行里，一个角落格外显眼：大厅一侧，一条专用通道单独辟出，桌子台面上放着老花镜，连机器按钮都是放大过的版本。

这里也是银行真正忙碌的地方。

行长倪震宇跑来跑去，一会儿指导老伯在哪里排队，一会儿又把柜员的话，放慢语速给老奶奶复述一遍。

他跟大堂经理交流一番后，转身解释，也就最近三五年的时间，老年人占据支行的服务资源越来越多，"年轻人说一遍就明白的流程，老人家要说上好几遍，还要亲自指导操作"。

本着服务客户的宗旨，他们先是给老年人开绿色通道，后来辟出老年人窗口，服务需求与日俱增，干脆开设了服务专区。

"大叔大妈出一趟门不容易，得把他们服务好了。"碰到腿脚不利索的老人家，倪震宇还会带着几个员工登门拜访，送服务上门。不过,员工有限,成本居高不下,这种上门服务只能覆盖到非常少的一部分人。

80岁的刘芳就是这个角落的常客——她总容易忘了银行卡密码。她曾尝试过各种各样的方法,例如,尽量减少开卡数量,把仅有的几张银行卡密码设置成同一串数字,可即便是短短的六位数,她还是记不住。

当刘芳步入75岁的门槛之后,她开始把密码记在纸条上,可是最近一两年,每每到紧要关头,她又把藏纸条的位置给忘了。

三年前老伴住进养老院后,刘芳便开始了独居。记性不好的毛病时刻困扰着她,她会经常忘记吃药,忘了去医院检查的日子,让远在外地的子女担心不已。

刘芳年轻时是教委的老师,性格独立要强,直到出现差点忘记取下煤气灶上的水壶的事故,才被子女说服请来保姆上门照应。

可是,最要命的事情还是忘记银行卡密码。此前,银行规定修改密码必须本人到营业厅办理。这对刘芳来说意味着一段漫长而烦琐的跋涉。"岁数大了,能不出门就不出门。"提起几年前办理重置银行卡密码业务的往事,刘芳仍然心有余悸。

现在,刘芳每天六七点起床,按照她自己琢磨的养生技巧,蛋白质得保障充足,碳水化合物则要适当控制,一定要咕咚咕咚喝完一桶牛奶,再吃上一个鸡蛋,才能开始一天的生活。饭后,她花费许多力气下楼散步、消食。

因为80岁了,刘芳有糖尿病,眼睛不太好使,只能扶着楼下花园的走廊,顺着熟悉的路线,来来回回走上几圈。这已经是一天当中她所能享受到的最惬意的活动时间,踱完步,最多再坐半小时,就得上楼回家休息。

接下来的一整天时间,便是与时间对峙的漫长时段。刚退休那会儿,她还出门找老同事打打牌,不过那已经是很久以前的事情,随着年岁的增长,她的老朋友们,也都渐渐失去行动能力。

前些年至少还有老伴陪伴——她的伴侣是老红军,两人能常常一起回忆年轻时候的革命事迹。只是,当90岁的老伴不得不住进养老院之后,她的最后一份寄托也随之离去。

刘芳没有想到,很快,又有一个难题摆在了她眼前。

2020年下半年,泸州市出台惠民政策,年过80岁的老人,每年补贴几百元钱;年过90岁的老人,每年补贴1000元。刘芳与老伴刚好都符合政策,但是需要打在指定银行账户,刘芳在工作人员提醒下发现,这个账户许久没用,已经被冻结。

虽然麻烦,但是刘芳勉强还是能够出门。可是住在疗养院的老伴,已经90岁了,"如果一定要本人去办理的话,难道要抬着轮椅出来吗?"刘芳说,她反复咨询工作人员,希望能给出一个便捷的解决办法。

银行里的特殊角落到了必须升级的时候。

平等关乎所有人

就在刘芳不知所措的时候,泸州银行推出虚拟营业厅业务"小泸云厅",通过网上视频在线办理柜台业务。

刘芳拿着手机,让躺在疗养院病床上的老伴,与银行柜员视频连线,棘手的问题迎刃而解。

"给我最大的感受就是,科技对生活的改变特别大。"总结起这段经历,刘芳慢慢地说出自己的感受。

电子银行部总经理杨云介绍,特殊群体的服务难题曾长期存在,在以往,他们通常采取登门服务的方式,为行动不便、交通不便的用户提供便捷服务,但是需要动用非常高的人力成本,所以服务范围非常有限。2020年的疫情,让这一问题更加突出,迫使他们作出创新,适应新形势下的需求。

但是金融行业比较特殊，创新需要建立在安全与合规的前提之上。

"内部也有争论，主要就是安全合规的问题。"杨云说，其实之前他们就打算将部分业务搬到网上办理，但是银行业毕竟特殊，必须符合监管政策，也需要百分百安全。例如之前要求重置密码、激活社保卡须本人亲自办理，这是出于金融安全与程序合规的基本考虑，避免账户被盗。

随着AI（人工智能）技术的日趋成熟，只要将身份证联网信息与真人面容对比，基本可以确定是否为本人办理。紧接着，监控、网络传输技术、网络视频技术业已成熟，在线上验证当事人是否具备行为能力、是否是本人真实意愿已成为可能。

但是，酝酿多年，银行设想的线上场景，直到最近一两年才真正实现。"主要还是成本问题，之前成本太高，实现不了。"杨云说，整个服务过程进行录音录像之后，所有双录内容必须留存备份，必要时作为法律程序依据。这一操作不仅有技术上的要求，还需要较大的存储成本，对当时银行的模式来说具有较大的挑战。

直到大规模商业化运营的云技术普及之后，这一看似遥不可及的目标，轻松落地实现了。杨云说，他们与腾讯云合作，速度有质的提升，存储成本也大大降低。

"与传统基础设施建设不同，新基建最大的改变是从硬件到软件的转变，是从钢筋水泥到企业服务的转变。其中，SaaS（软件即服务）化企业服务的价值将越来越得到凸显。"腾讯副总裁、腾讯云总裁邱跃鹏在2020腾讯全球数字生态大会中说。

"说到底还是技术进步了。"杨云说，"小泸云厅"借助于实时音视频服务技术、语音识别技术、OCR光学字符识别技术、影像存储等技术，优化银行业务流程，给客户提供便捷的智能化服务。客户通过手持设备呼叫视频柜员，通过视频互动技术将视频柜员变为客户身边的柜员，实现理财风评、卡激活、手机银行签约、对公开户和对公网银签约等业务的线上办理。

这也给偏瘫人士王艳的生活带来了便利。2020年，银行理财专员专门向她推荐了"小泸云厅"小程序，不光办理理财，密码挂失、卡激活、签约维护，都可以通过视频远程在线办理了。

要是搁以前，她会觉得服务人员专门给她推荐方便的服务，是因为自己腿脚不好，对方戴着有色眼镜看自己。现在不会了，她坦然接受自己的特殊性，与自己和解，也与这个世界和解。

王艳年轻的时候漂亮、能干，是单位里著名的"女神"。但在40岁那年，她因为突然患上脑血管疾病，导致偏瘫，半边身体失去行动能力。

她是个要强的人，后来，她一个人反复训练仅剩的半个身体的力量与灵活度，生活完全可以自理，一个人完成三餐烹饪早已不在话下，如果来客人，甚至还可以加多几个菜。

她那时在一家事业单位做财务，多年来业务一直精进，大账小账都算得明明白白。只是，账算清楚后，账本装订顶着金属杆使劲往下压，她尝试过很多次，无论如何还是无法一个人完成。

"你看，终究还是有影响，怎么可能没有影响？"因为没办法在工作中做到百分百完美，王艳感到十分遗憾。她之前是单位的能人，现在大事小事仍不甘居于人后。

最麻烦的事情，还是一个人出门。她无法骑车、开车，一个人出行，必须得搭乘公共交通。每次出门，她都打扮得利利索索，高跟鞋、裙子基本上告别衣柜。

一次，她等来公交，慢悠悠走上车厢，里边的人没有人给她让座，她欣喜不已："这说明别人没有看出来，至少说明我像个正常人，我就很开心。"

一晃就是十五六年，现在，王艳已经退休，身上早已没有当年快快不乐的气质。

她喜欢打麻将，一起退休的老姐妹们每天都聚到他们家搓麻将。王艳只有一只手摸牌，可是训练有素，动作一点也不慢。隔三岔五，老姐妹们还结伴出行看油菜花，报团旅游。王艳也跟着去，只要上下车的时候朋友招呼着，其他时间她都能自理。

她年轻时候学的是财务，在单位做的也是财务工作。她对自己的这一技之长十分骄傲，有朋友来咨询财务知识，她觉得自己可能帮助到别人，会十分耐心详细地解释。她自己喜欢琢磨理财产品，朋友们对她信任，也相信她的推荐。这成为退休之后她在打牌之外的另一大爱好。

王艳满意自己的生活状态，也十分感恩，谢谢家里人的不离不弃，以及有一帮不嫌弃自己的好朋友。岁数大了，她也变得温和起来，不像年轻时候那么事事争先，那么要强了。"也应该享享清福，休息一下了。"

可是有些事情，必须要她本人到场才可以办理，比如办理银行理财。"其实我也不是很想来回跑，行动还是不方便，嫌麻烦。"王艳抱怨说。

而在"小泸云厅"小程序上理财也的确方便，为什么要拒绝呢？"而且，这个'小泸云厅'也不是只针对我们残疾人，是所有人都能在上边办业务。"她说，每次去银行办理业务，工作人员态度都非常耐心、友好。

但是对于特殊人群来说，搭载于小程序上的虚拟营业厅的出现，在某种意义上是为他们实现了真正的平等。

技术问题最终是关于人的问题

银行的在线客服周萍培训上岗一年多，就见惯了千姿百态的人生状态:"原来还有这么多人是这样生活的,之前自己根本就想象不到。"周萍一身工装,坐姿端正,说话慢条斯理,脸上挂着职业又不失亲和力的微笑。

印象深刻的一次,是在高速公路的工地上,包工头给民工们发放工资卡,因为工地前不挨村后不着店,距离最近的城镇还有不近的距离,工友们就通过摄像头办理激活业务。

周萍记得,大叔们光着膀子,站在阳光下边,脊梁曝晒得黝黑,但是大家一个比一个有礼貌,在周萍的指导下,小心翼翼地完成操作。这也是周萍第一次知道,体力劳动是那么辛苦。

还有不少去外省打工的年轻人,因为走的时候用的还是本地银行卡,一时半会儿没那么容易返回老家,打电话过来小心翼翼咨询,能否在线办理一些窗口业务,得到肯定的答复后,抑制不住地欣喜。

通过远程的视频连线,周萍进入到千家万户普通百姓的生活中去。她发现,无论是城里的有钱人家,还是山沟里的留守老人、到外地打工的农民工,大家都十分用心、认真地生活着。

不过,周萍很笃定地说,"小泸云厅"上办理最多的业务,还是忘记密码。最需要耐心、服务时间最长的客户群体,也正是像刘芳、王艳这样的留守老人。有一些老人家使用手机不是很熟练,语言表达也磕磕绊绊。一次,她与老人家沟通十几分钟无效,把家里快要读初中的孙子叫过来,手把手教老人家怎么操作。

自2000年中国迈入老龄化社会之后,人口老龄化的程度持续加深。

根据国家统计局发布的数据,2019 年末,中国 60 岁及以上的老年人口数达到 2.54 亿人,占总人口的 18.1%;65 岁及以上老年人口达到 1.76 亿人,占总人口的 12.6%。

《中国家庭发展报告 2015》指出,空巢老人占老年人总数的一半,而独居老人占老年人总数的近 10%。《"十三五"国家老龄事业发展和养老体系建设规划》指出,到 2020 年,独居和空巢老年人将增加到

1.18 亿人左右。

傍晚的街道，老年人的面孔充斥着大街小巷，就连广场舞的音乐都是以柔和的曲调为主。养老地产的广告贴在公交站牌上，"居家和社区养老服务"的政策宣讲也出现在社区宣传栏上。

近年来，关于技术人性化的讨论与日增加。例如，随着数字化技术的大规模发展与应用，包括银行在内的许多公共服务机构都逐渐用机器取代人工，实现了社会服务的自动化与电子化。

按理说，这本是一件有助于提高社会服务便利程度的好事。然而在实践中，绝大多数用于提供社会服务的电子设备，都是针对主流用户群体，也就是青壮年人士的使用习惯进行设计的。因此，不论是行动不便、对电子设备缺乏了解的老年人，还是残疾人或未成年人，在使用这些设备时，都很可能面临一些阻碍与困难。

杨云认为，服务能不能提升，一方面是一个"技术问题"，另一方面依然是"人的问题"。技术是死的，人是活的，绝大多数由电子设备引发的服务困境，只要工作人员及时介入，问题往往不难得到解决。

就在前不久，周萍教妈妈通过"小泸云厅"办理了一单业务。周萍的妈妈是个做小生意的个体户，多年来一直在自己交社保，就在2020年缴纳够了年限，可以按月领取养老金了。养老金发放在社保卡里，社保卡拥有社保、金融两个功能，可是妈妈一直不知道，早已把金融功能的密码忘记。

妈妈刚一说出自己的困扰，周萍就知道是怎么回事了，这个业务她太熟了。她掏出手机，打开微信小程序，跟妈妈说了操作流程，妈妈将视频拨给银行柜员，在柜员指导下，密码成功找回。

撰文　赵 亮

（应受访者要求，文中人物为化名）

70 岁，开始用微信

年轻时脑筋活络、处处要强的 68 岁退休出纳老唐，没想到有一天会被一个叫"二维码"的东西难住，硬生生被挡在商场大门外。

就像 72 岁的陈大爷也没想到，他仅仅因为网购了一套钓鱼竿，就成了老年钓友圈里当仁不让的 C 位。

当疫情迫使人们依赖数字工具解决衣食住行，也有人正在踉跄着跟上这个时代。健康码、云过年、居家网购……涌到老年人眼前。

在刚刚过去的 2020 年，在疫情防控的推动下，中国 50 岁以上老年网民的占比猛增到 22.8%。其中仅在 3—6 月间，全国就有 6100 万新增老年网民，涨幅超过了前十几年的总和。

2021 年全国两会，人大代表何学彬提出建议，要落实智能化背景下特殊群体利好政策，不要让老年人做智能化社会"局外人"。在刚过去的春运，刷身份证核验健康码服务，已在多地上线——快速迭代的 App 们，正与这群"新用户"接轨。

数字生活初体验的故事，也正在许多老人身上发生。

一

　　四川雅安的侯婆婆，喜欢沿着青衣江散步，看江水缓缓淌过这座小城。

　　40年前搬进雅安伏龙巷后，74岁的侯婆婆便再也没离开过。

　　在她65岁的某天，丈夫钟爷爷留下一张"我下河"的字样，就走下青衣江，从此再也没上来——当时他已是癌症晚期，肚子上肿瘤凸起，活像个孕妇。

　　两个女儿早已各自成家，都在小城里住着，与侯婆婆步行距离不过半小时，时常回家吃饭。

　　平日里，侯婆婆独守在巷子里，与外界联系全靠一部老得不能再老的座机，几十年前装上之后，号码就从没变过。

　　最初座机是全家共用，接起之后要"喂喂"几声，才能确定这通电话属于谁，但这几年来，女儿女婿甚至是孙子孙女辈，都拥有了自己的智能手机，座机渐渐成了侯婆婆的专属。

　　只有她，还坚持着用座机的习惯。铃响时，便知是老朋友们来喊侯婆婆去"耍"了。

　　"喂，侯孃，打麻将不？"

　　"好好好，马上下来！"

　　巷子里的老年活动室每天下午都有麻将局，每次小打小闹10块钱上下，却是巷子里一班老人最重要的娱乐活动。

　　除此之外，一帮老头老太太也喜欢到巷子里大摆"龙门阵"（四川方言，意为闲聊），左摆摆右摆摆，不出200米的小巷子里，侯婆婆能消磨一下午的时光。

　　侯婆婆出门耍的时候，小女儿总要提醒她，带上给她买的智能手机，"有啥子事都可以打电话嘛，免得找不到你了"。

　　但侯婆婆至今没有养成随身带手机的习惯，每当女儿责怪，就笑呵呵认错，然后推脱给年龄，"人老了，记性不好！"

手机不贵，一部600块左右的小米。小女儿给侯婆婆下载好了全套装备，微信、百度、今日头条、抖音、快手，最流行的软件一个都不能少；为免老人看不清，还把手机字体调到最大。

女儿兴致勃勃带回去给侯婆婆用，结果，就连微信简单的"按住发语音"功能，侯婆婆都重复了很多次才记住——

而这，也是侯婆婆迄今为止唯一会用的功能。

"我人老了，记性不好，女儿每次教的功能，转眼就忘记怎么用了，好像小学一年级的小朋友一样。"

另外一个重要原因是，哪怕手机的字体调到了最大，侯婆婆仍须戴上老花镜，这让"三高"和糖尿病缠身的她看不一会儿就会头晕，只好放下。

于是，这个手机平时便被搁在了客厅茶几上，备受"冷落"。

不过它也有比座机强的地方：

有了微信之后，侯婆婆早上在"晨锻群"里发个语音，就能知道几位婆婆锻不锻炼、什么时候出发，不必再像以前那样打电话一个个询问，抑或是到了锻炼的地方，结果别人没有来。

疫情之后，侯婆婆还是喜欢沿着青衣江散步，也会偶尔去医院看病、去银行取钱。从这些公共场合中，她知道了诸如"健康码"之类的东西，好像需要用到智能手机。

雅安小城的生活节奏舒缓而巴适，但即便是74岁的侯婆婆，虽然嘴上说着"用不惯"，也能慢慢从琐碎日常的细节中感受到这一点变化——

智能手机这个东西，好像越来越有用了。

二

"给你姥爷也弄一个微信吧,我想他就说说话。"

这是寇女士从零开始学用智能手机的最大动力,她今年 68 岁。

寇女士是回族,小时候念书只念到三年级。听懂看不懂,会说不会写,这是寇女士的日常写照。

浩如烟海的汉字,对她而言像是布满荆棘的丛林,充满了未知的恐惧。

67 岁之前的人生,好在有识字的老伴相伴左右,寇女士还能和人正常交流。但自从 2020 年老伴去世,她仿佛重新回到了咿呀学语的孩童状态。

学识字有点晚了,四个孩子轮番教她用智能机,只希望她能够尽快学会音视频通话,方便日常的联系交流。

但寇女士有一个更罗曼蒂克的想法——她想用微信,给天上的老伴发发语音,说说话。

这是一个注定不能实现的聊天愿望。她的外孙女告诉她,姥爷生前的手机号码没有注册微信,因此找不到姥爷的微信账号。

不知道寇女士有没有听懂这番解释,她只是怔怔地出了一会儿神,然后转身看着阳台上的花,像是自言自语地说道:

"老马,那我和你的花说话,你能听到吗?"

像寇女士这样的老人还有很多。他们不识字,学习使用智能机的过程也更加复杂,会使用的功能也更加单一,听听语音,打打视频电话,对他们来说已是全部。

在奶奶学会用微信后,寇女士的孙女和她交流更频繁了,大多数时间里是用语音的方式。偶尔不方便接发语音时,她会期待微信能推出"文字转语音"功能,这样即便打字回复,奶奶也能听得懂。

孙女还有一份私心。

她想，现在多交流沟通，将来哪一天奶奶走了，聊天记录里奶奶的音容笑貌，还将长久地陪伴在她身边。

三

早上六点半，72岁的陈大爷准时起床。拿起枕边的手机开始浏览本地新闻，这是他每天做的第一件事。

就像拿着放大镜看报纸一样，陈大爷左手握手机，右手扶眼镜，逐字逐句地阅读。每当看到重要或有趣的文章，他就会分享到微信亲友群和朋友圈。

春节前，陈大爷看到《四川省春节疫情防控新版政策》后分享到朋友圈，不一会儿，便收获了十几个赞和评论。

有人夸他"紧跟时事，活到老学到老"，陈大爷一边笑着，一边熟练地回复了几个笑脸表情。

陈大爷不服老，他爱买植物染发膏，每长出一根白头发就把它染黑，一头乌黑的头发让人猜不出年龄。

面对呼啸而来的数字时代，他也选择迎难而上。

用智能手机上网的第五个年头，陈大爷已经成为同龄人里名副其实的潮人。聊微信、看头条、刷抖音、逛淘宝，陈大爷的网络生活十分充实。

其实，陈大爷年轻时就是潮人。

高中还没毕业，他是第一批参军入伍的人；复员工作几年后，他成了朋友中第一个买照相机和摩托车的人；退休后，陈大爷看到年轻人都在用智能手机，也立刻给自己买了一部。

刚开始接触时，陈大爷着实不太会，好在儿子住得不远，隔三岔五就来教他。掌握基本操作之后，陈大爷便开始自己摸索。

从发起微信视频，到添加好友建微信群；从用手机拍照，再到制作音乐相册。遇到不懂的地方就打电话问儿子，儿子大多会耐心地解答。

如今，陈大爷已经是好几个微信群的群主。他用"战友群"联络天南海北的老战友，每年组织大家参加聚会；在"花鸟交流群"里分享自己制作的美篇，交流种植兰花的经验。

但是陈大爷并不满足于此，他觉得，只有真正融入年轻人的圈子，才能证明自己真的不老。

一次，陈大爷和铁哥们的女儿加上了好友，对方把他拉进一个青年人的微信群。可是两天之后，陈大爷主动退出了群聊。

"手机天天都在响，烦得很！而且我看都看不懂他们在说啥子，算了算了。"陈大爷叹了口气，迅速退回自己熟悉的世界，在群里和老战友聊天。

在部队时，陈大爷的战友有100多人，但现在能联系上的只有50多个。"很多老年人不愿意用智能手机，是因为他们看不到它的好处。"陈大爷说。

后来发现，智能手机不仅能用来联系老朋友，还有其他意外的功用。

陈大爷喜欢垂钓。学会用淘宝之后，他网购的第一件商品是一套专业的钓鱼装备，包括黑胶遮阳伞、欧式折叠椅、多功能钓箱和精致轻巧的钓竿。

背着新装备去钓鱼的第一天，他刚在岸边摆好工具，立马吸引了不少人的目光。

去钓鱼的大多是退休赋闲在家的老年人。60多岁的老夏第一次见到这么精美的钓竿，在陈大爷身旁站了好一会儿，直到天快黑了才开口问："你这些都是在哪儿买的？"

陈大爷回答，都是网购的。老夏点了点头，默不作声。

随后几天，老夏每天都会去看陈大爷钓鱼。他偶尔问问钓具多少钱、用起来感觉如何，偶尔又聊起自己在外地工作的儿女，两人逐渐熟络起来。

一天钓鱼快结束时，老夏难为情地对陈大爷说："能不能在网上帮我买一套钓鱼竿？我自己不咋认字，儿女工作又忙没时间，喊他们教我还嫌我学得慢。"

说完，他把自己钓上的大鲤鱼放到了陈大爷的钓箱里。陈大爷听完，心里很不是滋味，二话没说就答应了。

接下来一段时间里，陈大爷出门垂钓后总能往家带回些东西，有时候是几斤鱼，有时候是一袋核桃，还有几株兰花苗，都是别人托他网购送的礼。

最近，陈大爷开始教老夏和其他钓友们用智能手机，从打微信视频到添加好友，从手机拍照到网购钓具。

老年人记性差，学了之后容易忘，陈大爷就把步骤写下来让他们反复琢磨。从那以后，陈大爷管理的微信群又增添了一个。

"很多老年人的儿女都不在身边，没得人教，哪儿看得到智能手机的好处嘛？"

于是，陈大爷决定肩负起这个任务。既是助人，也是自助。

四

每次遇到健康码检查人员，老唐都倒吸一口冷气。

春节前夕的商场，大大的扫码信息竖立在入口处，老唐想要进去，只能让孙女代为扫码。身后还有人流等待入场，老唐靠边站，低下了头。

不会用微信，是号称"四项全能"的老唐的软肋。

老唐 68 岁，退休前是一家幼儿园里的出纳，号称 36 岁自学考取会计师资格证与教师资格证，有"从未收过一张假钞"的好名声。

"当时我是先进工作者呢,家里的红本本有这么大一兜子。"老唐比画着面口袋的大小,每次得意时都抿着嘴。

老唐的拿手绝活是珠算,啪啪啪上下一顿敲,给你算得明明白白。但在这个年代,没有小辈愿意学算盘了,毕竟人脑再怎么算,那也算不过计算机啊。

作为对计算机的一种"报复",老唐立下 flag:永不使用智能手机。

她也不能理解,人们为什么热衷于拿着手机交流。"有啥不能当面说的?闲下来了就去串个门呗。"

平常日子里,老唐着实用不着智能机。公交地铁有老年卡,买菜购物现金支付,她的好朋友也不怎么用微信,想一起上街就电话邀约,回家就拉拉家常,晚上一起看金牌调解节目。

但突如其来的疫情,把老唐的劣势暴露无遗。

在需要一遍遍填个人信息、一天天报体温的日子里,老唐变得不知所措起来。这些工作都是线上完成的,社区网格员发来 Excel 表格,每家每户填进去,然后再发送回去,简单又高效。

不过老唐连微信都不用,又哪能收到什么表格、填报什么信息呢?

她不得不"屈服"了。某一天,外孙女正在日常填表,在看电视的老唐突然调小了声音,悄悄凑到外孙女身边,附身低头,小声询问:

"姥姥请你吃肯德基好吗?教教我怎么弄呗。"

外孙女一抬头,看见这个年近古稀的老人低眉顺眼,于心不忍,义不容辞地答应了这个请求。

正式学用微信的那天,老唐很有仪式感,她摸出老花镜戴上,正襟危坐,紧紧靠着外孙女。

也就不到 10 分钟吧,她就学会了语音和视频通话——不愧是优秀的出纳老同志。

"学得好快啊,唐老师,我妈和舅舅之前教过你吗?"外孙女揶揄道。

"没呢，他们都让我等你放假回来教。"

原来，老唐并不是不愿学，只是没人愿意教。

"一学就会了，这有啥啊。"老唐愉快地接受了儿子的视频通话邀请，房子里回荡着她愉悦的笑声。

五

"首先，我们先点这里，然后再点这里，会出来一个界面……"

在哈尔滨市图书馆，一堂有些独特的课程正在进行中。

独特之处在于，台下坐的是一群白发苍苍的人，台上是面容稚嫩的老师。课上教授的内容，是如何使用微信聊天、如何使用表情包、如何发布朋友圈、如何看短视频……

这是黑龙江大学朝阳爱心志愿服务队开设"朝阳课堂"的第五年，他们的主要任务，就是教老年人简单操作智能手机。

小齐是其中一名志愿者，会定期去图书馆帮忙。一堂课通常有三位老师，一个主讲负责授课，两个助教负责协助操作和答疑，看到有老人不懂就手把手指导，尽量保证每个老人都能跟上节奏。

经常可以在课堂上看到这样的场景：

老爷爷老奶奶们，一个个拿着本子认真记录着，有的干脆把PPT打印下来，不停地让志愿者解答疑问，学习意愿和主动性都极强。

志愿者们备课需要一些时间。上课之前，他们要把几个常用App的操作页面一张张截图下来，再放进PPT里供上课演示。

许多App会定期更改操作页面的样式，每次更新了版本，志愿者就得重新截图，确保老人们看到的是最新版本。

因为遇到疫情，课程从线下改成了线上，这给小齐他们增添了许多困难。

他们只能把PPT拆成图片，发到老人们所在的微信群里。每发一张，就发语音讲解相应的部分。在这个过程中要保证顺序不能发错，不然老人们就听不懂了。

到了线上答疑和实操环节，助教只能用语音"云指导"，一大帮人在群里回复交流，显得有些混乱。小齐说，有一次线上指导一位爷爷清理图片缓存，这个功能在App里太隐蔽，隔着屏幕怎么也教不明白。

为什么不能像学生上网课那样，用腾讯会议这类软件做线上直播？

小齐摇摇头，表示这个方法行不通，不能将年轻人的方式平移到老人身上。

首先，老人们会用的软件不多，甚至只会用微信，新软件上课反而会增加学习负担。

其次，微信消息能够反复看和听，这方便了老人们在忘记之后回头温习。

虽然暂时面临一些困难，这支志愿者团队还是会继续做下去。黑龙江是人口净流出和老龄化大省，"空巢老人"多，格外需要给老年群体的数字化培训。

很多老人也曾向子女们求教，但一两遍记不住之后，大多数子女就嫌麻烦不教了。因此，老人们很感激小齐们不厌其烦地回答。

小齐教过一个老奶奶，她说起自己来学习的理由，是因为一次和异地的子女视频聊天，由于不会操作，愣是没看到画面，着急了半天却也无可奈何。

互联网时代对年轻人是友善而便利的，但对很多老人而言却像是筑起一道高墙，他们被挡在外面，被迫与子辈孙辈隔绝。

小齐在服务过程中经常能感受到，与其说老人们是对"如何使用智能手机"感兴趣，倒不如说，他们是渴望交流与陪伴。

有个奶奶学会用朋友圈之后，喜欢在小齐每一条朋友圈下面评论，发的都是"微笑""大拇指""玫瑰花"等老年专属表情包。渐渐地，小齐也爱用同款老年表情包了。

撰 文　唐映忠

（艾士易、赵偲羽、尚昕怡、徐平对本文亦有贡献）

老人手机班里，老师 80 岁

2021 年 10 月，我得到一个机会去走访无锡市太湖花园第二社区，它位于无锡市新吴区，成立于 2002 年，是全国诸多城市住宅试点小区之一，这个社区拥有丰富的文体活动和自己的社区网站，网站简介上有关国家级荣誉奖项的文字占了两行。

但即使具备这些优势，这个小区也面临着和绝大多数小区一样的问题：本地居民流失、社区认同减弱、老龄化加剧。那他们是如何解决老年人"数字鸿沟"的问题的呢？我们又能从中获得什么启示呢？

"数字鸿沟"

临上课前，女班长弯着腰，慢慢站起，椅子向后退了 1 厘米。她低声说了句"30"，接着几个沧桑的声音跟着喊"30、30"。前后左右的学员从布质钱包里、从衣服夹层里掏出一黄一蓝两张人民币，慢慢挪步到班长跟前。

10 月末的一天，我旁听了无锡市太湖花园第二社区的一节书法课，教室里坐着十多位银发老人。他们要上交购买毛笔和纸张的费用。

一个大爷没带现金，嚷嚷了一句。社区工作人员，一个女孩立刻迎上去："打开付款码，付款码。"

"流量，他们给我开了流量。"他右手捧着手机，左手食指戳屏幕，戳一下，顿一下，半分钟后他打开了页面。女孩声音有些着急，站在一旁教他点收付款页面。他叫来老师，举起手机，"扫一下，扫一下"。

"不要微信。"女孩在旁边跟着助力。"蓝色的那个，点一下。"

旁边的几个大爷殷切地望着老师，老师点出一个二维码，伸了过来。嚷嚷的大爷举起手机，其他大爷关切的目光、女孩期盼的眼神汇聚在他的手机上，他扫了扫老师屏幕上的二维码。

显出一行乱码，扫码失败。女孩在旁边有些焦急，对老师说："你那是微信。"

老师一脸无辜："我只有微信。"这仿佛成了一个难以跨越的障碍。"算了，下节课现金交吧。"老师说。

女班长是个沉默寡言的老太太，隔了一会儿，她冲那个没带现金的老头儿说："你在微信群里发个红包给我吧。"交钱的事情迎刃而解，几个学员赞叹着她的聪明。那之后交钱的学员，她逢人便问："你是用微信交的吗？"

老年人在"数字鸿沟"面前，很多困境是作为年轻人想象不到的，比如一个学会网购、订票的老太太说，她以前不会用淘宝，买东西都要拜托孩子们买，可孩子买就是孩子付钱。一般想要的东西，她也不好意思开口。会自己订票之前，过年走亲戚，回无锡的时间从来不是由她定，都得看孩子什么时候给她订票。

2020年8月，一段"老人无健康码乘地铁受阻"的视频让老年人"数字鸿沟"的话题得到关注。数字鸿沟即那些拥有信息时代的工具的人们与那些未曾拥有者之间存在的鸿沟，它体现了当代信息技术领域中存在的差距现象。我们怎样才能缩小这种鸿沟？社区在其中能发挥怎样的作用？

找不到老师

2017年的时候，无锡市太湖花园第二社区开始办汉字班和智能手机教学班。教汉字和智能手机，看上去是随便找一个路人都能做的事情。可上了两期，教学班就停办了，因为找不到老师。

汉字班最初由社区书记上，后来书记退休，社区找来了一名全职妈妈，每周来社区一次，教社区里十多个文盲老人识字。课程上了两个学期，后来她预备回到职场，识字课就此停办。

智能手机课遇到了同样的问题，第一期由社区书记自己带。社区找到了姚洪斌一起编写教材，他是江南大学的退休教师，专业是教电脑的，而非手机。

他80多岁了，住得太远，上了一学期课不得不离开。随后，姚洪斌跟妻子在他们自己住的社区办了一间电脑教室，原本是为老年人提供电脑教学，后来想学手机的学生越来越多，他决定开一个手机教学班。他的教学内容强调实用性，第一课是教老人们Wi-Fi的念法。教学初期，他使用手机也不算熟练，随着教学的深入，他才成了"老手"。

姚洪斌老人回到自己社区后，太湖花园第二社区智能手机班就一直没找到合适的老师。在此之前，教学被当作一项志愿服务，以前社区的其他兴趣班尝试过聘请专业老师来教，发现效果并不好。

之前的经验让他们意识到，社区兴趣团体更重要的是人与人之间的连接。那些住在小区里的，跟学员可以时常碰面的老师的确更能坚持下来，并且能跟学员之间建立牢靠的关系。

社区副主任华燚参与过一部分智能手机班教学工作，他说："其他兴趣班，都是80多岁的爷爷奶奶组织，合唱、二胡，不管多老，旧的经验都用得上，手机不是。而且教手机和识字，对老师来说满足感不是很强，不会说像教笛子，自己也能提升。"

智能手机教学班中断前，绝对算得上抢手货。一周开三节，不是同一批学生，一节课能来20多个学生，总共算起来，至少有60人参与了课程。

但比起教学，华燚更像个修手机的。上课的一大半时间，他在替他们解决难题。老人们排队找他，删手机内存卡里的文件。那时候大家用的还是带可移动储存卡的安卓手机，动不动就内存不够。有时他也把修手机的问题推给其他人，但最后问题转了一圈，又会落到他这里来。

另一个棘手的问题在于，老人们的手机都便宜，千奇百怪的品牌和型号。还有人拿着从地摊买的300块的假安卓手机让他看看。遇到这种状况，他干脆就跟学员说，换一个吧。

学习班的学员建了微信群，从早到晚都有人在群里问问题。可老年人跟年轻人的时间作息不同，当学员早上6点醒来的时候在群里发消息，老师或许还在梦乡之中。华燚意识到，手机教学就是一项全天候服务，必须得找全职来做的人。

智能手机更新迭代，老人家们的需求也在变化。华燚说，以前老人家们遇到的都是手机软件问题，比如内存满了，现在更偏娱乐了，经常有人来问怎么把照片做成视频。

那之后，他们尝试过把手机教学班改为手机摄影班，也试过从身边挖掘老师。2020年街道派电信公司的职员在各社区做巡回讲座，教授手机的基本使用，一节课不到1小时，20多分钟都在卖手机。

华燚仍在筹划新的课程，他预想，以后的课程应该会是用两三节课教基本操作。"这个手机课它持续不了，一持续就会出现很多问题，直接把你淹掉。"

无锡话班

智能手机教学班遭遇的种种问题的确超出了社区之前的经验。以前，社区的文体课程和兴趣团体都是靠参与者自发形成的，再由社区加以辅助。在双方的共同努力下，一个个小社群得以建立。

一切是从一支沪剧队开始的。

2008 年，社区里的几个老年沪剧爱好者组建起了一个兴趣团体，经常在小区凉亭活动。沪剧队会参与一些比赛和演出，在票友比赛中小有成绩。2013 年，社区提出为沪剧队免费提供场地，在小区公告牌里张贴招生广告，还帮他们申请政府的小额资助。在社区的支持下，沪剧队日渐壮大，专业队四处参加比赛，业余队的人数也稳定在 50 左右。

为了帮助沪剧队自组织，年轻的社区工作者们得从最简单的教起。华燚记得，他们当时教沪剧队队员做台账，队里派了位略懂电脑的老人，他们教那位老人自己做 Excel。

社区的地理位置为社群提供了发展条件。这里位于新区，靠近行政中心，有区域联盟组织的支持。作为无锡市第一批商品房，小区里住了许多老文艺工作者和科技从业者。沪剧队之后，合唱团、笛子班、广场舞队、国画班都陆续开了起来。

后来，社区领导意识到艺术团体吸纳的本就是那些外向乐观、社会化程度较高的老人，而对于那些内向居家的老人，他们仍旧很难融入。随着社区外迁人口增多，怎样帮助外地老年人融入成了一个重要的问题。

有人提出办识字班、无锡话班、智能手机教学班，与兴趣班不同，这些课程都是帮助老年人适应环境、融入当地生活，可识字班和智能手机教学班先后中断，坚持到现在的，只有无锡话班。

10 月末的那天，我也旁听了无锡话班。

上课前，涂了口红、脖间系着彩色领带的老太太们纷纷放下布包，从袋子里拿出黑白手写的打印纸，封面写着"伲好无锡——无锡话小手册"。下午一点半，苏孟璞坐在讲桌前，喊了一嗓子，教室安静下来。他看了看签到册，冲下面说："今天有五个同学请假。"放眼望去，整个教室都是老太太，只有一个老头儿。社区工作人员形容："这里最年轻的学员也就60岁。"

苏孟璞80岁了，是地道的无锡人，2019年办起无锡话班后，全由他一人教学。退休多年，他身上还带着国企领导的气场，讲话时随时扫视四周，捕捉观众。他注重自己的穿衣打扮，上课时，穿一件浅色衬衫外搭灰色哈灵顿夹克，换掉了早上接受采访时的呢绒西装。

苏孟璞叫新同学坐第一排，安排学生们齐读他自己编写的教材。着急管邻座的同学借铅笔的；没带教材，两人合看一张的；来回翻页就是找不到位置的；还有第一次来的新同学，始终跟不上进度，念两句就转身问后面的同学"念到哪里了？"这场面混乱中透出一点幽默。

无锡话的确不算好学，一位江西的老太太说，她最初听邻居讲无锡话，以为是韩语。听本地人讲话，完全听不懂。苏孟璞编写的这本无锡话教材，以常用语为主，最后一部分是他编写的一则关于十二生肖的故事。一堂课45分钟，他会先叫学生齐念一遍上节课学的内容，再一个词一个词地教新的内容，课堂接近半小时都在齐读。2020年因为疫情，无锡话班改为线上授课，苏孟璞用视频直播了几次课程，为了鼓励大家互相交流，学习委员专门拉起微信群，群聊一直沿用到了现在。

互联网和旧报纸

实际上，对高龄老人来说，太湖花园算得上一个理想的居住环境了：接近40%的绿化率；左邻右舍都是接受过一定教育的职业人士；

社区也颇为看重老年人服务工作：有养老爱心餐，会不时走访独居老人，支持老年人组成的各种团体。

社区养老服务站站长朱韵的日常工作就是解决小区居民的各种难题。每天都会有几个老人光顾阅览室，他们还在通过报纸收取信息。朱韵偶尔同他们聊天，摸清了他们的共同特点：机关单位退休，不喜集体活动，不喜户外运动。他们往阅览室一坐，抄起报纸，有的能坐一上午。他们经常询问朱韵关于手机使用的问题，因为他们在之前的事项处理中已经和朱韵建立起了信任，否则，面对其他陌生人，他们难以开口。

朱韵总结老年人求助最多的几个问题：怎么下载滴滴或者地图；怎么开启微信运动……还有很多问题是她意想不到的，比如有老人要她教怎么从腾讯理财提钱，其实也就多赚几块钱。她也总结了几个注意事项：一定要一步一步来，不能流露出急躁或不耐烦。

当社区的社工和公务员们被问到哪一类老人手机用得熟练时，他们给出同一个答案：（兴趣团体）队长肯定用得溜。这佐证了我在书法班看到的状况：在社群越是处于核心位置，对手机的熟悉程度越高。组织活动、拍照记录这些工作迫使他们学习和适应数字化。

社工给我介绍了一位大爷——管志祥，他是位拉链厂退休工人，退休后，他组织了一个志愿小队，免费为小区居民上门服务，修拉链、理发。他热衷于做个服务者，也满意他的家庭生活，跟旁边的人介绍说他的儿子在为新区的领导开车。他说，修了一辈子拉链，退休了闲不住。我意识到，修拉链不仅仅是一份工作，甚至成了他加入社会运作，同别人建立联系的方式。他也快80岁了，小米手机里的抖音和快手对他来说显得有点太时髦了。

相比被动学习，在一个社群中主动习得可行性更高。正如中国社会科学院社会发展战略研究院研究员田丰的分析，互联网适老化应该是双向的。在消除老年人融入数字社会的科技障碍之余，社会应尊重老年人的话语权和主体性，让老年人相信自己"能行"，帮助他们跨越"数字鸿沟"，愿意享受数字生活。他们在调研中发现，重构社会角色和重建社会连接是关键。

也有专家提出另外一种看法，建议在有些日常领域适当保留传统服务方式，给老年人选择权，给他们一种不融入数字化的权利，以及不被数字化打扰的权利。

看上去，既为老人提供联网的电脑，也在报刊架摆上地方日报和传统杂志就满足了要求，但实际上，保留传统服务并非易事。一天早上，社区服务站的报纸没送达，朱韵在阅览室走来走去，焦躁不安，她拨通了中国邮政的客服电话，客服跟她解释，由于很多员工离职，他们找不到送报员，所以没办法送达。

朱韵跟他抱怨，如果是家里订的报纸就算了，这里是服务站，很多老人来就是为了看报，如果没有最新的报纸，他们就没得看。客服没有道歉的意思，反复强调着他们送不了的事实，这让朱韵更愤怒了。挂断电话后她说，她已经为此投诉过很多次了，但都没有解决。"毕竟想赚钱的都去送外卖了，谁还送报啊？"她无奈地感叹。

撰文　卜弗

三孩妈妈，与手机争夺孩子

"孩子沉迷手机该怎么办？"在搜索引擎搜索这个问题，你将会得到上千万个答案——在如今，孩子与手机的关系，已经成为这一代父母的集体焦虑。独生子女家庭是如此，那如果家里有三个孩子呢？

在三孩母亲芳子这里，这种焦虑，放大了三倍。2015年，芳子在大女儿6岁时，又诞下一对龙凤胎，成了一名三孩妈妈。在太原农村的这个家庭，伴随着移动互联网的发展，她的三个孩子在长大的过程中不可避免接触了手机——更准确地说，是"沉迷了"进去。

至此，芳子开始了一场孤独的反手机战斗，这场战斗漫长、艰苦，她牺牲了一些东西，艰难地维持着家庭、事业、婚姻之间的平衡。芳子的经历，也为我们提供了一个更清晰的视角，让我们窥见那些多子女家庭里的生活细节，以及为了完成这种普通的生活，一位母亲要付出多少辛劳。

"问题儿童"与"问题家庭"

果果又哭了。

整个人张着嘴,撕心裂肺地惨叫,眼泪滚过脸颊,五官扭在一起。中午时分,哭声在整栋楼回荡,听起来又惨又伤心。邻居们对这动静已经习惯——在这栋居民楼里,芳子一家的战争常常爆发,这次也和往常一样,又是因为手机。

这是太原一个普通的五口之家,父亲亮子开大货车,母亲芳子全职带娃,家里三个孩子,大女儿盼盼12岁,一对龙凤胎糖糖、果果,快7岁——一个热闹、同时也在层出不穷的问题中生活的家庭。

三个孩子都大了,母亲芳子最担心的,就是玩手机的问题,怕他们坏了眼睛,怕学到不好的东西,更怕他们沉迷。尤其最近几年,短视频大火,两个小孩子字还没认全,就迷上了,尤其是果果,不会打字但会语音输入。只要家里听不到他们的声音,一定是"偷"到手机去玩儿了。为此,芳子不得不每天和孩子们斗智斗勇:把手机藏起来、时不时更换密码,藏的地方太多,有好几次,连她自己都找不到了。

果果哭的这一天,芳子要去参加朋友的婚礼,把他放在了姥姥姥爷家里。出门前,为了安抚果果,她特意许诺,等回来给他买一把新玩具枪。她还特地叮嘱姥爷,绝对不能给果果看手机。老人答应得很好:就带他去公园里玩儿,晚上看会儿电视就睡。

但实际情况是,第二天早上5点多,姥爷起来锻炼身体,发现枕头边的小外孙竟然不见了。爬起来到处寻,最后在客厅沙发上找到了果果。他窝在角落里,拿着手机,面无表情,直直盯着屏幕,双手不停滑动,对姥爷的呼喊完全没有反应——他不知什么时候绕过姥爷,偷拔下充电器解开密码锁,一个人玩到了天亮。姥爷把手机夺过来,问他是从什么时候开始的,果果错愕半天,说应该是4点多,可是手机已经烫得不像话,显然不是"才玩儿了一会"。

知道这件事,芳子气得不行,父亲亮子回家,也忍不住动了手,果果后脑勺挨了一巴掌,屁股也挨了一脚,从此闭门思过,不写完暑假作业，别想再见到手机。

家里人都说，果果中了手机的毒。果果却甘之如饴，如果这是种毒，他情愿感染一辈子。他太爱手机了，品德课上老师问他最喜欢的事物的前三，他说第一是喜欢玩手机，第二是喜欢看别人玩手机，第三件事想了半天没答上来，在老师的引导下才勉强说出了喜欢学习。

龙凤胎里的另一个女儿糖糖，今年7岁，同样让芳子忧虑。

糖糖性格和哥哥截然相反。在她一两岁时，芳子就给她看早教动画片，到底是有点用的，糖糖学会了不少英文单词、颜色辨认，出门时会礼貌地让别人先走，拿到东西会说谢谢。不过后来，动画片种类太过丰富，糖糖迷上了芭比娃娃装扮新家、超轻黏土制作手工，还有各种玩具教程。

糖糖爱美，一看到漂亮的饰品和小裙子，目光就挪不动了。她喜欢蓬蓬裙、编头发、指甲油和各种闪耀的小挎包。才上幼儿园，她就要每天照半小时镜子。芳子一开始觉得女孩子爱美正常，后来开始觉得不太对劲：糖糖会把矿泉水瓶盖子当粉饼，踩两个积木当高跟鞋。

直到有一天，芳子找到了这一切异常的源头——她发现孩子正拿着她爸爸的手机刷短视频，一个接着一个的化妆视频和美甲视频，眼睛都看直了。糖糖从小聪明，能记住家里每个大人的手机密码，爸爸又惯着她，想来她已经看了一段时间。

芳子担心孩子过早把重心放在打扮上，耽误学习，主动和糖糖谈心。没想到女儿不屑一顾，和妈妈说将来想做一个美妆博主。有次生日，小姨给糖糖送了礼物，孩子没着急打开，而是借爸爸手机，想要录一个"开箱视频"。两口子都感到震惊，从此对手机的看管更紧了。

今年，糖糖就要上一年级，芳子最担心的是女儿早恋。在幼儿园，糖糖已经成了小男生们追捧的对象。据老师说，两个男孩子为了和她拉手，打过架，哥哥果果还带头起哄。芳子最怕的是，糖糖过早发现了美貌的恩赐，她喜欢"跑男"里的Angelababy，她想，这孩子，将来只怕还要做明星梦。

为了对抗手机，母亲辞职了

在这个时代，无论是城市还是乡村，从孩子呱呱坠地之时起，父母与电子产品的抗争，就已开始。

芳子家的孩子们，每年生日都会收到亲戚们送的电子产品，包括点读机、iPad、电话手表以及电子写画板。大多数电子产品，他们玩上一段时间，新鲜劲过了就消停了，唯独"大手机"（iPad）玩不腻，从最开始的宝宝巴士、熊猫识字，一直到后来的和平精英、抖音、快手……电子产品伴随他们成长，密码换成什么样，孩子们都能猜到。后来，芳子借口借给别人上网课，把iPad藏起来，以为能暂时隔绝孩子们的网瘾。直到有一天，她发现事情没有自己想得那么简单——果果两三岁时，有一天，突然蹦出一句"老铁给个双击666！"

这样的事情发生，跟家庭分工有关。芳子一家，原来在农村生活，生下三个孩子后，她继续上班，孩子由公婆照顾。家里紧邻马路，门口常有大车出没，院子也凹凸不平。爷爷奶奶怕孩子们磕着碰着，又怕哭闹，唯一能让他们安安静静坐下的方法，就是看手机。

那时，家里漫长的白天，寻常场景往往是这样的：爷爷坐在板凳上，两条腿一边坐个孩子，三人认认真真，看短视频里那些烂俗的乡事、夸张的表演以及烙饼、化妆、做家具之类的工序。至于芳子买的早教书、儿童玩具、学习iPad，爷爷操作不了，早就积了灰。

时间久了，孩子们的问题逐渐出现——大女儿盼盼不到5岁时，就因为眼睛总是红红的，带去山西眼科医院检查，发现已经近视了，且度数不低。芳子两口子觉得不可思议，家里三代人，没一个近视眼，女儿却这么小就戴上了眼镜。后来她盘算，每次交给自己母亲带时，母亲惯着小孩子，有时候躺着玩儿、趴着玩儿，时间一长视力就越来越差。

芳子的第一反应是和老人对峙，但这样毫无用处，唯一的后果就是让他们的关系变得更差。双方老人文化水平有限、教育理念全无，对孩子的看管还停留在"不哭不闹不受伤就好"，等芳子回家，能还她一个完好无损的孩子，便是他们能完成的所有。

她于是下定决心，辞掉工作，亲自管教孩子，不得不接受命运的安排。

也是直到那时，芳子才开始意识到，在太原农村，手机已经深刻地影响了这一代的小孩。他们不在院子里跳皮筋，不在村里广场上追逐，也不会玩翻绳子、跳格子之类的游戏，每天一节的体育课，自由活动之后，大家都是扎堆站在阴凉处，谈论手机上的内容。

这也不是芳子一人的苦恼，她周围的家长，同样每一天都在面对与手机的争夺。比如她的侄子志斌，年龄要更大一些，已经15岁了，用手机则更像成年人，已经开始了社交。

青春期的志斌，什么都不和父母说，他妈妈偷看手机时才发现，他和几个小伙伴组成了兄弟联盟，他们微信群里谈论的内容广博，包括但不限于班里谁和谁谈恋爱、老师开什么车子、游戏出了什么新装备，以及如何向父母要钱，看得人一阵心惊。

两位母亲每次聊天，都觉得无奈，谈到自己童年的简单，现在诱惑变多，孩子的未来该怎么办？关于手机问题，家长们到底有多焦虑，一个直观的数据是，在百度搜索"如何让小孩戒手机"，会出现上千万个结果，但真正有效的解决方法却很少。

三孩母亲的艰难平衡术

五年前，芳子辞职时，正好到了婚姻的第七年。在这段婚姻里，她一直忍让、坚韧，试图兼顾婚姻、事业和家庭。但这次辞职真正意味着，她一直努力想要维持的平衡，已经被打破了。

芳子的家在太原郊区农村，她和丈夫亮子是自由恋爱。两人是初中同学，毕业后没了联系，后来再遇见、交往。当时她念3+2的财校大专，亮子已经是一名卡车司机。尽管父母十分反对这桩婚事，但芳子爱得炽热，母亲丢下一句"以后你日子过得苦，别来找我们哭"，两人还是结了婚。

芳子的公婆都是本分农民，一辈子没什么积蓄。男方没钱买婚房，只能是把老院子翻盖了几间新房，小家庭和老人同住；彩礼只要了3万元，远低于村里的平均水平；为了结婚，一家子还欠了10多万元的外债，结婚两年才还完。

这些都还可以忍受，但有了第一个孩子之后，芳子才发现老妈的话充满了对生活的洞见：公公务农，婆婆手慢且不注意卫生，她不得不独自带小孩；农村水电不便，三伏天她得一个人在院子里给孩子洗尿布；老公亮子结婚后原形毕露，开始打牌，仅有的休息时间不是陪妻子，而是和朋友喝酒。好不容易熬到了孩子上幼儿园，她进入职场，半年后突然又来了二孩。

想过打掉，但去检查，发现这一胎居然是两个孩子。她濒临崩溃，想过一万种放弃的理由，但最终还是舍不得，只能辞掉当时那份收入还不错的工作，生下了一对龙凤胎，成为全村羡慕的对象，但其中的心酸，"眼泪都能当酒喝"。

六年过去，孩子大了一些，芳子鼓了千遍万遍的勇气，重回职场，不到一个月，却发现儿子沉迷手机，她只能再次中断工作。

在此之前，她连续两年是单位里的先进工作者。自从做了母亲，这种"先进"再无机会展示。在身边人看来，芳子是典型的山西女人，习惯忍耐。根据2019年国家统计年鉴公布的《全国各省离婚数据》，那年山西有9.12万人离婚，排在其后的只剩西藏、新疆、青海等地区。女性一生的悲欢都隐没在家门之内。

回归家庭后，芳子经历了一段相当艰难的时间。

为了让孩子远离手机，她尝试过带他们出去玩，借此转移注意力，也试过教他们把手机当作学习工具，但效果都不好，小孩子们还听不进这些大道理。

相反，手机会让亲子关系更紧张。比如太原方特游乐园开了门，糖糖、果果吵着要去，芳子考虑到秋天来了，玩水怕着凉，推说没开门，明年夏天再带他们去，却被儿子直接识破："抖音上说了，早就开门了，我还看到人家去玩儿了！"从此芳子被扣上了坏妈妈的帽子。

与手机对抗，不能依靠一人之力，需要全家人的配合，但在这方面，作为丈夫和父亲的亮子做得不够。比如芳子不许三个小孩在没做完作业的情况下玩手机、开电视，但每次亮子一回家，就会直接躺在沙发上外放小视频，孩子们边做作业边听，一些短视频里的段子能倒背如流。芳子提醒几次老公，他却不以为意，两人经常为此争吵。

芳子记得，她有过很崩溃的时刻——有一天，她正做着饭，两个小孩子玩手机，哥哥抢妹妹的手机，两人打了起来，哭成一片，一看作业，1小时写了不到10个字；大孩子盼盼大门紧闭，不愿和自己多沟通；老公半夜出车回来，倒头就睡，不参与育儿，也不交流；她生着气，发了一通火，回到厨房，发现饭已经糊了锅。

虽然说是全职妈妈，但她白天并不清闲，还做着微商，一个月能挣上两三千元补贴家用。除此之外，还要承包所有家务、管教孩子……那个夜里，绝望一点点蔓延出来，最后她崩溃大哭，"理解了为什么有女人会带着孩子跳楼"。

妥协，以及将手机作为管教工具

与手机的斗争持续到2021年，芳子的心态发生了改变。她意识到，完全将孩子与手机隔离，是不现实的，它一定会存在于孩子们的生活中，所以她换了一种方式——将手机变成管教工具，接受与它共存。

管教效果最明显的是小儿子果果。手机已经成为他的主人，他调皮，跳断过家里的沙发，打碎过鱼缸，还招惹大狗被咬过，浑身都是伤，给他上药，他哭着不让，一说上完药让他玩手机，他会立马乖乖躺好；姥姥要掏耳朵，他不肯，一用手机做交换，就乖乖枕在姥姥腿上。糖糖也差不多，写作业拖拉，许诺写完作业能看10分钟动画，她就能迅速集中精神。

对于年纪稍大的盼盼来说，手机更是一个必需的工具。盼盼今年六年级，用手机联络父母、打卡学习，已经成了学校的标配。尤其是疫情后，要线上教学、线上交作业，还要线上批改作业、请假，芳子不得不为她准备了一台手机。

盼盼不沉迷，用来查字典、定闹钟、做计算，了解不懂的知识。在芳子面前，她永远乖乖学习，成绩也能考前几名。但关上房门后，芳子听见过盼盼和同学聊微信，说一些"我靠""我去"之类的粗口。知道了，又能如何呢？芳子明白，孩子都要经历这个阶段，家长能管的，始终有限。

生活沉重的时候，这位辛苦的三孩母亲，只能从日常的辛劳里翻出一些甜蜜的瞬间，想着那些生活中温暖的部分。比如，三个孩子还算听话且懂得感恩，大多数时候都是好的，会大声表达"妈妈我爱你"；虽然学习不用功，但成绩都不算太差；老公在家里懒散，但把挣来的钱都尽数上缴，且有了三个孩子之后更是拼命努力，这几年，家里日子已经好过很多，二人的感情在生活的琐碎和风浪中也还算坚固。

芳子有时候觉得，果果玩手机也不完全是坏事一桩——有一天，他竟然能认出《敢死队》里的史泰龙，还指着他的头像一个劲儿喊"龙叔""龙叔"。那天孩子的小姨正好在，她觉得好奇怪，一问芳子才知道果果喜欢看短视频上的科幻电影解说。只要是讲到漫威、讲到科幻类型的电影,他就会看到停不下来。为了测试他能看懂多少,小姨让果果讲述整个故事——他能大差不差地全部说下来,表达能力惊人。

小姨建议姐姐,给儿子报个言语班,将来说不定能成为"名嘴"。果果听了很兴奋,他喜欢讲故事,芳子抱着试试看的心态听从,发现对任何事情三分钟热度的儿子,在表演上展示出难得的专注,几个月前学校的六一活动,果果还做了主持人,每天回家要背超长一段台词,他的心能静下来了。

芳子有时候也反思,除了缺少教育孩子的能力,作为家长,也缺乏时间和态度——

糖糖除了爱打扮,还喜欢做手工,喜欢给芭比娃娃换套裙,给迷你小屋摆设家具,看到她把地下摆得比战场还乱,芳子总是不耐烦地扫成堆;女儿盼盼喜欢烹饪,每次看到芳子给孩子们做蛋挞、做包子总想帮忙,芳子则会冷脸质问她"作业写完了吗";果果喜欢游乐园、公园等,芳子却以自己没独自开车去过市区为由,迟迟不敢迈出第一步,任凭儿子期待落空。

孩子的一切需求,归根到底都是情感的需求。在成人的世界里得不到回应,手机无疑成了最廉价的快乐来源。果果更称《和平精英》为"解压小游戏",现实中爸妈训斥他,游戏里,他就会和网友"开麦"聊天。

即使是在太原这种消费不算高的二线城市,一个三孩家庭,经济压力也不会小。在芳子家里,大女儿有舞蹈、钢琴两门课;小女儿有舞蹈(半途而废)、美术两门课;儿子有跆拳道、书法、语言表演三门课,三个孩子一年的兴趣班,就要花费快10万元。

芳子也想像很多父母一样,能带孩子们去各地旅游、去接触大自然,但是条件有限,答应了好几年的迪士尼乐园,也因为各种原因,没能提上日程。让三个孩子能不愁吃穿地长大,夫妻二人已经耗费了全部时间和金钱。至于能否严格控制孩子与手机的距离，这位母亲，真的已经有心无力。

在今天，如何在手机与生活如此密不可分的情况下，管教我们的孩子，已经不再只是哪位父母独自面临的问题，而是整个社会的集体困境。这一代的家长们，都像芳子一样，试图在开放与克制、忧心与理解之间，达到艰难平衡。

撰 文　李康提

在屏幕里留学

从来没有哪一届留学生会像 2020 至 2021 学年的留学生那样与"屏幕"产生如此深刻的连接。他们隔着屏幕上课，通过屏幕与国内的亲人朋友联系，在一块小小的屏幕上完成社交、购物、毕业、找工作，甚至还能维系一段爱情。

屏幕是世界数字化的重要标志，互联网技术深深地影响了留学生们的生活方式。他们对屏幕有着复杂的情感。一方面他们感到被手机、电脑支配，甚至觉得困在了屏幕里；然而，他们无法想象，倘若没有这些数字平台、工具所带来的便捷，在隔绝时刻，人们是否还能找到其他方式来沟通、生活。

以下是一些被困异国的留学生与屏幕的故事。

网课

2020 年 3 月 15 日，是身在英国高校的刘宏最后一次上线下课程。他的同学，来自津巴布韦的 Molly，穿了一套深黑色的衣服来到教室。此前，她的家人刚刚因感染新冠去世。他记得下课后，班上每个同学都去拥抱了 Molly。

那时刘宏还不完全明白这意味着什么。五天后，他所在的学校启动网课计划。此后超过一年，他和其他留学生们，都将过上一种与屏幕紧密相连的留学生活。

所有的留学生都要上网课。

那时，来自安徽芜湖，在考文垂大学商科金融专业的刘宏刚刚过完 24 岁生日，他抱着一丝侥幸心理，"我觉得就是一阵，会很快过去，花一份钱，体验线上线下双重体验"，"商科的 Seminar 特别多，口语的劣势让我在线下课程特别吃亏。线上课程我就有更多时间去摸索老师在讲什么，不必担心被老师叫起来"。

与网课度过了一周的"蜜月期"之后，他说，"除了开始几节课，其余时间我几乎都处于游离的状态，倒是不用被点名提问了，但是语言问题被更加放大，整堂课下来脑子混乱一片，眼前也一片空白"，伴随而来的是刘宏学习效率的大打折扣，感到无聊时，便"缩放"直播页面，和女友在屋里打游戏。有时候靠着墙坐在床上听课，一不小心沉睡过去。

刘宏如此描述自己典型的一天生活："早晨 9 点醒来打开电脑登上网课页面，饿了就煮点泡面或者火锅，国内的晚饭时间给父母打个电话；若是周末，除了吃饭，几乎不下床。不出门，不去公共厨房，不和人接触，生活用品的采购靠中超的外卖，偶尔在微信群里听说有胆大的留学生外出，大家的留言都带着黑色幽默，说海德公园又要多一张床位了（注：2020 年 4 月底有传言表示，英国政府将在海德公园建立新冠患者的方舱隔离病房）。"

在杜伦大学攻读 MBA（工商管理硕士）课程的赵梦每天使用手机屏幕的时长长达 9 小时，除了上网课外，她疯狂跟人聊天，在各种留学生交流群刷各种最新消息。偶尔困得睡过去了，她也会突然之间坐起来，盯着电脑屏幕发呆许久。

她一度想关掉所有 App 的弹窗提醒，尤其是网课提醒。当各种烦扰一齐涌上来，那就是她崩溃的时刻，除了可见的，还有隐性的——长时间在家自闭导致的情绪不稳定。

她说："室内的我面对着手机屏幕、电脑屏幕、iPad 屏幕，每次屏幕暗下来时黑色的镜面都有我自己的脸。在光亮起来之前，看着自己好像停滞着，而整个世界依然运转着。我只能不停地喝酒，不敢对任何人说，好像不说就是一种自我保护。"

她比刘宏幸运。导师在屏幕那头看出了赵梦的状态，不时会在 WhatsApp 的班级群里@她，也会在网课的留言板内给她鼓掌，甚至在课上说起了简单的几句中文，试图将赵梦从负面的情绪里拖出来。

在论文讨论的私人会议上，除了学术上的指导，导师让赵梦打开摄像头，也不顾她披头散发的模样。开始用口诀教起了英国上层人的西餐礼仪，她也因此分清了西餐餐桌上的五个玻璃杯的各自用途。"White wine，Pudding wine，Red wine，Water and Pop"——她得到了某种程度的拯救。

人人都是孤独的，人人都在寻找一份陪伴。当武汉人郑悦每天坐在电脑前攻克那些难懂的商业术语时，她的外国老公总会抽出空闲陪她听。当时，郑悦正在华盛顿大学攻读商务咨询专业硕士，故乡处在疫情中心，让她分心。

好在老公是一个乐观主义者，总能制造一些开心的事。有时，在郑悦网课听得正起劲的时候，拿手背蹭蹭她的脸，问她老师提及的一些名词解释，还会把家里养的"小 M（一条哈士奇）"从院子里牵进屋故意捣乱，成为课堂上的欢乐时刻。

网购与游戏

当英国杜伦出现第一轮新冠病例之后，赵梦发现当地留学生的微信群内炸开了锅。当天下午，她就去超市买了速冻水饺准备放到冰箱备着，回来之后发现，公共厨房的三个冰箱早已被塞得满满当当。

学生们居家不出，线上购物成了唯一选择。Boots、eBay、Amazon、Gumtree 和中超的线上派送都迎来了客流量最大的时间段。

赵梦说当时有一种特别不真实的感觉，"像是逃难"。Boots 的官网已经全面售空，显示"Sold Out"，eBay 上消毒喷雾涨了近十几倍，狠了狠心买了 25 升的大瓶消毒剂——拿了个小瓶子，加清水掺着用。

赵梦离不开国内的社交媒体和视频网站，它们像是和家乡情感连接的一部分。国外的视频网站往往需要烦琐的付费观看，他们就靠国内的 VPN（代理服务器），以这种方式"翻墙"回国内。

疫情给人们留下了大片的时间空白，网络游戏填充了一些孤独的时间。

22 岁，来自北京，就读于伯明翰大学管理学专业的吴逸投身于单机游戏的世界：他对网游一窍不通，只能依着自己年少时的记忆，下载了一个 GBA 模拟器，玩起了《口袋妖怪》。大概因为实在没什么可玩，无聊的苦难迫切渴求着孤独被屏幕那端的热烈所填充。手机上的《数独》、电脑上的《扫雷》都成了吴逸破解无聊的武器。

通过游戏，吴逸似乎在逐渐找到孤独的破解方式，并且在游戏系统内成了运转的实体，一切是如此让人感动又真实。

线上会议室里的毕业典礼与机器人面试官

疫情之中，从毕业到求职，这样的人生阶段变化，也是在屏幕中完成的。

英国研究生通常是 9 月毕业，正常来说，王琪琪要在 11 月底穿上学士服，在当地教堂内参加毕业典礼。26 岁的王琪琪来自新疆，在考文垂大学学平面设计，她非常在乎这段留学经历。

然而，毕业之际，她得到的通知是线上的虚拟毕业典礼。会议的时间定在北京时间下午6点，王琪琪这时刚拿到隔离宾馆送来的晚饭，忙不急吃上一口，就盯着屏幕，生怕错过点名的环节。

难得到国外念书，却无法亲身体验英国的各种庆祝仪式，包括学习历程中最重要的毕业典礼。想到最遗憾的事情，王琪琪觉得是无法穿上硕士袍，并在典礼现场，亲手接下自己的毕业证书，少了这份仪式感，毕业就像是一场无声无息的告别。

45分钟后，典礼结束了，她望着一个个离开线上会议室里跳出的名字，轻轻点了关闭按钮，随后才想起来，忘记录屏了！"算了，反正也结束了。"几天之后她又反悔了，接连找了几个同学，要到了当天的录像回放。

来自印度的Konica是王琪琪的同学。她从8月论文上传之后，就在期待这场毕业典礼。最初大学并未公布典礼的具体细节，只是用TBD（待讨论）代替了接下来的计划。此时的英国，疫情稍有好转，Konica便网购了一套学士服——蓝色麦穗搭配紫色领带。

线上典礼那天，Konica提前请了假，在屏幕前穿戴整齐地守着。叫到她名字的那一刻，她对着屏幕深深地鞠了一躬。她写了这么一段话："我们这届毕业生，从历史上最悲惨的COVID-19中毕业，但即使我们都在屏幕前，彼此祝福的心并没有缺席。"

除了Konica，中国留学生眼中的"老外"们似乎都在屏幕中找到了自己的"落脚点"，当天群内出现最多的一个单词是"Congratulation"。尽管大家都知道这一场虚拟的毕业典礼总会有缺憾，但在这个特殊时期，两端屏幕里也连接起了留学生们的一份感动。

郑悦在2020年8月得到了第一个面试机会——来自头部咨询公司的一场线上面试会。

下午，郑悦点开面试邀请链接，出乎意料，出现在电脑屏幕上的并不是面试官，而是一个讲解面试流程的视频Demo。

当意识到电脑另一端不是真人时，郑悦一下轻松了很多。对于一个"从疫情时代走来的人，有时候会失去面对面交流的能力"，忽然得知不需要面对陌生人，也不需要"孔雀开屏"似的在短时间内向这个陌生人展示她的个性和优点，郑悦甚至有些窃喜。

电脑屏幕上一侧是面试题目，另一侧是她自己的脸。郑悦有 30 秒钟看题目，30 秒钟准备以及 60 秒钟回答，每道题有三次回答的机会，回答完毕后可自动或手动跳转到下一题。

她觉得与机器人的面试减少了一个影响她面试发挥的"变量"，她不用担心因为面试官的反应不好而紧张影响临场发挥，她只需要将注意力集中在问题上。偶尔思维发散，发现自己的脸似乎不太对称，但也并不影响她流利回答。完成了一系列答题，屏幕上显示"Pass"并且告知会在一周后给到结果。

就在郑悦满心以为生活的转机就要到来的时候，她收到了一封邮件。虽然是一个并不美好的结果，但她不断做新的尝试。

网络电波连接亲情与爱情

2021 年春节，封锁的世界与无法封锁的思念与亲情，通过网络电波组成的沙漏传递。

除夕那天，扎了双尾麻花辫的郑悦和老公在自家的院子里放了简单的烟花，因为害怕被邻居举报，他们选择在半夜 1 点——国内时间下午 5 点。点燃烟花之前，郑悦拨通了母亲的微信视频电话，母女在屏幕的两端相互看了 3 秒，谁都没有说话。

母亲忍不住先开口，用武汉话直言她麻花辫没有打好，都要散掉了。Mike 在屏幕那头看出妻子正在强忍着眼泪，抢着用真诚且滑稽的口音说："她很漂亮，今天。妈妈，新年快乐。"

那天郑悦在社交平台上写了这么一段话："2020 对整个社会来说，

可能都是很焦虑、惊心动魄的一年,太多事情发生了。对我来讲,今年真的是普普通通且平平凡凡,最大的成就是我活了下来,并且现在依然有饭吃,有地方住,有人爱我,还有狗爱我。有工作,没有事业,想来其实已经很幸福了,除了感恩,其余的一切都不重要了。"

赵梦也是通过视频和家人度过了除夕夜。她觉得,几十年不遇的事情,好像就都浓缩在了过去的几个月。

赵梦算是非典型的"留学生"。离开中国前,1991年出生的她在上海有一份不错的工作,年薪保持在30万元上下。选择离开是一件需要勇气的事,这个MBA的头衔是她拼尽全力换来的。但在除夕那天,面对家里人的问候、担心、困惑,连她自己都无法自圆其说。

赵梦当时刚找到工作,拿到了T5签证,电话那头的妹妹偷偷告诉她,自己存了20万元现金。听到这样的话,她登录了自己的手机银行,交完800多英镑的房租后,她只剩1000多英镑了。

那天,赵梦关了视频后一晚上没睡。她从没想过,自己会经历这一切。仿佛之前的生活里的吉光片羽,温暖、平静,都是偶然的——生活在这一年失去了掌控感。

妹妹因为母亲生病打来电话,质问她:"你到底要什么时候才回来,你知不知道你妈现在要做手术了?"听到这里,赵梦的眼泪止不住地往下掉,母亲在电话那头也没忍住,躺在病床上吃力地哽着嗓子:"赵梦,我如果去了……"没等母亲说完,她先挂了电话,借口信号不好,转头打给了自己在国内的闺蜜,接通后,赵梦说:"你什么话都不要说,让我哭一会儿。"

除了亲情,屏幕也承载了留学生之间的爱情,来自上海、在伦敦艺术大学学音乐的彭涛在屏幕两端和女友度过了疫情中的一段异国恋。最长一次视频通话两人打了12小时,两人在小小的手机屏幕面前对视,做着各自的工作。

英国疫情还没有大范围蔓延时,彭涛知道女友喜欢埃里克·克莱普顿（Eric Clapton），偷偷买了他演唱会的票，到了场内才拨通了女友的视频电话，开始了视频直播。女友从埋怨他不懂得照顾自己，到让他注意防护，最后俩人紧紧地将彼此的手放在了摄像头的可即之处。那天，彭涛错过了离开伦敦的末班火车，不过他手还是紧紧攥着手机，电话那端的女友已经睡去，他在等几个小时后，她起床后的那一声"早安"。

就算是睡觉，彭涛也舍不得挂掉电话，他将会把视频画面切换至静音，放在枕头边，女友一有动静，他便拿起手机。国内的女友睡着后，彭涛偶尔会有所思而无所思地往窗外凝望着，桌边放着她在他出国前送的一个杯子，想着"她醒来之后，那里新的一天开始了，似乎比原来更期待疫情结束后的日子，屏幕间的距离或许让我们更觉珍惜"。

尾声·回国

2020年4月开始，刘宏的父母每天都给他打四个视频电话，劝说他回国。

不过，摆在眼前的现实难题是，从3月26日"五个一"政策之后，回国的航班多数被取消，仅有的一些航班不是中转就是需要通过中介加价购买。幸运的是，在父母的一番操作下，5月8日，刘宏拿到了南航直飞广州的机票——5.5万元。但问题在于，中介只抢到了一张票，刘宏只能和女友告别，独自回国。

在上飞机的那一刻，刘宏感受复杂，"有点像叛逃，有点舍不得"。舱门关闭前，他甚至问服务员，能不能下飞机。15小时后，他落地广州白云机场，住进隔壁的酒店隔离。然后第一时间，和在英国的同学开起视频。

回到国内的刘宏，如愿以偿地和亲人团聚了。在父母的安排下，他做了当地行政中心窗口的编外工作人员，也就是俗称的"合同工"，每天整理文件、统计表格。

2021年的除夕夜,家人定了一桌2888元的年夜饭,席间,父母一直向亲友炫耀刘宏"钱多又不用996"的工作。

但经历过困在屏幕里孤独、重复的留学生活后,刘宏不想再做一份同样单调乏味的工作。他背着父母提了离职。和父母大吵一架之后,他开始自己投简历——"不想再做亲戚眼中那个被安排的孩子,也不想再做回国飞机座位上那个后悔、不负责的男人,我想自己有自己的人生。"

王琪琪回到了国内,目前在深圳实习;彭涛于2020年9月毕业,回国,在上海长宁的一家琴行教音乐;Konica和吴逸选择继续读研;郑悦在西雅图一所公立学校找到了数学老师的工作;赵梦没有买到机票,现在仍租住在学校附近的公寓。

好在,赵梦母亲的病好了。赵梦总能想起2020年在杜伦那一天,7月18号,她全副武装走出弥漫着刺鼻消毒水味道的公寓,推开沉重的玻璃门的那一刻,街上那种她原本讨厌的混着大麻味的空气,都显得如此珍贵。

那天她拖着一辆买菜小推车,她记得从超市回来的路上,桥上出现了一道彩虹。

撰文　傅一波

呼叫"虚拟恋人"的年轻人

这是一个"虚拟男友"接单群，我叫瓶子，是一名虚拟男友。

"金牌，连麦1小时，霸道总裁"，手机屏幕亮起，群里面立刻响起回应："1""1""1"……这一单被派给了第一个回复"1"的虚拟男友，他立即会收到客服发来的客户的社交账号，开始接单。服务有不同的等级，金牌、镇店、男神等，不同等级价位不一样，文语和聊天也不一样。

2020年，新冠疫情改变了很多东西，很多本就孤独的年轻人被阻隔在家，只能通过网络寻求慰藉。2020年6月，我考完研，百无聊赖之际，偶然在与朋友的一次聊天中听说了这个新事物："你这声音不错啊，可以去应聘虚拟男友嘛，一定一大票客户。"

我上网检索了一下，发现虚拟恋人最早出现在日本，2014年登陆中国，那时智能手机未完全普及，虚拟恋人就通过短信沟通。随着互联网即时通信技术的普及，虚拟恋人的服务也变得更加多样。我去B站看了一些虚拟男友的视频，看着那些亲昵的称呼、贴心的话语、土味情话，我想我大概知道了这是什么。

但我还是有点无法理解：这个东西明明是虚拟的，为什么有这么大吸引力，能让人心甘情愿花钱去购买？

抱着既好奇又不解的心态，我提供了一段音频给店铺客服。经过了简单的面试，我正式上岗，成了一名虚拟男友。

要哄睡的女孩与天蝎男

大部分下单的女孩想要的是一个幻想中的完美男友。第 38 个客户，恬恬点的是哄睡单，她说只有听到人的声音、有人的陪伴，她才能安心入睡。加上微信好友之后，她要求我关闭空间，说她并不想看到一个真实的人，她还让我换上了一个动漫的头像。

这个要求看似不合常理，对我来说却是见怪不怪了——我很快完成了她的要求。一般来说，女孩们点"虚拟男友"是为了满足对爱情的想象，而每个女孩的想象都是不同的，这些想象可以从她们对于点单的要求上体现出来：比如"霸道总裁"、"渣男音"、"气泡音"（充分放松喉头后的一种发声）、"小奶狗"、"青叔音"（17—25 岁男性的本音）……这些形容词，往往来自网络流行词或是网络小说、网络游戏。

哄睡的方式是，给对方讲故事、读文章，或者是用亲昵的称呼聊天，最终让对方在放松之后睡着。恬恬是个要求不多的女孩，她不用我表现出某一种特质，只要求我定时地重复"宝贝，快点睡吧"这句话。在她叫我的时候，我能回复她，而一旦她睡着了，我就可以挂断电话，不必聊满她点的 1 小时。

恬恬反复说，她只需要有人哄睡，并不期待在雇佣关系之外有更深一层的亲密关系。起初，我和她没太多哄睡外的聊天，要是她实在睡不着，才会问我一些问题。后来熟悉了，才慢慢了解到她一个人生活，身边没有长期稳定的关系，十分渴望陪伴。有段时间，她每天晚上都会下一单。

后来有一天，恬恬突然就消失了。每晚定时定点的"亲密关系"就这样戛然而止，有段时间，我都有点不太习惯。

后来我又遇到了羊羊。羊羊的要求也有些古怪：她点名要一个天蝎座男生。身为天蝎座的我接了这单。

羊羊说，之所以要天蝎座男生，是因为她可能喜欢上了公司里一个天蝎男生，她觉得那个男生对她应该也有意思。有次她主管在的时候，他多看了羊羊两眼，主管当着她面跟他调侃："怎么着，看上人家小姑娘了？"

羊羊相信星座，想要得到一个来自天蝎座男生的答案。她问我："你觉得男生这么做是什么表现？"

围绕这个我素昧平生的天蝎座男生，我们一路聊到她的前男友、她现在实习的公司。这是她研二出来找的第一份实习，她刚刚和谈了几年的前男友分手，渴望从另一份感情中缓解一些失恋的痛苦。

中途，她悄悄去店里面续了好几单。聊完，我才看到客服在群里断断续续发的几条："恭喜瓶子续单半小时"。这时候我才发现自己和她聊了两个多小时。

这些渴望爱与被爱的客户的共同之处是，她们心里都很清楚，对面的"男友"只是自己花钱买来的服务，但她们却心甘情愿地陷入虚幻的泡泡之中，像谈一场真正的恋爱。

秘密树洞

有时候，客户需要的不是完美男友，仅仅是个能倾听秘密的树洞。小九找到我的时候，已经晚上 10 点了，连上麦后，她第一句话是："你能听我说吗？不需要发表意见或者建议，听就行了。"接下来的 50 分钟里，她一边哭，一边讲述了自己和从小学至今的暗恋对象的故事。

那是小九转学后遇到的一个男孩。两人算是青梅竹马,小时候不懂情情爱爱,只知道想一直跟他玩。后来升学,男孩家庭条件好一点,去了市区上学。她很想去找他,却因为种种原因没去成。再后来他出国了,小九发现自己离他越来越远。

男孩交了女朋友,女朋友还知道了小九的存在。一次他女朋友打电话过来,说自己患有抑郁症,曾试图自杀。这么多年,身边的朋友也劝小九,何必呢,不如咬咬牙放下吧。她也想放下,但心里终究空了一块,还是忍不住想起他。

她抽泣着说,当她发现自己离他越来越远的时候,心都碎了。"我知道我可能十分努力也够不上他,他有了女朋友,我也不可能再像以前那样傻傻地幻想了。我现在只希望自己能努力学习,毕业后多赚点钱用来出国读研,我想离他近一点——在自己能够得着的地方。"我能感受到,她迫切地想要找个人倾诉内心汹涌的情感。

我没有多说什么,只是在她说完故事之后不断鼓励她,希望她能早日实现自己的目标。但其实,听完小九将近一个小时的讲述后,我感觉自己仿佛也经历了一遍——也许是因为她的讲述,也许是因为她的情绪,那一个小时,我感觉到了极度的悲伤。我也会感到无能为力,我知道我没办法给出任何有用的解决方案,但或许对小九来说,说出来就好了,至少不用憋在心里。

最后小九说:"谢谢你,我感觉好了很多。"

我这个"树洞"吸纳的不仅仅是悲伤,有时我也能窥探到年轻人生活中一些好玩的切面。比如想让虚拟男友帮忙去打听部门另外一个女生是不是对自己有意思的高中小男生、给自己的死党闺蜜七夕送上孤寡青蛙的姐妹们,也有恶搞自己的朋友,点一首唢呐版配乐 *Astronomia*(《天文学》),然后又被返送回来的订单……完成这些要求的时候,我也会由衷地感到快乐。

感情即时满足的背后

"虚拟男友"服务的兴起,我想和疫情关系很大,学生被迫待在家,拥有无处打发的空闲时间。我第一次接单是在2020年8月1日,按照每周结算一次的频率,赚了1000多块钱。

对我来说,成为一位"虚拟男友"并不容易。我初高中住校,大学在外地,和父母并不亲近。这导致我不擅长袒露自己的情感,也不习惯说亲密的话。我也希望能借这个机会改变自己。

尽管做好了心理准备,等到真正开始做,还是给我带来了很大的心理冲击。要和一个陌生人迅速地进入亲密关系,这是最让我不习惯的地方。在早期的工作中,我面对每一单都投注了强烈的情感,这使得我在结束之后还陷在情绪中,久久走不出来。

我的一个朋友点点也经常点"虚拟男友"。一开始是因为考研复试那会儿,压力实在太大了,就点了。后来一发不可收,陆陆续续点过很多,并且在和其中一个接单的"虚拟男友"长期的交流过程中产生了感情,"当时就是他一直陪着我,然后那段时间确实挺艰难的,他也让我不要再点他了,直接找他就行,后来就一直聊,还蛮开心的,感觉他真的很懂我,最后就在一起了"。现在和点点聊起这件事,她表示可能当时还是因为太想找人谈恋爱了吧,但是现在过了一段时间冷静下来再看这段亲密关系,她觉得可能两个人不太合适。

"我们既没有相同的兴趣爱好,也不在一个地方,这种恋爱想想也挺不靠谱的。我身边的朋友其实也一直劝我放手,现在我的态度也有点消极。"在和她交谈的最后,她一再表示,希望不要诱导一些朋友去重蹈她的覆辙,实际上她也只是一个特例,并且从现状来看当初的决定也不是很好。"其实吧,这些都不能太上心,真上心了,最后一定会伤心。"

但当我接了不少单后,我发现,有时候对面的女生会比我更理智。她们有明确的要求,点完了,满足了就行,不会有过多其他想法。于是，我也逐渐变得"职业"，常常只是重复相同的动作，克制情感的投入。到后面，我并不能真正和对方达成共情，而仅仅是在表演共情。

我会觉得自己像个情感搬运工，但是个没有情感的情感搬运工。对方的快乐、悲伤、愤怒，都在这一段时间内被我装入"瓶子"，结束之后，瓶子被封装好，变成一只漂流瓶，丢入脑海中，不再去回想。

我说服自己的方式是：饿了就得吃东西，好好吃一顿饭是吃，吃一顿快餐也是吃，"虚拟男友"服务就是这样一种短暂的即时满足。但我有时也会感到恐慌：当以后我进入一段正式的亲密关系中，我也会沉浸在这样短暂的即时满足中吗？

离不开的现实

有一天，恬恬又找到了我。她说一直点单也是笔不小的开支，于是她就去贴吧找免费的陪聊对象。

"那为什么又回来点了呢？"我问。

"他还有其他的聊天对象，刚刚一直在找他，他就陪那个聊天对象去了。"恬恬说，"我理解他，但是我就是感觉不舒服，所以还是来找你了。"

在那之后，我发觉她似乎有心事。已是深夜，她丝毫没有睡意，和我分享了一个秘密：她从小就有极其严重的拖延症。不管是老师布置的作业，还是坐高铁、赶飞机，她不受控制地拖延，又因为拖延带来各种麻烦。她也知道自己得改变，但一旦脱离了集体，脱离了规则，她就是没有去做的动力。

说着说着，她的情绪越来越激烈，仿佛积淀了很久的不快，终于能伴随着大哭声爆发出来。后来我才知道，和恬恬聊天那会儿，正是她课程任务的 ddl（最后期限），但她还没有动。面对这堆烂摊子，面对想象中同学老师的失望，面对自己无能为力的愤怒，她崩溃了。

说实话，我不能理解恬恬——事实上，陪聊中会有很多我不能理解的情况——但我知道，共情很难，安慰却很容易。作为"虚拟男友"，有时候并不需要我理解，只需要我去安慰就行了。我哄着她，好让她情绪冷静下来，继续入睡。

我们都清楚，这并不能真正解决恬恬的问题。现实中没有奥特曼，从天而降将困难像怪兽一样打倒。最后，恬恬对我说："我知道，我也解决不了，你也解决不了，我现在很难过。"

有时候我会想象，现实世界中的恬恬怎么样了？互联网时代，人们遇到了任何困境，往往都试图从赛博空间中寻求解决方法。如果说直播是一群人的集体狂欢，那么虚拟恋人就是两个人的烛光晚餐。但当我的陪聊越做越久，我也越来越发觉，不管是集体还是个体的报团取暖，始终还是离不开现实，离不开身体的具体在场。

科幻电影《她》中，感情失败的男主与人工智能相爱，度过了美妙的一段时光，但是面对影片最后人工智能的离去，男主还是选择回归现实世界。

慢慢地，我也发现这份兼职影响到了我正常的生活。"虚拟男友"接单是按块分割的，比如1小时或者半小时，但我不一定能拿出整块时间，或者，我不知道半小时1小时之内会不会有其他重要的事情发生。

更重要的是，我常常觉得自己像个承载感情的容器，亲密关系成了一种表演，我感到空虚和麻木。我也担心现实和虚拟边界的模糊，这种状态会渗透进我的日常生活。

很快，随着高校和中学开学，下单的人越来越少。而我，也是时候回到现实世界了，30人左右的微信群里，我基本都是在潜水，很少接单。

后来，恬恬再也没有找过我。

撰文　瓶子

拿不走手机，如何教养孩子

在一部分人眼中，手机游戏起初是占据孩子的时间，接着是吸走其他一切兴趣爱好，最后扭曲孩子的性格，一个孩子没有了孩子该有的样子。当下人们的声音越来越向资本化的游戏讨伐，可是教育学的经典命题"所有孩子的问题都是父母的问题"提醒我们反思——父母是否在孩子的成长中缺位呢？父母没有童心、缺乏耐心是他们对孩子缺少陪伴和引导的重要原因。一些时候，是家长将孩子推向了虚拟的游戏手机。

中山大学政务学院在读博士生钟瑞利用暑假时间，调研和观察农村回流儿童依赖手机的现状。基于具体案例和事实，我们去讨论，真的是手机毁了孩子吗？

我家那位手机上瘾的小孩

又到暑假，前几天回到湖北潜江农村的家中，发现"神兽"涵涵去补课了。父母把他送去补习班并没有抱着成绩提高多少的期望，主要是"眼不见为净"，让他去补习班混着总比在家没日没夜玩手机强。

涵涵今年13岁，即将上初中，是我的外甥。他身上有现在小孩子突出的老大难问题——手机上瘾。

无论你什么时候见到他，他都是低着头玩手机，游戏玩累了就看抖音短视频。父母不让他玩手机了，他就打开电视看直播。

起初游戏只是占据他的时间，他恨不得不吃不睡，将时间都用来玩游戏。再后来游戏就好像黑暗的"吸星大法"一样，吸走了一切兴趣爱好、体育运动，只剩下空洞的游戏。最后游戏似乎已经扭曲了他的性格，我在他身上完全看不到一个小孩子该有的样子。

小孩子应该是有礼貌、尊老爱幼的，可是他常常口吐"芬芳"，挑衅长辈；小孩子应该是阳光、敢于探索的，可是他只愿意待在家里玩手机；小孩子应该渴望玩耍和户外，可是你怎么约他，他都不为所动；小孩子应该是懂得感恩的，可当你抽出时间为他免费补课时，他反而恶语相向。

姨奶奶说涵涵被游戏毁了，他已经废了。外婆说他还小，再过几年就懂事了。妈妈虽然常常被他气哭，但在朋友圈都说他是"小暖男"。未来他会纠正恶习、奋起直追，还是会毫无改变、一堕再堕呢？

涵涵小时候还是一个虎头虎脑的小可爱，戏剧性的改变似乎发生在他9岁那一年，当时他们举家从外省回到老家，自此他就像变了一个人。

学术界现在很流行对"回流儿童"的研究，涵涵就属于这一类。回流儿童大概的意思是在外打工的父母将子女带在身边，孩子寄养在打工城市一段时间后，由于高考教育制度和户籍管理的排斥，他们一般在小学升初中阶段回到老家上学。

这几年由于沿海城市的产业转移，越来越多的打工父母被迫回到老家发展，也因此有了越来越多的回流儿童群体。

这样一批回流儿童介于"留守儿童"和"流动儿童"之间，他们缺乏身份认同，打工城市不是他的家，老家也不是他的家。他们说不清楚自己是城里人还是农村人。

涵涵也是模糊的身份识别，如果说他是农村孩子，可他住在城市里，上学也在城市里；如果说他是城市小孩，可他不像城市小孩有丰富的课外活动资源，他的社会支持网络全在乡下。

他好像没有享受到城市人的公共服务，他从来不去体育馆、少年宫，他只是在家和学校之间走动。放假了城里的小孩游学、玩耍，他却被带到乡下老家。从空间上讲，他已经进城了；但从社会性上讲，他还在农村，他的综合素质、社会活动严重区隔于城里小孩。

回流儿童的家庭由于打工早、积蓄能力强，提前考虑了子女上学和打工城市留不下的问题后，普遍在县城购买了商品房。回流儿童返乡后一般飘落在县城，而不是农村。

涵涵的父母以前都在青岛的一个汽车厂工作，爸爸是技术工种，月收入能达到1万元。妈妈在一个清闲的车间工作，也能有两三千元的收入。爸爸妈妈是同乡邻村的人，在熟人介绍后结婚了。两个人都是农村出生，学历也都止于初中。即便如此，涵涵的妈妈也不愿意孩子成为留守儿童，一直将涵涵带在身边。

2018年金融危机后许多工厂倒闭，他们的厂正是其中之一，于是他们就回到老家重新找工作。县城的工作机会和教育资源比村里还是好多了。幸好他们在县城房价只有3000元/平方米的时候买了100平方米的房，现在县城房价已经6000元/平方米了。

年轻小夫妻宁愿少攒钱，宁愿多累一点，也不愿意把孩子放在农村让父母带。他们说爷爷奶奶带的小孩子毛病多，可他们自己带的孩子问题也不少。他们说想好好培养孩子，让孩子起码受大学教育，但现在孩子能考个普通高中都有悬念。

涵涵是家里的独子，他是家庭的100%。虽然国家放开了三胎政策，但他的父母连二胎都不想生。虽然想要一个小棉袄，可谁能保证一定是个女儿呢。一个儿子100万，两个儿子怎么办？

当教育的希望破灭时，家庭崩溃也不远了

一个令我痛心的现实是，玩手机的孩子越来越低龄化，幼儿园还不识字的孩子对手机不愿放手，用两只小手抱着手机滑来滑去。

我那些三四岁的外甥，不管是在家还是走亲访友聚在一起，饭后就扎堆在一个有 Wi-Fi 的空间里，有时候是房间的沙发上，有时候是某户有网人家的门槛上。三四个小时里他们像木头人一样，直到晚饭后被各自的父母带回家。

回到家闲下来又开始刷短视频、看直播，他们只是换了一个地方玩手机，由一群人玩手机变为一个人玩手机。

手机毁掉了一个孩子，浪费了家庭在孩子身上的全部投资。当这份承载了家庭发展希望的教育投资失败时，这个家庭也到了破碎的边缘。

我曾经在中部农村调研时听到一名留守妇女在哽咽地抱怨。这位三四十岁的妇女，儿子快要上高中。她以前和老公都在省城的建筑工地打工，老公轧钢筋，她做些小工。上初中后儿子对手机上瘾，也常和不正经的同学混在一起，学习成绩成了班级倒数，爷爷奶奶管不住他。

夫妻两个人商量着挣再多钱，儿子没出息也是白搭，于是夫妻分工，男的继续在工地轧钢筋，女的回来照顾孩子。可她回来也没有起到之前商量的管理效果，儿子要玩起手机来，就像毒瘾发作。

青春期的儿子已经很有力气了，他直接从妈妈手中夺过手机，妈妈被推到地上。儿子就像油盐不进的倔牛，母亲给他讲道理他也不听，采用暴力他也不怕。

在外用血汗挣辛苦费的丈夫对妻子颇有埋怨，认为她专心在家带孩子都做不好，夫妻二人一通话就吵架。这名妇女面对丈夫的不理解、儿子的不争气，反复地说"手机害人"。

不可否认，手机加速了孩子的游戏上瘾。过去人们要凭身份证去网吧，当每小时充钱的电脑游戏被唾手可得的手机游戏取代，孩子们接

触游戏的门槛降低了，只需要一部父母淘汰下来的几百元手机，只需要有网络即可——即使有防沉迷系统，但总是有办法逃脱。

更准确地说，手机加速的是底层家庭孩子的游戏上瘾。这些底层家庭可能是在农村，也可能是在城市的某个角落，但是他们都有共同的特点——父母的综合素质相对低下。父母或者没有时间陪伴孩子，或者没有意识到陪伴孩子的重要性，或者不知道怎么去陪孩子。

当孩子被虚拟的游戏世界吸引时，他们便不再被真实的世界吸引。虚拟的游戏世界不需要出汗，人类共同欣赏的运动美消失了；虚拟的游戏世界不需要用力思考，只需要机械性操作；虚拟的世界掩盖了考学、求职的奋斗过程，只呈现出了动动手指就能实现装备升级。

人的天性趋向于对不费脑的事情上瘾，对于费脑的事情麻木。一个正常人不会生来就对读书上瘾，他只会对看电视、玩游戏上瘾。可前者会让我们优秀，后者则会让我们堕落。可以说，人的大脑是需要刻意训练的，只有经常使用它、刺激它，它才会越来越灵敏。

都在玩手机

资本化的游戏市场虽然对未成年人游戏上瘾有不可推卸的责任，但在针对未成年人玩手游已经有完整规范、政府严管的情形下，父母也应该反思他们是不是对孩子缺少陪伴和引导。

我的一个农村表哥，中专学历，没有结婚以前在工厂上班，结婚后做过外卖骑手，开过小餐馆。他有个正在上幼儿园的儿子，儿子也特别喜欢玩手机，总是吵着奶奶要玩手机，奶奶不给就哭个不停，缠着她不能做事。如果他没有手机，他看哥哥们玩手机，他也能看一下午。

表哥每天下班见到儿子的第一句话就是"作业写了没有？"，工作后疲惫的他回到家就躺在床上玩手机，刷抖音，儿子在另一边玩手机。有时候他会让孩子自己去看会儿书，可孩子看到爸爸都在玩手机，只当耳旁风吹过。

即使在寒假这样有大片时间的时候，我也很少看到表哥陪孩子。他要么在打麻将，要么宁愿自己一个人坐在车里玩手机，也不愿带孩子去乡下大自然走走。

有一些受教育水平有限的年轻父母，尤其是男性，他们好像不会和孩子沟通，不知道怎么陪孩子，把教养责任推给了母亲。

一旦母亲不在场，或者母亲也被麻将、娱乐等吸引的时候，孩子就更容易被手机游戏捕获。在当下普遍的家庭模式里，父亲的权柄和威严正在消失，母亲开始在一个家庭中大包大揽。

父母对孩子陪伴和引导的质量差别，造成了孩子对手机游戏的分层化上瘾。当孩子从父母那里得到好的陪伴时，他们往往会被琴棋书画等活动吸引，好的兴趣一旦养成就会形成好的循环，似乎这普遍发生在家境小康、父母文化素质较高的家庭。

当孩子从父母那里得不到好的陪伴，他们就被游戏陪伴，这似乎更容易发生在为生计奔波、父母文化素质较低的家庭，主要集中在农村家庭。

父母对孩子缺少陪伴除了生存压力挤压了他们时间，更主要的是他们观念还没转变。我承认，这些父母也是社会的弱势群体，他们自身的动能不足，但面对如洪水猛兽般的手机游戏，他们必须迅速转变，装备自己，从游戏世界夺回孩子。

父母可能在经济条件、文化能力等方面存在先天性不平等，但是耐心和童心这两个教养孩子最重要的品质，他们是公平获得的。父母没有了童心，就不会理解小孩子的乐趣，也就没有了陪伴的耐心。

小孩子看田野的小动物都能看好几个小时，父母不愿意在旁边一直陪同，他们宁愿自己打上几小时的麻将，用手机摆平孩子。当孩子玩手机时，他不会乱跑，没有了安全隐患。

我父亲常说，一些父母完全不是在养孩子，而是在养怪兽。只顾自己当时的玩乐,忽略了孩子的世界,这是非常大的教养隐患。

2020年春节,表哥表姐们又聚在一起打麻将,4岁、5岁、10岁的娃娃们低着头、趴在沙发上玩手机。我提议带他们去外面玩,当时我也不知道有什么好玩的,这漫长的一下午该如何度过。

其中的一个孩子一直吵着要去游乐场玩,在他的认知里游乐场最好玩。可这是农村,哪有游乐场。我们走着发现了一个正在抽水的大水管,当我们踩在上面时,它会晃动,水流变大变小。

接着,有个小孩子捡了废弃的啤酒瓶扔进小沟里,它就像漂流瓶一样往下游,我们再跑着把它捡起来。然后,我们又发现了小溪上的独木桥,走来走去很刺激。独木桥后面是一片刚刚翻过的秧田,泥土软软的,我们在上面比赛跑步、比赛蛙跳。

再后来旁边还有许多的小贝壳,我们好像拾得了许多的宝贝。最后,我们还没玩尽兴,家里打电话催我们去吃饭了。

小孩子们那一天衣服全部变得脏兮兮的,给父母带来了很大的洗衣难题,如果他们坐在房间里玩半天手机,父母就不会有这个多余的任务了。通过那一次的带孩体验,我发现陪伴小孩子不需要钱,玩具、游乐场都不是必需的,身边的大自然就够他们探索了。

这一代小孩子虽然生活在农村里,但是他们完全没有了打鱼摸虾、爬树摘果等田野活动。

我的表姐发现他4岁的儿子很喜欢英语,但是她说,这个对父母的口语提了很高的要求,需要父母先学会了再和孩子一起说,她已经力不从心了。

有时候儿子竟然会对她说:"妈妈,我好无聊,你陪我玩会儿手机吧。"虽然妈妈不擅长英语,但是妈妈会玩"吃鸡"游戏。一个孩子渴望妈妈的陪伴,已经退步到玩手机游戏了。

涵涵告诉我,他以前在青岛的时候很快乐,父母有很多时间陪他。那时候他最喜欢父母下班后在小区里陪他骑自行车,他们还会带他去同学家包饺子，还有一次国庆节带他去了青岛最大的海底世界。

可是回老家后，爸爸妈妈工作变得特别忙。妈妈在一家理疗店工作，早上9点出门，晚上快10点才回到家。爸爸也常常要去外地安装电梯。周末有一天的休息时间，他们又和亲戚聚在一起打麻将。

回来后的他也没有了好朋友，他变得无聊了，无聊了就会玩手机，手机玩到要吐，即便没有什么好玩的还是不愿放下手机。他还说他有时候故意惹妈妈生气，就是希望妈妈多关注到他。

孩子们沉迷手机暴露了父母的不称职，也宣告了他们的无奈。现实逼迫现在的父母不能再用他们从上一代习得的放养式教育对待下一代孩子。

在过去，父母不善言辞，不懂得和孩子做朋友，他们虽然放手了，但是学校在托举，农村也还有生机。但现在，农村人口在流失，孩子们成长中缺少同伴。在访谈中一位母亲介绍，他们以前一个村小组好多同龄人，大家放学就一起玩，可到了她孩子这一辈，别说小组了，村里都没几个同龄孩子，孩子没法聚在一起玩，都各自关在家里看电视、玩手机。

如果父母不多陪伴、引导孩子，即便国家强制性管控手机游戏，孩子们仍然会从其他的地方寻找乐趣。每一代人都面临着诱惑，有的时代是电脑游戏，有的时代是武侠小说，有的时代是斗蛐蛐。

教育学的经典命题——所有孩子的问题都是父母的问题，这句话并没有过时。陪伴作为有实质行动、孩子能直接感受到的爱，在"娱乐至死"的当下社会尤其缺乏。

撰文　钟瑞

老人摆摊卖菜，子女家中收钱？

在我们下班路上，在菜市场外围的小摊，又或是某个街头角落，我们常常看到那些佝偻着，手上布满厚茧和沟壑的老人。他们在地上铺上一个皱皱的蛇皮袋，摆上自种的四季蔬菜、小水果……数量不多，刚好一个小三轮自行车的量，价格也亲民，人均交易额五六块。其中一些老人没有智能手机，他们的摊前放着印有子女头像的二维码。那这些老人辛辛苦苦摆摊卖菜，他们自己见不到现钱，事后，儿女会如何和他们分配呢？

中山大学政务学院博士钟瑞观察到这一现象，她想讨论的是，在这一细微现象背后，中国的家庭结构发生了什么样的改变，家庭在朝着什么样的方向转型？当新时代高昂家庭发展成本遇到"恩往下流"（父母照顾子女，单向付出恩情，缺乏双向回馈）的中国父母，它会碰撞出什么？

我也在收父亲的钱

巨变的中国，与之共振的是巨变的社会，不变的家庭用可变的策略来应对社会的变迁。

我其实也是"老人摆摊卖菜,子女在家收钱"的成员之一。有时候,我正在自习室里学习,静音设置下的手机会冒出"嘀,支付宝到账2元"的语音,这甜美的女声打破了安静的氛围,略有一丝丝尴尬。

其中的缘由发生在早几年,也正是移动支付刚刚兴起的时候。父亲负责一所高中的快递收发工作,每次会收取2元的联络费。高中生们不带现金,使用手机扫码。

我隐约地发现年轻人和中老年人在微信和支付宝两大移动支付平台的使用上有差异。中老年人最先开始使用微信支付,现在也以微信支付为主,甚至高龄的老年人只有微信没有支付宝,这也许是依赖于微信强大的社交功能。而年轻人最先使用支付宝,现在也以支付宝支付为主,这也许依赖于支付宝强大的购物、消费、理财等功能。随着当下淘宝线上购物、微信联络渗透到生活的方方面面,使用微信、支付宝的时间差异被抹平了,大家都同时使用两个App。

在当时,父亲并没有支付宝账号,他也没觉得支付宝有多么必要,微信就足够满足他的需要了。那时,支付宝有免费寄送收款二维码贴纸、贴牌的活动,我就顺势寄在了家里,每当学生只有支付宝的时候就扫我的二维码。后面,父亲不想每次网上代买打扰我的学习,他也申请了支付宝账号,但是收款的二维码却一直懒得换,因为在他的观念里,他的迟早都是我的。

我的父亲,作为一个勉强还能跟上智能化时代的中年人,都仍旧在用子女的收款二维码,试想,会有多少跟不上智能化的农村老年人,在做一些小生意时,用的是子女的收款二维码?这些老人真的愿意绝大部分劳动成果,几乎唯一的经济来源支付给子女吗?

为难的给现金请求

一次外出，我和父母恰好看见一个阿婆在卖枇杷，她的枇杷又大又黄，品质真不错。我们当下决定买20元的，正准备扫码付款时，阿婆说："你们如果有现金的话，就给现金吧。不然我爬树摘枇杷、搬出来卖，又见不着钱了。虽说我死了之后钱都是要给子女们的，但是自己手上有活钱，平时想买点东西也方便。钱从子女手上接过来又变了味。年轻人花钱也大手大脚，这点小钱还不够他们在外吃顿饭，可够我攒好久、花好久了。"

在阿婆提出了想要现金付款的请求之后，我们表示非常理解，可遗憾的是，我和父亲手上没有现金，妈妈只有红红的100元，可阿婆又没零钱。这时，我们才发现，原来我们出门很少带现金了，更不会带零钱。过去100元一"打开"就没了，现在100元可以放很久，甚至自己都忘记还有这100块钱。倒是我80岁不会玩智能手机的奶奶还有零钱，果然只有同龄人才在一个社会里。

我想阿婆卖一天的枇杷应该碰不到几个手上有零钱的顾客，她忙活一天，但最后几乎一点也不能直接得到自己的劳动成果。

阿婆是我遇到的第一个明说不想要扫码付款的摆摊老人。此外，也许更多的是一些默认了扫码，只要能卖出去就满足的老人。

在一次和家人晚饭后的日常散步中，我发现有一户老人在洗小菠菜，嫩油油的小菠菜散发出有机、甘甜的信号。老人洗了两竹筐，手工称摆在旁边，看得出来她在为明天的摆摊卖菜做准备。赶早不如赶巧，我当下就决定买一些回家。

可是轻装出门的一家人都只带了手机没有带现金，老人又没有智能手机，只能将10元扫码给老人旁边的儿子。其实我们都很好奇，儿子事后还记不记得且不嫌麻烦地找10元零钱给母亲呢？即便儿子拿出10元给母亲，母亲会接受从儿子手上递来的钱吗？相反，在我的日常生活中常听老人说的是"我的钱都是你的,你们年轻人拿去花吧"。

这一代中老年父母也许是最后一代对子女无限付出的父母,他们似乎从来不知道什么是自己的生活,在他们眼里没有牺牲,一切都是应当的。孩子读书,砸锅卖铁也得供,上大学与否事关孩子的前程;孩子结婚,父母打两份、三份工也得尽量凑足首付、多给彩礼。为人父母的心肠总是向着孩子,更何况在当下的中国社会,大部分农村老年人没有退休金,他们失能失智后,要依赖子女。

我有次在北京郊区平谷调研,谈到子女问题上时,访谈对象眼角湿润了,他觉得自己是没本事的父亲,没有能力尽可能多地帮助孩子。在北京房价低的时候他没有钱,也没有意识为儿子买房,直到这几年,才勉强凑出了最低首付。

这位父亲的哽咽深扎我心,他明明已经尽己所能了,而且他只是一个种桃子的果农啊!中老年父母的孩子有了新生命时,老人甘愿充当那个免费高级保姆。有一位做婆婆的老人向我传授做婆婆的门道——"把媳妇当亲人,不能太远不能太近,她需要我时,我随时上场,她不需要我时,我自觉回家一段时间,只给他们解决问题不给他们添麻烦,也不干涉小年轻的生活。"老人为了带孙子分居两地,或是成为周末夫妻已是常态。他们即使在外地带孙子也想着少用儿女的钱,甚至抽出空闲做零工。

新一代年轻父母则不同,他们买学区房、"鸡娃"、很舍得为孩子花钱,可他们分得清楚自己的生活和孩子的生活,不再可能为了孩子而无限牺牲自己的生活质量。

被糅合的家庭,确定性的分配

用什么来解释这最后一代为子女无限付出的父母呢?我想除了为人父母"恩往下流"的天然情感,还有时代的烙印,计划生育基本国策、高额房价、天价彩礼、智能化技术全部糅进了一个个的家庭里。

计划生育基本国策，大部分执行得好的地区平均一个家庭1.5个孩子，我自己就是独生子女政策的产物之一。在以我为代表的独生子女家庭中，从来不知道什么是不患寡而患不均的公平感。

我从来不担心爸爸妈妈会不会给另外一个弟兄姐妹更多，给我的更少，父母也不担心养老时子女互相推诿。现在的利益在我，未来的责任也在我。

在少子化甚至是独子化的家庭结构里，父母的资源分配具有了确定性。既然最终分配结果可知，那么分配过程则相对弹性，许多父母为了及时讨子女欢心，资源输送的频率越来越快，不会选择在最后一次性给予。而子女作为独生子女，没有家庭资源竞争的焦虑，心安理得地等待父母随时的资源补给。

当时，政策上的强制少生，观念上的重男轻女，导致了一批非自然现象的20世纪80、90年代生男高潮。进入适婚年龄后，男多女少的婚姻市场推高了结婚成本。由于城市化进程加快、政府的土地财政依赖、大众居住质量提升诸多因素，结婚的最主要成本成了买房。买房成了家庭最大的压力，庞大的需求又间接导致房价越推越高。父母那一辈结婚时，两床被子就搞定的事情，现在却是一家人过去的全部积蓄和未来30年的劳动。

结婚不仅是儿女的事情，也是父母的事情，更是父母的"人生任务"，对他们有价值性的意义。如果儿女没有成家，他们总觉得自己的义务还没有尽到，觉得自己的生命不完整，甚至在村庄里抬不起头。而这些所有的结婚成本都转化成了经济压力，倒逼家庭调动所有劳动力，而且是最优配置。能在外挣钱的就在外挣钱，不能在外挣钱的就在家挣钱，在家也挣不了钱的就少花钱。也许这就是中国家庭的韧性，即使时代给了家庭不能承受的发展压力，但他们愿意整合起来提升家庭的战斗力。他们不怕辛苦，就怕没有希望。

代际支持改变埋下的养老隐患

2021年年初的时候，基金大火，理财刮起一阵风。我给父亲推荐了几本书、几个公众号以及实操App。他起初也很有兴趣，过了几天他告诉我"理财很好，但这是你们年轻人的事情了。我学不来了，也不想学了"。还没等我开口"教导"，他接着说："我们这一代人经历的变化太大了，一辈子都在跟着时代赶，赶完这一个又有下一个，稍不留神就被甩出来。上了高中从零学英语，上了大学又开始学计算机，工作了又得学办公软件，现在又得学习智能手机和各种数码产品。"几代人用一两百年才经历的生活科技化普及，他们半辈子就全经历了。社会对他们提出了与时俱进的要求。在机器化操作的银行、自主挂号缴费的医院，经常会有惊慌失措、不自然的中老年人。父母在现代化中处于技术劣势，子女成了他们的帮助者。再加之与子女之间的强经济信任和高金钱容忍度，子女收款无疑成了他们的最佳选择。

也许有人会说，老人摆摊卖菜的钱很少，对家庭构不成什么影响，不值得探讨。可我想说，这笔钱是老人唯一的收入，活钱对于他们来说很重要。也许有人会说，老人自愿扫码给子女，可我想说即使老人自愿，那也是被时代裹挟的自愿。如果有选择，他们一定更愿意像过去在大事上以大额支持，而不是现在的常态化支持。

曾经，老年父母的资产在子女面前是不透明的，到了急需家庭支持时，子女才发现原来自己的父母这么能攒钱。现在，老年父母每日卖菜的收入都透明可见，他们的积蓄能力大大下降。过去在结婚、买房、养育子女这些大事上的关键代际支持变成了日常生活的涓涓细流代际支持。

这有没有可能微弱助长本来就不上进的小年轻啃老呢？会不会造成劳动主体和消费主体的错位呢？虽然"内卷""996"成了流行词汇，它反映了新时代年轻人在社会上的高度竞争压力。

但是有那么一批年轻人，他们主动或被动地选择回老家县城，没有了喘不过气的房贷，也没有了买菜做饭的琐事，县域是他们与现代化焦虑隔离的屏障，父母的支持更是他们体面生活的来源。

在县域层级，消费主体是年轻人，劳动主体却是老年人。在我老家县城，有的年轻人虽然只有三四千的工资，但却开着一二十万的车，经常在外吃饭、唱K。就在他们消费娱乐的间隙，手机端传来到账的哗哗声。无须劳动却可获得收入，前有支出后有进账，这会不会导致年轻人对经济麻木，助长消费冲动呢？

此外，如果年轻人成家以后也依赖父母的经济支持，这会不会抑制小家庭的成长呢？老年父母的即时收入流入子女手中，自身积蓄能力下降。等到他们失能失智以后，没有钱给自己提供保障，儿女若不愿管，他们的养老谁来承担呢？如果出现了不仅仅是个别的年轻人不赡养老人现象，那可能就是社会问题。仅仅归因于年轻人道德感下降过于机械，在"4+2+2"，未来还可能是"4+2+3"的家庭结构下，年轻的小夫妻也没有更多精力照顾老人。

当然这都是比较极端的结果。无论如何，中国父母对子女总是没有怨言的，为子女做得越多越能体现他们的价值。

撰文　钟瑞

四

虚拟亦是真实｜数字场景里的云端新体验

新世代的"数字冲浪"

好莱坞导演詹姆斯·卡梅隆这样描述过自己眼中的"数字革命":"真实和虚拟的数字技术,正在发生一场革命,这场革命给我们制作电影和其他视觉媒体节目的方式,带来了如此深刻的变化,以至于我们只能用出现了一场数字化的文艺复兴运动来描绘它。"

用"数字化的文艺复兴运动"形容数字场景的迭代革新,或许略显矫情,但在"云端"、数字工具里和线上平台中,越来越多的虚拟体验正照进现实,越来越多的生活场景,正在被卡梅隆称为的"革命"所影响、放大、改变甚至重塑。

一个在虚拟和真实中切换、在"云端"和"泥土"间上演的场景时代,到来了。

有豆瓣网友分析过,场景时代的具体含义:

你走在拥挤的人群里,一边听着私人秘书 Siri 跟你报告今天一天的行程安排,一边拨开人群向前赶路。忽然,Siri 停下了唠叨,温柔地跟你说:"老板,你的血糖过低,前面 10 米处是星巴克,要不要去喝杯咖啡,补充一下体能?"

当然,这时候你要么把耳机摘下来:"闭嘴,老子还要赶路,迟到了谁给你充值呀？"要么温文尔雅地走进星巴克："你好，我要一杯星冰乐。"

是的，这就是场景时代，在无数的科幻电影中描述的未来，或许，就是明天。

《即将到来的场景时代》一书中，作者斯考伯和伊斯雷尔就认为，大数据、移动设备、社交媒体、传感器和定位系统，"五位一体"，将促使场景时代的到来。

而在本章中出现的主角们，在真实生活中，参与的又岂止是"五位一体"的数字新场景——

在很长一段时间里，游戏的历史的书写权属于欧美，很少能在这些虚拟时空中，看到中国元素的身影。在当下中国，国潮走红，传统觉醒，一群"兼济天下"的年轻人，在一番对"如果榫卯能做成游戏"的苦思冥想后，在游戏中还原了9000间房的紫禁城，制作出精巧繁复的73种榫卯结构，打造出一个在历史和未来间穿梭的梦境：上古诸神的神力借助科技的力量得以实现，雕刻精细的木轿子取代冰冷的金属轿厢，穿行于云雨、霓虹灯和飞檐斗拱的摩天大楼之间。

在虚拟世界里，他们试图再造一个"中国"。这是一个通过游戏实现文化出海的故事，也是一群年轻人在当代完成"理想报国"的故事。

在这个数字改变生活，虚拟照进现实的时代，我们看见了一名用数字技术，让杨玉环"下凡"的艺术家。在新国潮、新国风盛行的新时期，她用岩彩为小说画封面，把杨玉环的"飞天皮肤"搬上了敦煌壁画。每个"王者荣耀"的游戏玩家，都领略过从壁画中轻盈飞出的杨玉环皮肤。每个沉醉其中的人，已经分不清真实还是虚幻，这也真的不重要——在互联网和数字化构建的"云端"体系里，重新看见传统中国的璀璨文化，这才最重要。

有人在游戏里造皮肤还原传统中国，有人在游戏里带下属激活团队属性。一个40出头的部门领导，在管理、业绩和KPI考核的三重压力之下，毅然放弃"以烟会友"的传统激励方式，另辟蹊径带队"打游戏"。于是，一盘散沙式的 70、80、90 后团队，在虚拟游戏的"内战"过程中，在这个荣耀"王国"中，不仅让我们窥见了"搅局者""逍遥派"和各种"你死我活"，还在虚拟世界中，呈现出了三个世代不同玩家碰撞出来的身份差异，以及其背后蕴含的中国特色职场文化。你可以说这是一次"领导请我打游戏"的虚拟实验，也可以把它看成对职场生态的一次真实记录。

同样在真实和虚拟中穿越的，还有过去一年里，国人对游戏的态度。"网瘾，是家长的问题吗？"这是不少家长遭遇的困惑。基于此，香港大学人类学博士饶一晨从 2014 年起开始做关于网瘾的田野调查。

游戏对于青少年来说究竟是什么？它有什么样的社会功能？为什么有些电子游戏让人欲罢不能？我们的社会需要怎样的游戏、教育和"游戏教育"，来摆脱网瘾的恶性循环？

带着这些问题，饶一晨深入一家网瘾治疗机构，和那些被诊断为网瘾的孩子，开始了一段互相了解和熟悉的时光。在这个过程中，她了解了在现实生活和虚拟世界里穿梭的年轻人的故事，在骨肉情深和代际隔阂间彼此纠缠的两代人的故事。她还讲了一个网瘾少年被禁玩《三国杀》后，自主开发一款"机构杀"桌游的故事。这是一个动人的故事，一个"网戒中心少年开发新游戏"的故事。社会本身是复杂的，一个能让青少年了解和探索社会的好游戏，应该植根并调动他们的能动性。

"孩子如何游戏，是一面镜子，反映的是大人们如何生活。而一个真正的'快乐星球'，不会凭空而来，需要人人都参与建造。"饶一晨的这句话，点出了本章节的一个关键主体："快乐星球"不会说来就来，它需要你我在数字化时代去争取。

和机器人交友，和机器人交心；和机器人恋爱，和机器人做爱。在一个被数字工具填充、被数字生活覆盖的新时代，和机器人"耍朋友"正在成为新世代们的心头好。

于是,这一章中的三个主人公登场了:他们都是"人机之恋"豆瓣小组的组员,都在虚拟世界里寻找到了一个自认为"真实"的智能伴侣。相比"车、马、邮件都慢,一生只够爱一个人"的老派浪漫,新一代年轻人的爱与恨、喜与悲,似乎在数字经济、人工智能和移动互联的新场景中,迎来了比以往更丰富、更立体、更自我的新体验——我们爱的是我们的想象本身,或者,就是我们自己。在虚拟和真实的平行世界里,在线上和线下的不断交错中,我还是"我",但我又不再是"我"。

在游戏里建造"长城""故宫"

在很长一段时间里,游戏的历史的书写权属于欧美,很少能在这些虚拟的时空看到中国元素的身影。历史在最近得到改写:在中国传统文化的召唤下,一些怀揣理想的年轻人,在游戏中还原了9000间房的紫禁城,制作出精巧繁复的73种榫卯结构,甚至打造出一个在历史和未来间穿梭的梦境:上古诸神的神力借助科技的力量得以实现,雕刻精细的木轿子取代冰冷的金属轿厢,穿行于云雨、霓虹灯和飞檐斗拱的摩天大楼之间。

他们试图在虚拟世界里再造一个"中国"。这是一个通过游戏实现文化输出的故事,也是一群年轻人在当代完成"理想报国"的故事。

为什么孙悟空不能复制蜘蛛侠的流行?

2000年,加拿大,17岁的中国留学生田海博遇到了一个上前打招呼的白人。"你是韩国人吗?""不是。""日本人?""不是。"按照他的预期,下一个问题应该是"中国人?"没想到,对方直接转身离开了。

这个画面此后深深地刻在田海博的记忆里,他还能回想起当时自己站在原地时内心的错愕和愤懑。后来他想，也许对方没有任何恶意，也许他已经知道了我是中国人，只不过，在那个韩国流行文化和日本动漫风靡全球的时代，和中国人又可以聊什么话题呢？

他第一次产生这样的感受：是我们自己没有让他们看见。

毕业后，在家人的安排下，原想从事游戏行业的田海博进入了一家建筑国企。在了解建筑知识的过程中，他被"榫卯"——一种在中国古代被发明出来的、利用加工后的凹凸形制自行咬合拼接的建筑构件——深深迷住了。

在一期建筑杂志上，他看到由预制榫卯结构建造起来的苏黎世Tamedia传媒大厦，优美、舒适、环保，但设计师却是一个日本人。

心情复杂的游戏爱好者田海博在手机备忘录上写下：如果榫卯能做成游戏……

2016年，田海博看到，故宫和腾讯合作的NEXT IDEA腾讯创新大赛正在进行。他想，故宫的核心不就是建筑吗？建筑+游戏……那个躺在手机备忘录里多年的"榫卯"等到了重见天日的一天。

这些在虚拟世界里再造"中国"的年轻人，大多都有这样一个故事的开端。他们为上下五千年的中国文化自豪，同时也对它难以在当代重绽光芒而痛心。动态视觉设计师Lei Alucard的《赛博朋克山海经》孕育自一段对话。在电影《蜘蛛侠：平行宇宙》散场时，他听到一个妈妈问孩子：喜不喜欢蜘蛛侠？孩子说喜欢。妈妈又问：喜不喜欢哪吒、孙悟空？小孩子说不喜欢，好土。

那一刻，他觉得："不行，我得去做这个东西。"

虚拟世界从零搭建

中国传统文化如同矿藏，经典浩如烟海。起初，Lei Alucard将目光放在《封神演义》上。但问题是，《封神演义》的内容十分完备，在他给自己规定的"符合原著"的要求下进一步创作的空间十分小。这时候，他接触到《山海经》和相关校注、参考资料，发现里面的描述都十分简洁，这给了他发挥的空间。

靠着飞扬的想象力，在《赛博朋克山海经》里，Lei Alucard 设定了这样一个赛博朋克和中国风交织的故事：一旦出现就会带来瘟疫的袜（即魅）从天界降临人间，而在未来世界，"瘟疫"就是破坏数据、系统的电子病毒；守护一方的孟涂通过机器监测到了异常，在导线缠绕的房间里积蓄着力量——未来科技锻造的两位神明之间的对决，一触即发。

但和巨大发挥空间相伴而来的，是整个虚拟世界从零开始的一点点搭建。Lei Alucard 摸索出来一个小技巧：他把曾经看过的电影、美剧、动漫以及玩过的游戏中符合他想象的镜头，截取出来剪辑成型，再用中国风的物件和元素去替换那些镜头场景里的东西——工艺品替换成神像，显示屏替换成卷轴……这个过程被他称作"逆向思维"。

一部时长 2 分钟、全网播放量 2000 万的"未来神话"就这样建构了出来。

相比找到技巧的 Lei Alucard，游戏团队"国建"则面临着更为具体的困难。在一个叫作《我的世界》的沙盘游戏里，世界由像素化的方块构成，普通玩家们在游戏中搭建房屋，但"国建"要搭建的，是超过 100 个足球场面积、现实中历时 14 年才完工的故宫。

他们早早搭出了故宫建筑群里最核心的三大殿，但种种困难之下，直到 2014 年 12 月，仍然只有这三座宫殿矗立在一片空荡的土地上。19 岁的喵奏就是在这时接手了这个庞大项目。

白天，没有工作的他在家，查阅游客和政要们参观故宫留下的照片，仔细分析、拼接每一处景致。他把梁思成撰写的《清工部〈工程做法则例〉图解》仔细研究了一番，比照卫星地图里宫殿屋顶的占地面积，以及照片中房檐下的斗拱数量，就能推测出建筑的内部构型。

记录清代帝后起居的《清宫述闻》则成为内饰装修的参考。

晚上 8 点，完成了一天工作和学业的玩家们登录上线，喵奏为他们分配工作，大家散开在各处"残垣断壁"，开始垒上今日份的方块。

虽然整个项目过程中有近 200 名玩家在项目中进进出出，但每个月能提供稳定"输出"的玩家只有 10 人左右。有时某个宫殿的负责人毫无征兆地就不再出现在项目里，又或者方块之间的组合在喵奏看来对于原本"信息"的"概括"不是那么好，于是，太和殿和角楼就分别重修了三遍和四遍。

一个人就是一支队伍

在朋友的推荐下，Lei Alucard 的《赛博朋克山海经》受邀参加行业内的三大国际展会之一，但留给 Lei Alucard 的工作时间只有三个月——算下来，平均三天就要完成一个镜头。但出于他对细节的极致追求，有时一个镜头上花费的时间得延长到 5—7 天。

如此做下来，1 帧，也就是二十四分之一秒的画面，还要用一个多小时在软件里渲染。

Lei Alucard 常常是用一台电脑制作，另一台电脑渲染。一个镜头渲染完，马上又有新的需要渲染的镜头能接上。

他辞去了工作，专心捣鼓这一个项目。焦虑在进度条和时间表的间隙里见缝插针地冒出，让他根本睡不着觉；草草闭眼 3 小时，又一骨碌爬起来去做刚刚想到的镜头。最后实在赶不及了，他花了 600 块钱找了一家"渲染农场"外包了部分渲染工作。

"渲染农场"返回给他成果时说："你这片子这么牛逼，下次我不收你钱了，给我插个广告呗？"

参加 NEXT IDEA 腾讯创新大赛的田海博，则在报名参赛时失去了他的队友们。原本他组建了一个小团队，但有成员认为他们不需要靠比赛证明自己，团队很快宣告解散。"但是，"他想，"如果在这里放弃了，今后可能都将和游戏无缘了。"

一个人他也要干。没有美术，就拉着自己朋友跨界过来帮忙。没有程序，就花钱请外包来做。制作成本算下来将近 4 万元——比赛金奖的奖金才 2 万元，发小一边骂他"神经病"一边给他转账支持。在截稿日当天，田海博把自己的游戏交了上去。

他入职了新公司，在一次会议上，他收到了腾讯发来的邮件。他先是看到了"获奖"两个字，就激动得双眼模糊。冷静下来，他看到自己获得的，正是 2 万元的金奖。

命运以自己的方式嘉奖这些年轻人。在田海博忙于其他工作时，他的游戏却收到国内外的各种展览的邀约，引来故宫、敦煌研究院和国家机关的关注。田海博说，其中似乎有种命中注定，每每要进入"歧途"时，总有股力量把他给拽回来，推着他往前走。

2018 年年初，田海博决心再为"榫卯"付出一次。他拿着游戏雏形在咖啡馆里招募人才，组建了现在的公司"东极六感"。他终于把"东方极致"写进了自己的公司名里。

Lei Alucard 的城市视觉设计，还出现在最新播出的《这就是街舞 3》中。熟悉的中国风赛博朋克抵达了更多各式各样的观众。他和几位好友一起，也正在进行着下一个以中国传统文化为内核的项目。"《赛博朋克山海经》我自己评分也就 70 分，下一个会比这个好上两三倍。"

从虚拟抵达现实

过去，喵奏宅在家里，找不到人生的方向。家庭聚会上，家人问他最近在做什么，喵奏只能答"在玩游戏"，或者沉默回应。如今，他在家庭聚会上给父母播放自己的故宫项目的成果视频，父母终于理解他在做的是一件"正经事"。

之后，喵奏和"国建"团队又接手了《手工星球》里的长城项目。得益于腾讯和中国文物保护基金会的帮助，他们可以直接向文物专家请教，也能非常方便地获取到所有的相关文献。这些资料里详尽标注了长城上每一个特别之处，喵奏形容相比于他们自己做的功课，简直就是"降维打击"。

长城的形态中，喵奏最在意也是最着重表现的，就是垛口和坍塌处。他们把长城先完整"建好"，再按现实的原貌拆毁那些部分。"大家只知道八达岭那些开放旅游的长城，都以为长城全是好好的，但实际上它们是破破的。"

他希望玩家们在游戏中，不只是可以游览他们所还原的现实中难以触碰到的长城，特别是淹没在水库下的那部分；更能够直观地看到，现在的长城是什么样子，我们的文物也还需要更多的保护。

在一间木工工坊里，田海博看见一名中年男性自己制作、拼合好了一个榫卯，严丝合缝到拎起悬空也丝毫不会滑动错位，中年男人开心地大笑，田海博突然明白，这才是游戏的乐趣所在。

沿着这个灵感，团队从好几套建筑学的大部头著作中挑出部分榫卯结构，设计成以榫卯为中心的空间解谜游戏《匠木》。在游戏中，玩家们一步一步把手中的木块雕刻成契合的形制，去解开 3D 空间中的"拼图"。谜题得解，用到过这些榫卯结构的经典家具，还会被拆解展示在玩家眼前，并收入玩家的"馆藏"。

田海博的办公桌上有一个 3D 打印的榫卯小台灯。因为一些榫卯结构没有特别合适的对应经典家具，他们就自己去设计一些现代小物件，这个台灯就是其中之一。

在游戏里，田海博和团队按照流传下来的经典榫卯结构，设计了 73 个关卡。而游戏上线三个月后，玩家们自制的关卡已经超过了 4 万个。田海博特别高兴，"说不定就会有那么几个大家创造的榫卯结构，真的能在现实中使用呢？"

  团队里的程序员感慨：入行十年，第一次觉得自己是在做游戏。田海博感到，游戏能够将赛博宇宙和中国文化交织融汇，当然也可以冲破虚拟和现实的界限。这正是他最初对游戏的全部想象：当玩家们面对屏幕，能够"闻得见木香"。

撰　文　张一川

杨玉环"下凡"

莲羊是一名青年艺术家。她毕业于中央美术学院，进过文化和旅游部，画过国画，给游戏公司做过不少CG插画海报。她一度为美术在这个时代的位置感到困惑，也花了很长的一段时间寻找自己在这个时代的位置。

2013年，莲羊接触到了岩彩。岩彩是一种以矿石为颜料来创作的艺术，起源于中国，随宋代水墨画兴起后而边缘化，许多当代中国人不再了解它。

让莲羊意外的是，这几年，新国潮、新国风开始流行。机会来临了。她用岩彩给南派三叔的小说画封面，又和《王者荣耀》合作了杨玉环"飞天皮肤"的敦煌壁画。越来越多的人找到了莲羊，希望她能够将最古老的传统文化元素融入最现代的互联网语言当中。

下凡

2017年，莲羊发了一些个人可见的微博，自我消化迷惘的情绪。

学习岩彩三年了，她很担心，"什么时候这个画种才会被更多人关注和认可？岩彩艺术什么时候才能在中国回归和复兴？"

她的担心不是没有道理。莲羊是一名青年艺术家。岩彩是一门古老的绘画技艺，你可以理解这是一种以矿石为颜料来创作的艺术（这种技艺最为出名的也许是敦煌石窟里的壁画）。这种绘画技艺起源于中国，在唐代达到鼎盛期，随宋代水墨画兴起后而边缘化。后来，岩彩随着佛教绘画传入日本，对日本艺术产生了深远影响，许多当代中国人却不再了解它。

莲羊在 2014 年开始学习岩彩。在这之前，莲羊有过很长一段的困惑期。她毕业于中央美术学院，进过文化和旅游部。后来，她创办工作室，尝试了许多方向：漫画、国画、烧瓷、电脑 CG（Computer Graphics，用计算机绘制图形）插画，但始终没能在商业市场和艺术创作中找到一个合适的位置。

机会意外降临了。

2018 年，《王者荣耀》团队联系上她，说希望她能用岩彩创作一幅游戏人物的出场动画。刚开始听到这个想法，莲羊一直想拒绝。"用岩彩来画游戏 CG，之前都没有人干过，会不会画出来不伦不类？"

后来，《王者荣耀》团队和莲羊见面，系统地聊了聊他们的想法。莲羊才知道，《王者荣耀》是较早想在游戏里推广中国传统文化元素的团队。他们去敦煌研究院取经，给许多老的石窟拍照留档。现在，他们想通过新媒体的方式让敦煌的艺术为更多人所知。他们开发了一些和敦煌相关的游戏，还花了六个月的时间，给《王者荣耀》里的热门角色杨玉环设计出了一套飞天造型，但用电脑画，怎么都感觉差一些味道，他们又去找了敦煌壁画修复师，效果也不尽如人意。

"会岩彩的画不了 CG，会 CG 的画不了岩彩，同时会这两个，也和游戏打过交道的，他们就想到我了。"莲羊说，她同意和《王者荣耀》团队一起做一次尝试。

收到杨玉环的形象后，她开始构思人物的姿势、人物所处的环境。那时她还在东京，有一个自己的工作室。三个月的时间，她待在工作室，面对着一幅长90厘米，宽30厘米的画板。通常来说，岩彩习惯在大面积的画板上创作，不要求细节，更在意色彩和冲击感（就像敦煌壁画给画师的空间是极大的）。这是莲羊第一次在这样小的画板上作画。

岩彩的原料很丰富。莲羊的工作室里放置了几百瓶矿石粉末：玛瑙、朱砂、青金石、雄黄雌黄、孔雀石、珊瑚。材料随着颗粒度不同生成颜色的深浅。绘制一幅岩彩的过程是：先选定一种基底（木、绢、纸、石壁等），再将颜料用胶水粘贴上。通常来说，岩彩有许多胶的种类，比如桃胶、猪皮胶。动物的胶会更为牢固。工业胶不在考虑范围之内——工业胶太容易发黄了。

在反复搭配与考量后，《王者荣耀》团队最终确定了用最能体现莫高窟壁画风情的蓝色系（石青、青金石）与橙色系（铅丹、铁红）的配色方案。莲羊于是在云肌麻纸上大量运用珊瑚、雌黄，在杨玉环的衣服上绘制了不少火焰纹（一些北魏的石窟中，佛像的背光都用了火焰纹来装饰），脖子上戴着璎珞，手持无弦琵琶。点绛唇，红粉妆。

杨玉环就这样"下凡"了。

岩彩画拥有一种立体的语言。矿石层层叠叠，积累到一两毫米后，竹签一勾轮廓，基底的白、金便显露出来。它也是一种追求永恒的艺术。这幅飞天杨玉环如果保存得当，也许千年都不会变色。

紧接着，《王者荣耀》团队将这幅作品变成3D效果。最后，每当玩家使用这款皮肤时，都能看见杨玉环从这幅岩彩壁画中轻盈地飞出来。

这成了当时《王者荣耀》最受欢迎的一款皮肤。岩彩和游戏的合作也被更多人所知。最后，杨玉环这幅岩彩作品还被法国国家博物馆联盟旗下的吉美亚洲博物馆收藏了。

艺术之路中被特别关注的时刻来得并不容易。

"我还是定位做一名艺术家"

莲羊的工作室里有一面屏风。屏风高约2米，长约4米，正面是一幅岩彩画：一条黑龙盘旋在空中。天空是由动物骨皮熬制的胶液混合矿物粉末绘制。龙的身体由黑曜石和铁粉构成，龙角处用了铜箔。用灯光照射屏风，这条黑龙的皮肤亮晶晶的——那是黑曜石的粉末反射的光。另一个有趣的地方在于，岩彩的材料有时并不完全受画家的掌控。这幅画刚刚完成的时候，龙爪是灰色的，随时间流逝，铁粉氧化，龙爪慢慢变成了黄褐色。

这条龙便是莲羊在日本多摩美术大学学习岩彩时的毕业作品。那时，她在日本逛一家博物馆，看到了许多有绘画的纸屏风。她说，自己的第一反应是，"这应该是中国唐代的（艺术）"。

但在国内，很少有博物馆储存这样的屏风，更多的是木艺雕刻的类型。"所以我们不得不去海外看一圈，把它重新拿回来。"

莲羊给这条黑龙取名"东昊"。她早年以画龙出名，有"造龙师"的称号。她的习惯是，每一条龙都需要有自己的字辈和名字。以前，她在王府井办过绘画工作室。那期间画的龙就叫"心"字辈。后来她取了道家的一本字辈谱，接下来的龙就按照谱的顺序命名。不过，当她来到日本后，她觉得这趟旅途就像是唐代的"东渡"，在日本画的龙就都纳入"东"字辈了。

"其实都是古人留下来的东西，但我们的美术史太笼统了，一说中国画，大家以为只剩水墨和工笔了，其实还有很多东西。"莲羊说，"我们现在做的事儿就是把落下的东西再找回来。"

在去日本学习岩彩之前，莲羊花了很长一段时间寻找自己在这个时代的位置。她很小就对传统文化产生了兴趣，常常会搜寻阅读佛家、道家的经典。她也很早开始画龙，起初是那种"只有四个爪爪"

的简笔龙。后来，她考上四川美院附中和中央美术学院，接受了系统的美术教育，素描、水彩、国画，很长一段时间里，她自由生长着。

她考上央美时，中国的设计专业正在快速发展。那是在2004年，北京奥运会之前。她因此选择了设计专业，成为第一批接触到CG、开始学习用Photoshop画画的人。在这个过程中，她接触游戏、插画、编程，也很早开始和游戏公司合作，和《寻仙》《大话西游》这些新兴的游戏合作画插画，设计角色。

渐渐地，她在游戏圈子积累了一些声誉。莲羊毕业时，有游戏公司给她开出了3万一个月的报酬，在当时已算高薪。但她渐渐觉得，行业发展太快、需求太大。Photoshop迅速升级，先是能够做插画，后来又能做动画。插画师速成班出现了，早期是线下班，一个班200人，后来变成线上班，一个班变成了几千人。大量的插画师涌入了插画、电影、游戏、文创行业。

她意识到，自己数十年的美术基本功，被一个PS的按钮轻轻松松地解决了。美术只是一种技术吗？她产生了疑问。

那时她也年轻，有大把的时间去寻找答案。她先进入了文化和旅游部，白天，她按部就班，做着一个文书和行政要做的工作。休息的时间，她仍然在画画。除了持续接一些插画商单，她还想过做漫画家。那也是漫画行业火热的时代，全国各地涌现大量的漫展。她参加了一些《漫友》杂志举办的比赛，还有金龙奖（国内知名的动漫比赛）。但莲羊逐渐发现，在漫画里，美术同样只是一个用来辅佐的工具。评判一本漫画好不好，更重要的是剧情，而不是某一幅画的画面好不好看。

她放弃了做漫画家的想法。不过，在文化和旅游部待了两年后，莲羊还是辞职了，她还是想做一名艺术家。她在王府井开了一个工作室，试图全身心地投入美术。她尝试了许多种类：国画，烧青花瓷，油画。

但很快,她需要面对现实。传统的中国美术圈对一个年轻人并不友好。以国画为例,如果一名年轻人想做出一些名堂来,他唯一的选择便是:拜师,熬资历,加入美术协会,将作品送进画廊和展览,拍卖。这个行业的话语权早已固定。每当莲羊试图将自己的作品送展或是送去拍卖,对方的第一句话总是:"你从哪儿毕业?你的老师是谁?"

她的工作室经营得并不算好。年纪渐长,她总需要寻求家中的物质支持,这让她感到尴尬。在市场那一头,她寻找到经纪公司,靠商业插画维持生计。经纪公司希望她将一本玄幻小说改编成漫画。她尝试画了一册,工作量不小,这个项目最后也夭折了。但在合作过程中,她感到对方始终期待她是一个能够完成行活、可批量生产的角色。她有些抗拒,"我还是定位做一名艺术家"。

学岩彩

那也是中国发展迅猛的几年。在北京,她看到美院附近房子的价格噌噌往上涨,有时她都掏不出来下个月的房租。"你就会发现时代的发展快于你的发展。"她开始疑惑自己的选择,是不是走错了?如果当时进了游戏公司,现在是不是都可以买房了?

好在父母的支持帮助她打消了一些疑虑。父亲对她说,你再坚持创作几年,不要放弃理想。

2013年,莲羊在网上看到一幅画。那幅画是一只猫,色彩鲜艳,又像油画,又像壁画,但不像是电脑创作的。她联系上作者,问他这是什么。作者告诉她,这是岩彩,他的老师刚从日本留学回来,所以他跟着老师学了几年。

莲羊对岩彩产生了兴趣。相比素雅的国画来说,岩彩色彩浓郁,这更符合她的审美。相比欧美的油画来说,岩彩又具有强烈的东方气息。

她打开百度搜索岩彩,发现一共才40多个词条,而且全是批评的声音。那时候美术界仍然有较重的门户之见，会觉得岩彩不是一个正统的画法。还有一些词条内容是敦煌壁画临摹修复班。她并不满足于只是去修复一幅壁画。

画猫的那个作者也告诉她，学习岩彩后，才发现国内没有人知道岩彩，网络上没有人知道，展览和拍卖也不接受这种艺术形式。他正在考虑去游戏公司上班。他对莲羊说："不要学岩彩，岩彩太冷门了，我都改行去做插画 CG 了。"

2015 年年初，莲羊一个人来到了西藏。她包了一辆车，让司机带她去当地最有名的寺庙。她去了不少寺庙，哲蚌寺、色拉寺、扎基寺（在扎基寺，她第一次认识了一位女财神——扎基拉姆，后来，这也成了莲羊一个重要的绘画意象）。到了寺里，她走进去看到那些壁画。"不停地掉眼泪。"她说，"哇，这是我想要的东西。"

那些天里，她在这些寺里从早坐到晚，发呆，或者在高高的山上俯瞰草地和羊湖，思考自己到底想要过什么样的生活。"我是不是应该要结婚了？是不是应该要老老实实地找个地方上班，过日子呢？是我想得太多了吗？"

途中，她遇到了一名会汉语的唐卡画师。唐卡是一种藏族特色的卷轴画，手法类似岩彩（颜料也为矿石），但不同的是，唐卡的绘画主题局限在宗教。那名画师告诉她，唐卡的绘画需要什么石头来磨颜料，用什么胶水。那时莲羊完全搜寻不到任何与此相关的资料。她在画师那儿买了一些颜料。画师还说，西藏应该没有你想要的东西，你想要学习的话，也许要往国际上走。

离开西藏后，她去到四川，回了一趟美院附中。有朋友说，国内只有几个老师在教岩彩，但那几个老师都是日本留学回来的，你为什么不直接去日本？这一句话提醒了她。2015 年 5 月，她下定决心东渡研学考察。后来，她和当时的男友分手，解散了原来的工作团队。

五个月后，她只身一人去了日本。她不会日语，也没有地方住。

央美的一位老师帮助了她，让她住在自己家里过渡。她从头开始，报了一个语言班，备考多摩美术大学，在日本做了一个画廊，让在日本的中国留学生们的作品有一个周转之地。

与此同时，她将自己学习岩彩、创作岩彩的过程更新在了中国的社交平台上。越来越多的人关注到了莲羊。在日本期间，她创作了近百张岩彩，画一张，在微博上更新后就卖掉一张。"里边 80% 都卖掉了，支撑了我整个东渡期间的学费和生活费，连画廊运作的钱都够了。"

后来，那幅画猫的岩彩画作者看到了莲羊的报道。他对莲羊说："没想到你坚持下来了。"

跟着时代走

对于莲羊来说，真正的转折点发生在 2017 年的秋天。一家出版社找过来，希望她能为南派三叔的新书《藏海花》绘制岩彩封面。南派三叔的要求很简单，一座大雪山，一个像蓝宝石的湖泊，墓穴隐藏在其中。出版社觉得，用电脑来画显得太过单薄，用油画又调性不和。他们想要中国传统文化的效果，想到了敦煌壁画，也就是岩彩。

接到出版社电话时，莲羊正和助理在北海道开车游玩。电话挂完，车子"砰"一声，撞上了一头跑着过马路的鹿（在北海道有挺大概率会撞到野生的鹿），车子也报废了。"我说这代价还挺高。"莲羊开玩笑说。

她用水晶粉和蓝铜矿绘制了这副封面。南派三叔一稿就过了。照片用于书的创作，原作由南派三叔收藏。

接着是《王者荣耀》。从那以后，莲羊说，她感到自己被一种力量往一个方向推。越来越多的游戏公司找到了她，希望她能为游戏增添传统文化的元素。那恰好是国潮刚开始兴起的时候。中国元素忽然在各个市场上流行起来：故宫的文创、像李宁这样的国货，还有像《国家宝藏》《中国诗词大会》这些宣扬传统文化的节目。有媒体评价："这是年轻一代对中国文化自信的体现，是各方力量汇聚推动的成果。"

游戏公司和莲羊交流时，他们常常说，希望有新的中国风的元素融入游戏的视觉体系和文化体系里，"《山海经》被太多人用过了，故宫也成了IP，那其实敦煌也是一个非常典型的元素"。

有游戏公司请她用电脑模拟岩彩效果，请她绘制岩彩游戏，甚至是岩彩动画。"比如能不能在电脑上把树模拟成银箔效果，或者是水晶粉的效果。"后来《王者荣耀》又请她为白晶晶皮肤绘制了宣传海报。

莲羊说，游戏行业竞争激烈，现在，所有人都希望能找到一个独一无二的视觉体系，"或者叫话语权体系，大家都想抢先定义什么是'新国潮''新国风'"。

现在，莲羊仍然要面对美术和商业的关系，或者说，美术在这个时代究竟处在一个什么位置？这是一个不可回避的问题。她清楚，有一些人在网上批评她，说她太商业化，一会儿和游戏公司合作，一会儿出书、开培训班。也有一些美院的老师批评她。"老先生还是对商业、市场有些怀疑，对游戏的东西也嗤之以鼻。"

但莲羊现在的想法是，无论如何，这算是一个突破，并且，游戏毕竟是一个大众化媒介，"让岩彩以最快的速度破圈了"。她说，现在越来越多的年轻人知道了岩彩，不像几年前，她在网上都无法搜集到岩彩的资料。

对莲羊来说，她找到了一种介于纯粹艺术和实用主义之间的道路。莲羊提起曾在文化和旅游部工作的经历。有一次，她和一位领导去看画展。领导先去看前言，而她总是将注意力放在作品上，哪儿构图不好，用色不好。但后来，领导和她说，"只有你们画画的一小撮人是这样看画的，世界上更多人，是通过文字，或是其他的辅助说明来看画。"这对她有一些启发。

她对学生们说，大众对艺术家的想象也许是刻板而单一的，比如不食烟火，清高，不沾染铜臭。但在学生们从美术学院毕业后，首先要面对的仍然是如何在这个社会上生存下去。在日本留学时，她得知一个师弟尝试自杀。虽然师弟最后人没事，她还是很自责，为什么没有注意到他的异常。她曾经总觉得，画画是一个很高尚的职业，"但我对这个社会的认知是不是太浅薄了？"以及，为什么没有告诉他这个世界上还有许多条路？

她开办了岩彩教学班，许多学生对她说，岩彩似乎给了他们一条新的道路。"你把他们引向了这条路，那你要不要负责？"因此，她将自己的另一重身份定义成行业开拓者，引进岩彩的优质原料，和云南的非遗产地合作生产岩彩画纸，以及通过跨界和各行各业合作。"让学生们看到其实有很多条路，他们可以靠自己养活自己。"

"我一直在跟着时代走，它也在推我，我也在顺着它走。"她说。

撰文 李冬

边民的互联网世界

车子翻过最后一个垭口，浅丘和绿地从山下铺陈开来，这里是位于金沙江与哈巴雪山中间的一个苹果庄园，没有商业化和如织的游人，一切安静而自然。2021年9月下旬，中国人民大学哲学博士张奕凡在此停留三五天的计划拉长成一个月。

起初这次出行只是去看看朋友、散散心，但待了三五天后这里与喜马拉雅山脉南麓一些地方的风物和景观深深吸引了他。围栏里，现代技术所支撑的苹果树随风摇曳，享受着山谷里充足的水热环境。缺乏娱乐和社交使得这里的年轻人用手机社交平台和自媒体创造出只属于他们的小微亚文化。

看似简单的生活也有其内生的张力和逻辑：庄园与附近村庄的往来和人情往往表现为工作雇佣与报酬，寂静的纳西族村庄少了歌舞的修饰，村民们都在忙着农活和自家的分内事。在庄园里工作的年轻人隔着手机屏幕所连接的是范围更大的本土民族娱乐，或二次元的元宇宙。其中有"自娱"，也有"他娱"。

以下是张奕凡的自述。

"香格里拉"和苹果庄园

1933年,英国小说家詹姆斯·希尔顿在《消失的地平线》中描绘了位于中国群山中神秘的"香格里拉"——一个美好的乌托邦,吸引了大批西方背包客前往滇西北寻找秘境。在国内,滇西北作为"在路上文化""文青情怀"的"重镇"也已有多年。疫情暴发后,在出境受限的大背景下,这样的叙事愈加深化,以至于我在川滇交界处凉山州的偏远山村也能遇到当街直播的主播。这无疑再一次让西南山地核心区域的滇西北走上"他者化"。

谁才是真正的"香格里拉"? Shangri-la究其本质是一个概念,而原本叫作中甸县的现"香格里拉市"实为借壳上市。2001年,云南中甸在与丽江、丙中洛,四川稻城和西藏林芝争夺"香格里拉"的大战中获胜。改变是显著的,更名前后的游客流量有着天壤之别,支柱产业从伐木业到旅游业的蜕变让更多普通民众从中得到了甜头。

2021年9月下旬,我沿着丽江到香格里拉的东环线前往位于三坝纳西族乡的苹果庄园,既定的三五天来访在不经意间变为一整月。这里被造型各异的群山所环绕,森林与草甸分布在果园周围的浅坡上,每日清晨迎着朝阳在山间小道上徜徉,身体似乎回到了18岁。

傍晚,我会到附近的纳西族村庄走访,那里已鲜见纳西族文化的痕迹。村里的老人告诉我,这源自于20世纪六七十年代的动荡,村里的东巴经书被烧毁殆尽,东巴们被批得很厉害;丽江旅游开发后,村里还会做东巴仪式的人都跑去丽江挣钱了。

这是一个安静的村庄,空心化并不厉害,外边的世界不断变化,这里却波澜不惊。在果园农作区和住宿区相连的道路上,一块显眼的大型告示牌上用几句话道明了苹果产业园区的目标和愿景:为本地村民创造就业机会、提高当地人均收入。我停留的时日正是果树丰产的农忙时节,天气晴好时村民们时常在苹果庄园里劳作,与公司的正式员工们相互协作早有默契。

一日夜里闲谈间，苹果庄园经理谢哥对我说："还有什么比'香格里拉'的招牌更珍贵的呢？"设计精美的果品包装盒上用飘逸的字体写出"来自香格里拉的馈赠"，这对于千里之外的江浙沪消费群体来说无疑自带吸引力。

我有幸去村民小贺家做客，他家中的院子布置整齐、种满了花草，小贺递给我几个刚从山上打来的核桃，用石块砸开吃，味道很香。当城里的小朋友在补习班和手机中不能自拔时，小贺的孩子却带我玩起了泥巴。客厅里，女主人炒菜，老人在温热的火塘边看着"抗日神剧"，方寸空间凝聚了所有的家庭成员，这在纳西族村庄里是常态。在离开村子的路上，我看见天空中数不尽的繁星和草丛里扑闪的萤火虫，在生活焦虑的余温中试图找到心里的"香格里拉"。

手机里的"香格里拉"

慢慢地，我意识到，在与"内卷"世界平行存在的苹果庄园里，并不只是外人眼里的岁月静好，这里的每个人都有自身的焦虑。不只是作为外来者的我、千里之外的江浙沪消费群体在寻找"香格里拉"，本地人也在寻找他们的"香格里拉"。有时，这个秘境在手机里。

19岁的小王是苹果庄园里年纪最小的员工，也是香格里拉市沿江（金沙江）某乡镇人士，父亲是汉族，母亲是藏族。他皮肤黝黑，话不多，长得人高马大，因为踏实肯干与所有人关系都不错。

在仓库里帮大家包装果品时，我得知小王还是昆明某职校的在册学生，等着拿毕业证的同时希望赚点钱。在这之前，他曾在昆明斗南花市工作过，但他无法忍受那里遭受剥削（他自己说的）、没日没夜、没有自我空间的工作，便离开了昆明。

因为距离城镇很远，苹果庄园里没有太多娱乐，员工们的高光时刻是去三坝乡吃一顿烤鱼,或在住处生火烧烤一点鲜肉或乡上超市买来的冻品。更多时候,手机是大家主要的娱乐载体,除去微信这样的即时通信软件,抖音和快手等短视频软件占据了大家空闲时间的绝大部分注意力。

午餐和晚餐期间,不同型号的手机外放电影、游戏和短视频的声音此起彼伏,与汉语、藏语和纳西语的交谈声交相呼应,极有赛博朋克的既视感。

一天,小王边吃饭边沉迷于手机。手指滑动间,他已经看了好几集《斗罗大陆》了。对桌的藏族小伙子仁青比小王年长几岁,带着怀旧的心看了好几天的"七龙珠"。俩人边吃边看,还不忘就国产动漫和日本动漫进行一番比较并就各自的观点进行辩论。在小王看来,国产动漫代表了新生代的力量,更符合中国人的兴趣和审美,玄幻的故事情节、丰富的画面色彩和脱离了"五毛特效"的制作水平亦象征着"高大上"和现今国家的强盛。两人目不转睛地看着手机屏幕,也没忘一唱一和地对话。仁青毫无掩藏地告诉大家他甚至会花一些时间看奥特曼,何况是更有吸引力的日本动漫,在仁青的眼里日本动漫代表了儿时的回忆和当下的陪伴。

白天,小王会在公共空间边喝冰可乐,边关注 B 站和今日头条上的时事类节目。他很喜欢军事,希望可以借此了解外面的世界。有时我能听到他手机中不同主播用略带夸张的语气说"欧洲疫情再次失控""美国疫情每日新增病例 *** 例"等类似语句。小王和我说他并没有想出国看看的打算,疫情之前没有去申办护照,现在因为疫情的原因所以也没有这方面的想法。

苹果丰收的季节来临时,劳作结束后大家在路口烤肉犒劳自己,小王常坐在火堆旁,借着疫情防控岗亭微弱的白炽灯,试图追上几百章的玄幻小说。

与个人认同的文化一次又一次连接

在日趋"原子化"的社会生活当中,面临着巨大生活和精神压力的大部分年轻人并未选择"娱乐至死"和"彻底躺平",社会的大浪让他们不得不努力尝试寻找身体和精神的平衡。次仁和勇珠就是这样一对年轻人。

勇珠是藏族姑娘,次仁是傈僳族小伙儿。大山深处的苹果庄园没有公共交通,因而没车的伙伴便与驾车的同时相约出行,次仁和勇珠家乡离得近,两人时常结伴回家,没多久就成了男女朋友。

我注意到,两人在手机娱乐的使用上既有重合点也有完全不同的地方。一次午餐的餐桌上,俩人带着一副耳机在手机上看不久前才上映的国产电影《中国医生》,前几日则是《金刚川》。在你一言我一语中,次仁和勇珠提道:"在这个没有任何对标城市的娱乐和夜生活的山谷里,自娱自乐是最好的选择,偶尔一起在手机上看看电影还能增进感情,毕竟电影院里的高票房电影也一定不会差。"或许是这些热血澎湃、宏大叙事的爱国主义电影带来的视觉冲击吸引了工作疲惫期的年轻人。

更多的时候,两人各自摆弄手机。在这个藏族自治州,打开抖音和快手便会自动弹跳出若干藏族歌舞的视频,隔壁四川省甘孜州的丁真火了一把后,迪庆州的"次仁"和"卓玛"(代指藏地的年轻男女)们也跃跃欲试。勇珠是庄园里的实验员,做实验之余她打开手机观看家乡同胞的藏歌藏舞的短视频和直播,并且时不时跟着哼上一小段。勇珠的老家塔城镇是迪庆州旅游和民宿产业发展的高地,收入的大幅提高也让家乡人成了自媒体时代民族歌舞娱乐输出的"排头兵",勇珠总是提到家乡的闺蜜做直播带货搞得风生水起,但她直言这不是她个人的兴趣所在,也并不擅长在线上抛头露面作表演,而看到家乡老友出现在手机屏幕上总能知道知道他们的新近状态,算是与家乡通过线上的"再次连接",好歹也能缓解乡愁。

在传统意义上,迪庆州并非藏文化的核心区域,在藏文化的创造力和影响力上也远不如隔壁的四川省甘孜州,我看到勇珠内心的矛盾所在,在特殊文化地理区域和生活方式改变的滚滚洪流中,这里的年轻人在努力找寻着自身的文化定位。

傈僳族小伙子次仁能说一口流利的藏语和傈僳语,搭他的车出入庄园时,车里动感的新派藏歌和一路上的搓板路段加在一起像一个流动的藏地"朗玛厅",在我近乎晕车的时候次仁的歌声总是能救我一把。

次仁是个勤学肯干的农机技师,农忙时常是忙得不可开交,他的愿望是早日安家立业、少一些经济上的负担。我特别能理解在所剩不多的空闲时间里,次仁对自媒体上藏族歌舞短视频和直播的热爱,在娱乐有限、条件有限的深山里,与个人所认同的文化一次又一次地连接或许是最直接的放松和消遣。性情直爽的次仁告诉我:"没有什么比听藏歌更让人放松的了。"

一日太阳西下时,我从窗边看见次仁和勇珠放着藏歌出去散步,我也情不自禁地打开了短视频,开始欣赏线上的藏族歌舞表演。

撰文　张奕凡

那些选择电竞的年轻人

2016年9月，教育部公布13个增补专业，其中包括"电子竞技运动与管理"，意味着"电竞专业"成为正式教育的一部分。2018年，广州市白云工商技师学院成为首批开设该专业的大专院校之一。2021年6月，该校第一批电竞专业的三年制大专学生迎来毕业。

什么样的学生会选择来学电竞专业？什么样的老师会成为这些学生的引路人？一个全新专业的培养体系是如何建设的？第一届毕业生会走向何方？5月下旬，我们深度探访了该校电竞专业毕业班的学生与老师。以下是这些选择将"电竞"作为生活道路的年轻人的故事。

白云工商技师学院电子竞技运动与管理专业教师陈建新给这些选择电竞专业的孩子做了一个丝毫不让人意外的画像：在现有教育体系下，他们大部分人都可以被称作"网瘾少年"。他们沉迷游戏、逃课上网、学习成绩差……站在中考高考这种可以称作人生第一个"十字路口"的节点上，这群被定义成"网瘾少年"的孩子，他们的"十字路口"好像比别人要窄得多。和"好学生"光明的前途相比，等待他们的似乎只有成为最底层打工者的命运。而对于那些不甘于此的人来说，在为数不多的"救命稻草"里，就读电竞专业自然就成了最唾手可得的那一根。

"坏孩子"的天空

第一实训楼里，位于五楼尽头的这间电竞训练室几乎从来没有在晚上 11 点之前锁过门。陈建新调侃说："所以他们都觉得我们搞电竞的是怪胎，好像从来不用睡觉的。"这个大概 20 平方米的房间里摆放着八台电脑，从早到晚都很热闹，偶尔校队也会在这里进行每晚的日常训练。

在训练室前方最显眼的地方，五枚第二届王者荣耀全国大赛广东省赛的冠军奖牌一字排开，和比赛得到的奖品：《王者荣耀》游戏人物手办摆放在一起。学生不定期更换漂亮手办，最近被摆上去的是《王者荣耀》中王昭君英雄的皮肤：凤凰于飞——它们不仅象征着荣誉，也是一种抬眼就能看到的激励。

晚上 8 点钟，电竞训练室房门虚掩，噼啪作响的键盘敲击声从门缝里源源不断地溜出来，被空旷黢黑的走廊无限放大。

和每个平常的夜晚一样，灯火通明的教室里，校队的成员们正在这里训练。他们坐成一排，视线死死盯着屏幕上各自操控的游戏人物。右手高频率点击鼠标，左手手指在键盘最左侧的几个键帽上来回跳跃。电竞专业 2018 级毕业生、实习教师黄梓豪站在他们身后，嘴里反复强调着几个词：配合、沟通、执行力。

黄梓豪身上戴着几个很有意思的"第一"头衔。他是该校电竞专业成立后的第一名学生，也是这个专业第一位留在学校当老师的毕业生。现在他的工作之一是负责校队日常训练，给队员们复盘当天训练赛暴露的问题。

成为职业选手，似乎是大多数电竞专业新生所追求的终极梦想。而对于黄梓豪来说，这个梦想来得要比同龄人早很多。12 岁那年，黄梓豪上小学五年级。那时候他学习成绩很好，家里人给他买了一台电脑作为奖励。正是这台电脑，让他推开了游戏世界的门。上初一之后，小伙伴带他玩《英雄联盟》，他没过多久便陷入其中。"当时看了很多游戏比赛的视频，觉得屏幕上的职业选手打游戏时很酷。"他想成为那样的人。

有了目标之后，打游戏就不再只是娱乐那么简单。他开始有意识地"上分"，开始琢磨怎么才能把排名打到更靠前。就这样从初一打到初三，学习成绩一落千丈，曾经的好学生变成了"网瘾少年"。为了打游戏，黄梓豪没少和家里人起冲突。吵架、被拔网线这些都是家常便饭，也不知道挨了多少回揍。但是那时候的他只想打职业，什么都拦不住他。

2016年，黄梓豪初三毕业，父亲执意把他送到外地更好的学校读高中。他干脆对父亲说："我就是不想去读高中，你把我送到哪里都没用。"

"那时候我只想找个离家远点的地方打游戏，去哪里都可以，只要不去读高中。"但是一个只会打游戏的初中毕业生，显然还不能够在社会上立足。书还是要继续念下去，他开始寻找适合自己的路。那是2016年，电子竞技还没有被作为一门学科，这个怀揣着电竞梦的少年多少显得有点生不逢时。

一次上网，黄梓豪无意中看到一个叫作"动漫游戏设计"的专业。"和现在进电竞专业的大多数学生差不多，我当时也以为这个专业会教我打游戏，然后就来广州上学了。"就这样带着误解进入学校，他又阴差阳错地报错了专业。"开始以为来这是打游戏的，结果学了两年Adobe全家桶。"

黄梓豪在农村长大，小学、初中也都是在村子里的学校就读。打游戏是他为数不多的乐趣，也承载着他对"外面的世界"的向往。当真正走出家门、来到广州之后，巨大的新鲜感瞬间吞没了他。"我脑子一片空白，眼睛里全是些之前没见过的东西。"他开始把更多时间投入社团活动和学生会。

"其实从 2017 年开始,我是一直在跟自己作斗争的。我经常会想,是继续坚持打职业呢,还是多锻炼一下自己,成为更好的人,不要以后只会打游戏。"他开始重新审视自己长久以来坚持的电竞梦想。

　　2018 年 9 月,在多媒体专业学了两年的黄梓豪准备找公司实习。一天,班主任告诉他,学校马上要开设电竞专业。听到这个消息之后,黄梓豪觉得能够抓住点儿什么。他第一时间给父亲打了电话,跟他说自己想转到电竞专业,继续读下去。

　　在黄梓豪的记忆中,父亲一直是比较严厉的角色。"一般我做错事,他都会说'不可以、不能这样做,爸爸帮你选一条路,你来走'。"当时,他已经做好被拒绝的准备,没想到父亲一口应允。黄梓豪现在把这件事归结为自己运气比较好。"可能是因为父亲当时做成了一笔生意,比较开心,才会这么果断答应我。"

　　就这样,黄梓豪成了电竞专业的第一位学生。

　　进入这个行业之后,他开始真正认识到成为职业选手这条路有多么艰难。他安慰自己:"如果真的做不到,那我放下就好了,反正这个行业里面也不止打职业一条路可以走。"但是作为一个从 14 岁就梦想成为职业选手的人,放下哪有那么容易。他还是会努力上分、进校队,就算不能成为职业选手,他也要在高校里打出点名堂。

　　如今,作为实习教师,黄梓豪的日常变成训练那些有潜力成为职业选手的校队学生。三年前,他也像现在这样,带着自己成为职业电竞选手的梦想坐在这个地方。

承认自己是个普通人是很难的事

　　5 月 20 日下午一点半,电竞室一侧的导播间里,洪明泰正趴在桌子上睡觉。半小时后,这里将举办一场《王者荣耀》师生对抗赛,并且现场进行对外直播、解说,俨然一场正规的小型比赛,刚满 18 岁的洪明泰是这场比赛的总负责人。前一晚，他忙了一个通宵，安排场地、调试设备，这会儿实在顶不住了。此刻，在他身后，两个同学正在讨论怎么能快速叫醒他。没过多久，一个同学趴在他耳朵边轻轻说了一句："两点了。"话音刚落，洪明泰"腾"的一下从椅子上站了起来。

这场比赛一共有八支队伍参与，成员都是学校电竞专业的学生和老师。洪明泰和四五名同学坐在电竞室尽头那间不到4平方米的导播室里，进行着最后的准备工作。他面前的桌子上摆满复杂的导播设备，他手指熟练地在各个按钮之间来回挪动。随着开场时间临近，房间里的气氛陡然变得紧张起来。

"开始倒数，3、2、1，音乐起，镜头推上去，要给到位。"他手持对讲机不时对赛场下的工作人员发出指令，那种从容娴熟不像是属于一个18岁的少年。此时电竞室内准时响起开场音乐，第一支队伍上场，摄影师按照洪明泰的指示地把镜头推了上去。在这场预计需要6小时的比赛里，作为总负责人，他必须全神贯注。

和钟情于《英雄联盟》《穿越火线》这种游戏的同龄人不一样，洪明泰从小只喜欢去电玩城打那种老式的街机游戏。初中辍学之后，有一段时间他没日没夜地打，从游戏厅开门一直打到关门。14岁时，认识了现在的女朋友，两个人一起打，然后拿到了《头文字D》广州赛区的冠军。开始有俱乐部邀请他参加青训，他去待了两三天就跑路了。"强度太大了，没意思，也受不了。"但那次经历让他看到了电竞产业幕后的东西，相对于坐在前面打游戏，后台那些复杂的导播设备、摄影机反而更能激发他的兴趣，这是他选电竞专业的理由。

洪明泰是这个专业里少有的那种对成为职业选手没什么兴趣的人，他没有经历过其他同学那样的"醒悟"过程，对自己有明确的认知和规划。相较于成为职业选手，他更享受待在幕后掌控一场比赛的感觉。入学没多久，他就负责了学校第一届电竞比赛的导播工作。

2019年学校电竞馆成立之后，洪明泰拥有了一个属于自己的"办公间"。在老师看来，洪明泰是这个专业里难得的人才。"整个广州电竞圈子都知道这个人，他毕业后可以去任何想去的赛事公司工作。"

目前，洪明泰已经组建了自己的团队，成员都是班上的同学，他们开始承接一些校外的商业赛事。未来他希望自己能够进入一家真正有志于开拓电竞市场的公司，为广州的电竞行业做一些事情。

"学生们一开始都想成为职业电竞选手，很大程度上是因为在这个行业里他们只能看得到电竞选手，但其实是幕后那些我们看不到的人默默支撑起了整个产业。"陈建新说，学校曾经对电竞专业的新生做过一项调查，至少有95%的新生选择电竞专业的第一目标是成为职业选手，像洪明泰这样的学生是另外5%。

一个退役职业电竞选手选择做一名教师

2020年12月16日，电子竞技被列入杭州亚运会正式项目的新闻，对于职业选手出身，如今转行从事电竞教育的陈建新来说，就好像一剂肾上腺素猛地注入他的身体。那天晚上，他第一时间把这个消息转发到了朋友圈，并且写道：正式项目、正式项目、正式项目。

陈建新坐在工位上，头顶正对着墙上的"白云电竞"四个大字和logo，桌子上摆着一个"2019年度最受欢迎教师"的奖杯和印有EDG战队标志的音箱。很多上过陈建新课的学生都喜欢喊他老陈。

陈建新3岁开始打红白机，7岁玩网络游戏，13岁第一次参加《魔兽争霸》比赛就拿到了青年组冠军，此后的少年时期都浸泡在《魔兽》和CS（《反恐精英》）里，绝对算得上资深游戏玩家。上大学之后，因为学校网不好，陈建新变得很少玩游戏。而且那时候他又找到了新的兴趣所在：玩乐队，他担任吉他手兼编曲，课余时间基本都花费在搞音乐上面。游戏这个曾经在他生活中占据中心位的东西，此刻正一点一点淡去。

转机出现在 2017 年。

那一年，学会计出身的陈建新正面临毕业前的抉择，他仔细琢磨了一段时间，得出的结论是会计这个行业不适合他，所以也不打算出去找工作。那时候陈建新有大把的时间，他又一次迷上了游戏，开始钟情于刚发布不久的《绝地求生》。刚开始只是打着玩儿、消磨时间，慢慢他发现自己成绩还不错，就开始有意识地冲排名。

"那时候为了冲排名，没日没夜地打，从睁眼开始一直打到闭眼，到最后已经没有什么时间概念了，"就这样他一鼓作气把排名打到了亚服第三。在不久后的一个下午，陈建新接到了那通无数电竞爱好者都梦寐以求的电话。对方是上海的一家电竞俱乐部，邀请他去试训。这是一张通向职业电竞选手阵营的入场券，陈建新想都没想就去了。

在俱乐部青训营，一个只有 13 岁的男孩彻底刷新了陈建新的认知。这个小队员在游戏中轻而易举就能打出的高难度操作让陈建新意识到，他们之间的差距已经不是技术能够弥补的，而是另一种与生俱来的东西。"那种差距是很恐怖的，我自己能够感受到这种东西。"陈建新从来不否认天赋的存在，但那可能是他第一次真正感受到"天赋"这种东西对于一个职业电竞选手的意义。

从那以后，陈建新不止一次提起这个 13 岁的男孩。他这样定义"天才选手"：他们可以在不经意间打出我们这辈子都无法完成的操作，但是他们只会觉得"有手就行"。勤奋固然重要，但是在电子竞技这个极端需要天赋的行业里，当勤奋到达极限，一丝天赋的差距，带来的就是结果的天壤之别。"有的人反应速度就是快，有的人手脑协调性就是好，这不是刻苦训练就能得到的，你没有办法。"

那时候陈建新已经 24 岁，这在职业电竞选手里面已经算绝对"大龄"的存在。年龄成了横在陈建新面前一条无法逾越的鸿沟。他清楚地知道，自己已经错过了打职业的黄金时段。俱乐部老板也很坦诚地

四　虚拟亦是真实｜数字场景里的云端新体验

告诉陈建新，以他的年纪，作为职业选手已经没有太大的签约价值。但是希望他能够留在俱乐部，帮他管理青训营。但陈建新觉得，这已经背离了他最初的想法。

在这家俱乐部打了将近一年比赛之后，陈建新加入了 VSPN（英雄体育），从职业选手转到幕后做赛事执行。那一年射击游戏《绝地求生》火爆全球，大大小小的赛事接踵而至。凭借在俱乐部的经验和人脉，陈建新几乎参加了上海地区全部比赛的现场执行工作，真正开始走进电竞产业。

成为电竞专业教师，在陈建新看来是一个很机缘巧合的过程。他本科就读于广东技术师范大学，紧邻白云工商技师学院。在一次回学校办手续的过程中，陈建新得知隔壁学校开设了电竞专业而且正在招老师，就想去试试。凭借着自己的赛事举办经验和职业选手履历，陈建新成功了。

作为一个新兴学科，电竞专业目前面临的重要问题之一就是教师资源紧缺。广州白云工商技师学院电竞专业一共有 16 个班级，780 多名学生，但是专职教师只有 12 位。和陈建新一样，这些教师也都是从电竞产业的各个领域转型而来。在陈建新看来，拥有电竞产业从业经验，是成为电竞专业教师必不可少的条件。"对于专科学校来说，电竞专业和其他专业一样，都是很注重实操的。我们这个专业不是拿来研究的，而是要教给学生实用的技能。"在这个大前提之下，教师所拥有的专业经验就显得尤为重要。

不同于其他专业可以通过师范学校定向培养的方式提供教师资源，电竞专业作为一个独立学科出现至今不到五年时间，总体还处于一个自由生长的阶段。"学生们在学习怎样成为一个好的电竞人，我们也在学习怎样成为好的老师，这是一个互相学习和提升的过程。"

与 90 后的陈建新不同，他所教的 00 后这一代学生的游戏习惯已经从电脑端转移到移动端。学校曾做过一份调研，发现《王者荣耀》

玩家占总学生人数的 90% 以上，其中 50% 以上学生选择将《王者荣耀》作为主要发展方向。而作为电脑端 MOBA（多人在线战术竞技游戏）游戏的代表作，《英雄联盟》在电竞专业学生中的玩家比例从 2018 年的 80% 锐减到 2020 年的 20%。目前，电竞专业《王者荣耀》校队共有正式队伍 3 支，预备队伍 6 支。

2020 年 10 月，电竞专业的学生们承办了《王者荣耀》高校联赛在广州的分站赛，最终校队的 WDG 战队从 30 支队伍中胜出，拿下冠军。这次与腾讯电竞之间的校企合作实操演练，涵盖了电竞专业三年里所要教给学生的主要内容。整个比赛，从前期筹备报名、赛中赛程协调、主持解说、拍摄服务到赛后总结等全程事项均由学生自主策划筹备。

"你们电竞专业到底在教什么？"

5 月 21 日，周五，下午三点半，一对母子走进了训练室。在来这里之前，他们已经去重庆、上海考察过几所学校的电竞专业。

站在一旁的孩子像做了错事一样低着头，说话声音小到几乎听不见，看上去不善言谈。在被问到战绩排名的时候，一旁的妈妈接过话："他的那个号被我封掉了。"聊到最后，脸上挂着无奈的母亲坐在电竞椅上道明来意："我来这里其实就想知道一个问题，你们电竞专业到底在教什么？"

从业三年间，陈建新遇到过太多这种场景。

"很少有父母愿意去了解什么是电竞产业，他们对于电竞产业的认知就是他们自己孩子在家打游戏时的样子。大部分父母同意孩子学电竞，不是因为对这个专业有多么了解或者看好，而是出于对孩子的爱和妥协。"同为电竞专业老师的桂军很清楚地记得一位学生家长见到他时说的第一句话："我很不赞成他来这里，我很不赞成他学这个专业,我很看不惯他打这个游戏,但是他一定要来这里,我没有办法。"

从最开始,电竞专业就一直被误解与非议围绕。"直到现在,还有很多人以为电竞专业就是教学生打游戏。但其实在我们的课程设置中,真正能算作打游戏的课只占到20%。"在学校的课表上,游戏解说、电竞赛事运营与管理、赛事策划方案编写等占了很大比重。院校电竞专业与电竞选手培训有很大差别,高校开设电子竞技专业,主要任务并不是培养职业玩家,而是培养电子竞技管理与游戏策划方面、传媒方面的人才。

电竞产业在长期的蓬勃发展之后,已经围绕着电竞比赛形成了一套完整的产业岗位体系,在一场比赛中,职业电竞选手、裁判员、解说员、领队、活动导演、导播等岗位人员都各司其职,共同影响着一场电竞比赛的呈现质量。因为产业的实际需求,目前国内电竞产业的教育体系,都是围绕着这些岗位体系进行课程设置的。在陈建新看来,"能把他们从一个只想打游戏、只会打游戏的人引导转变成愿意从事幕后工作、为电竞产业的发展付出一份努力的专业人才,我觉得我们的教育就是成功的"。

对于一个新专业来说,课程教材不容忽视。随着电竞行业的发展,大量院校相继开设电竞相关的专业或方向。由于电竞教育积累不足,院校教学与行业发展脱钩,电竞教育亟需专业电竞教材和内容。

2019年,在海南举办的全球电竞运动峰会上,腾讯电竞联合超竞教育发布了由业界专家和学界专家参与,行业深度调研后的首批电子竞技创新示范教材——《电子竞技产业概论》《电子竞技用户分析》《电子竞技运动概论》等,目前,这部分通识教材作为主力理论教材在电竞专业的课堂上使用。

然而,作为伴随电竞专业而生的全新专业课程,配套的教材还远远不够。如游戏数据分析、电竞新媒体、游戏解说等课程。腾讯电竞在2020年公布了其主编的四本专业类教材作为补充,包括赛事运营、俱乐部运营、赛事导播、运动心理学等具体的专业领域。行业不断变化，仍然空缺的教材，学校需要灵活应对，带课老师会亲自上手，结合经验总结出第一手"资料"。陈建新说，学校每年都会根据市场需求和变动修改人才培养方案，到现在已经进行了三次修改，目前使用的是4.0版本。

不认命的人

在这套体系下，学生们在经历最初一年的"醒悟"后，会逐渐意识到自己应该走的路是哪一条，但这个世界总是不缺不认命的人。

在电竞圈，"路人王"这个词被用来形容那些水平在大多数人之上，但还不够打职业的玩家。20岁的何文忠不甘心当"路人王"，他只想成为职业选手。

何文忠是内蒙古人，来广州前，他已经在当地的一所院校学了三年电竞。"现在想想，但凡是在行业里有点名气的人，有谁会想要跑到内蒙古去教电竞呢？"说到"内蒙古"三个字的时候，他明显拖长了音调。在那所学校，他没学到什么东西，度过了放养式的三年，唯一的收获是拿到了《英雄联盟》全国高校联赛内蒙古赛区的冠军。

刚上初中那会儿，何文忠还不打游戏，学习成绩也不错。直到他喜欢上一个女孩，就再也没有心思学习。何文忠很少和别人提起这件事情，他觉得这是他的"黑历史"。像所有青春期懵懂的感情一样，这件事情后来自然是无疾而终。那以后不久，他开始打游戏。第一次打是在初二，那次在亲戚家，他连续打了6小时《穿越火线》。因为有轻微的3D眩晕，打完之后他从椅子上站起来直接吐了。打了没几次，他觉得这个游戏不适合他。"就是一个人突然跑出来，然后你开枪打死他，没什么意思。"

他在《英雄联盟》里获得了一种"如鱼得水"的感觉。那时候家里没有电脑，他只能周末跑到网吧打上几局。但即使这样，他的游戏段位也很快超过了周围的同学。从那时起，他认定自己很适合玩这款游戏。初中毕业那年，何文忠刚好赶上有几所学校开设第一批电竞专业。他跟家里说想选这个专业的时候，父亲对他说了一句话："你可以选择你自己要走的路，但是如果后悔了不要埋怨我们。"

"选电竞这个专业我确实也从来没有后悔过。如果没有选这条路，我可能和大多数人一样，读一个差不多的大学，找一份没什么意思的工作，过一个普普通通的人生。但是我觉得人生还是要与众不同一些，不管是好的人生还是坏的人生，都是要与众不同一点才有意思。"他坚持学电竞，不是因为有多么热爱打游戏，更多的是他觉得电竞能够给他一个从人群中挣脱出来的机会。

"我从内蒙古跑到这里来学电竞，只是因为我觉得自己能打出成绩。我其实不是游戏狂，你看我壁纸就知道我真正感兴趣的是什么。"他掏出手机摁亮屏幕，上面是一张日本动漫的照片。在他的宿舍里贴了很多动漫人物的照片，就连打游戏用的耳机，也是一个日本动漫出的周边产品。和大多数他这个年纪的学生不同，他对"游戏"和"电竞"这两样东西区分得很清楚。"游戏你打腻了可以说不玩就不玩了，但是电竞不行。你都选电竞了，就算打腻了你也要坚持打下去。你的每个操作都只有一个目的，就是为了赢。"

进学校没多久，何文忠就凭借自己的战绩排名进入了学校的《英雄联盟》战队，每天晚上和高年级的同学们一起训练。最近他从队友那里听说，过几天会有两个新人来和他争夺校队成员的位置，这让他感觉到了不小的压力。他开始更加努力地训练，每天在宿舍和电竞教室之间两点一线，唯一的念头就是上分。

如果按照一般电竞选手16岁青训，17岁开始打职业，23岁左右退役的时间线来说，留给何文忠用成为"职业选手"来证明自己的时间已经不多了，他也感受到了这种危机。"有时候会有一种时不我待的感觉,自己要是能够晚出生两年就好了。"

"如果最后没能成为职业选手,你要怎么办呢?"当被问到这个问题的时候,何文忠停顿了一下。"应该会很失落吧,毕竟我坚持了这么久,就是想用电竞来证明自己。"

金字塔尖的人,幕后的人,做直播的人

在电竞专业 2018 级的所有毕业生当中,邵天满是为数不多能够站上金字塔最顶端的人。他目前在京东电竞俱乐部,是《英雄联盟》手游战队的一名职业选手,每个月至少有 1 万块钱固定收入。

一个人到底要怎么做,才能成为职业选手?邵天满在回顾了他的成长历程后,给出了自己的答案:得用脑子去打。"你需要回过头去看自己打过的每一场游戏,仔细去想想当时为什么会这么打、有没有更好的打法。要多去思考,光闷头打是没用的。"在他看来,高强度训练只能提高操作的熟练度,对提升技战术水平而言没有太大意义。而对于被很多电竞专业学生视为无法逾越的鸿沟的"游戏天赋",邵天满也给出了完全不同的理解。"我觉得天赋在成为职业选手的过程中其实只占一小部分,因为别人的很多努力你根本看不到,你只是会觉得他有天赋。"

和选择读电竞专业的绝大部分人一样,邵天满最初的梦想也是成为职业选手。2018 年,作为第一批"吃螃蟹"的人,邵天满有着自己的担忧。他担心自己到最后不但没成为职业选手,反而把最好的青春都浪费在了游戏上。进了学校之后,他发现课程设置里面大部分都和电竞幕后工作有关,"打游戏"只是那些少数有希望做职业选手的同学的事情。他松了一口气,觉得就算打不成职业,也可以去做幕后,反正不至于没工作。因为游戏玩得好,邵天满在入校不久就被老师记住了。2019 年,他帮助陈建新组建起了电竞专业第一支校队,开始在

各种电竞比赛中崭露头角。

2020年6月,邵天满面临着毕业前一年的实习阶段。他先是应聘到清远市电子竞技协会,成为一名电竞教练。那时候他19岁,他无法接受自己只能做一个普通人。"我觉得自己还很年轻,不应该就这样甘于平凡,还有机会往职业选手的方向试一试。"在把《王者荣耀》巅峰赛排名打进全国前100之后,他如愿以偿地收到了一家电竞俱乐部的邀请。一个多月之后,《英雄联盟》手游国际服上线。有教练找到他,希望他能去试训。那是一款全新的游戏,他打了几个月但成绩一直不是很好。春节回家之后,他干脆"闭关修炼"。那段时间他平均每天打六七个小时,脑子里只装着一件事:如何变得更强。"闭关"两个月之后,他把游戏排名打到了前200,不断有新的俱乐部向他抛来橄榄枝。

"职业选手"这个称号起初对邵天满来说只是一个遥远的梦,当真正做到之后,他觉得自己已经完成了人生的理想。对他来说,现在最重要的事情就是打进《英雄联盟》手游的第一届联赛。在电竞职业选手短暂的黄金年龄里,这是他们成为"明星选手"为数不多的宝贵机会。

郭天富选择了一条和邵天满截然不同的路。他的高考成绩可以去上一个"二本",他完全可以有更多选择,但却选择了电竞。郭天富现在已经无法给出一个笃定的答案。"可能高中的时候有些叛逆,也喜欢打游戏。又刚好赶上学校开设电竞专业,然后就来了。"

郭天富有明确的发展目标:赛事直播。他也热爱游戏,但是这种热爱只是单纯地享受打游戏的快乐。从入学第一年开始,他就通过学校的渠道开始参与一些赛事直转播工作。经过两年多的学习实践,现在他已经在上海一家电竞赛事公司,成了真正的电竞赛事直转播工作者。

"相对于其他行业,电竞这行其实目前还没有那么规范。有太多像我们这样怀着满腔热血进来,结果发现薪资、待遇和外界所认为的都相差太多。"虽然在上海从事电竞工作,但郭天富现在每个月的工资只有6500块,其中包括200块补贴。他的微信头像里有一句话:交代给我的工作居然远远超过我的薪水。在电竞行业实习快一年之后,他开始对这个新兴产业有了自己的了解和认知。"幕后工作最开始大家的收入都很低,这个行业比较看中的是资历和经验,只要能力够就可以。"然后他顿了一下,"当然,大厂除外。"他前段时间曾经尝试跳槽到一家互联网大厂,最后因为学历原因被刷掉了。

虽然经历了一点挫折,但他最近依然在准备跳槽,他希望能够在这个行业里找到更好的去处。"把兴趣发展成工作可能是最好的选择,干起来没那么累。"最近他正在参与一款大型游戏的赛事直播,连续好几天都忙到凌晨。对他来说,幕后工作让他始终保持着和游戏恰到好处的距离。

在电竞专业里,女生是绝对稀缺的存在,这在所有学校都适用。用陈建新的话说,是"百里挑一"。就像一提到"网瘾少年",大家最开始想到的都是黑网吧里那些盯着屏幕双眼冒光的"坏小子"一样。谌雅婷是2018级毕业班仅有的两个女孩子之一。

但其实谌雅婷开始打游戏,也或多或少是因为那些"坏小子"。初一那年,谌雅婷第一次从班里的男生口中听说"LOL"。她觉得有趣,就让他们带她一起玩。很长一段时间,谌雅婷天天在网吧通宵,最疯狂的一次她连续打了20多小时,然后直接趴在网吧里睡着了。

做游戏直播一开始是为了好玩儿,随着看的人越来越多,慢慢有了收入,她觉得好像可以作为一个职业发展下去。选择电竞专业也是出于这个目的,她希望能够学一些跟电竞解说、主持有关的知识,另外也可以提高自己的游戏水平。家里人对于她的决定虽然支持,但终归还是放心不下女儿。谌雅婷的妈妈跟着她从长沙来到广州,做了一个学期的陪读。

如今，谌雅婷已经是一个直播平台的签约游戏主播，每个月的收入甚至超过了身为俱乐部职业选手的邵天满。关于未来，谌雅婷还没有太多的规划，现在的生活状态让她觉得很满足。

6月，电竞专业首届毕业班38名学生将陆续返回学校领取毕业证，正式结束学生身份，投身社会。在这样一个并无前迹可循的行业里，他们能够翻出什么样的水花？至少，有一天，他们不会再面对"你们这行是不是就天天打游戏"这种问题。

撰文　高宁

他们在微信对歌，歌唱从未远离

夜幕降临，26岁的白族青年歌手段保杰坐到镜头前。灯光昏暗，光秃秃的木质背景板上挂着四个虚线拼成的汉字——"剑川白曲"，显得有些简陋。

比起讲究起承转合、视听体验的专业演出，段保杰长达两个半小时的直播显然并未经过精心安排。十几首白族调谣曲被几乎没有停歇的三弦弹奏紧密地"粘"在一起，间或穿插着以民族语言进行的寒暄，对象大多是他现实中的朋友、街坊，兴致到了可以直接连麦对唱，歌声便裹挟着笑声热闹地回荡。

乡土社会人情往来的鲜活气息迅速包围随机加入的听众，但不同于大多数热衷于积极互动的网红，段保杰只会偶尔略显生疏地用"谢谢啊""点亮一下小红心"招呼他们。手机屏幕连接着的广阔虚拟空间仿佛归于无形，或者，自娱本就是这次直播的意义，而非为观看与点赞而存在。

在段保杰生活的云南省大理州剑川县沙溪镇石龙村，白族调、霸王鞭、本子曲等当地非物质文化遗产正以如出一辙的方式在移动社交平台生根发芽，探索与日常生活的联结：对歌由当地的"音乐盛典"

石宝山歌会扩散到微信群中，通过每条 1 分钟左右的语音消息"唱所欲言"，新冠肺炎防控知识、远离赌博的重要性，都可以即兴成曲；白族调传承人石龙七哥则在自己的短视频账号中用民族语言玩起时下风靡的小剧场，在此之前，石龙村村民李根繁曾表示："剑川人最怕说普通话。"

通过移动社交平台的加持，技术含量有限的制作设备，与专业水准存在距离的吟唱、弹奏，甚至地方色彩浓重的咬字，反而为民间音乐带来了"此刻在场"的真实感。更重要的是，普通个体因此走在了民俗学者与文化馆前面，在这场事关传统文化的传播运动中取得主动权。近十年间，云南大学新闻学院教授孙信茹无数次前往石龙村做田野调查，长期关注信息通信技术如何影响少数民族村落。

在她看来，变化并非"从天而降"，石龙村村民也不仅仅是被改变的对象。"当你用历史的眼光去观察，会发现在不同的时代，他们都与媒介保持密切接触，并主动地利用媒介去传播自身的文化。"孙信茹说，技术会持续带来新的交往与互动方式，促成新的社会网络，这比传统文化本身更令她着迷。

以下是孙信茹口述。

文艺"复兴"

石龙村不大，却是非常著名的白族民俗文化村，拥有 20 多位非遗传承人。迄今为止，我已经在那里做了十几年田野调查，每年也会带学生去参加一些研究项目。正因为如此，我见证了移动通信技术如何改变这个少数民族村落。

从 2007 年开始，互联网在石龙村开始出现，无论是私人住宅还是小卖部这样的公共场所，都竞相安装 Wi-Fi，根据我们的调查，到 2017 年左右，已经有 40% 左右的家庭在使用 Wi-Fi。与此同时，智能手机扮演着村民们尤其是年轻人的"新宠"。

大概是在 2019 年,当短视频 App 全面流行起来,你会发现一个特别明显的变化:过去与白族结合在一起的场景,可能是田间地头辛苦劳作之余的小憩,或者是晚间围着篝火,抱着三弦的恣意唱跳。包括剑川在白族人心目中其实是类似地区文化中心的存在,来自不同乡镇的白族百姓会自发地赶来参加石宝山歌会。然而现在这些场景已经逐渐地"迁移到手机里"。

歌唱因此具备了非常大的灵活性。我印象非常深的是,石龙村有座本主庙,许多民俗活动会在本主庙里的戏台上举行。新冠肺炎疫情暴发后,受居家隔离、限制聚集的政策影响,本主庙里的活动被一概取消,石宝山歌会能否顺利举行,也牵动着村民的神经。但微信群里的对歌,快手上的直播和短视频上传仍然在如常进行,如果你一直是通过线上这条途径关注石龙村的话,几乎感受不到疫情带来了多么明显的影响。

也正是借由微信对歌群和短视频直播,民族民间音乐的热度远远超乎你的想象,仿佛在互联网技术的加持下经历了某种形式的"复兴"。我并不完全认可这种说法。

以石龙村为例,现在的许多所谓"非遗传承人",其实是过去因技艺精湛而被村民们推举出来的"歌王"。从 20 世纪 80 年代开始,他们就在有意识地利用媒介来助力自己的歌唱事业。我访问过拥有石龙村第一台录音机的那个村民,石宝山歌会一开,他就拎着录音机上山去,把对歌中精彩的唱段录下来,拿回家里反复地聆听、学习,再把自己的演唱录下来拿出去交流。

而 20 世纪 90 年代出现了录像机和 VCD(激光压缩视盘)机之后,"歌王"们开始试着制作自己的演唱录影带,再把录像带、碟片保留下来拿出去卖。无论是电脑、移动硬盘还是"小蜜蜂"——一种随身播放设备,不仅音量够大,内存卡也可以保存数量可观的曲目,我发现民间文化和媒介之间的紧密关联,其实一直都在。

那么从另一个角度来看,石龙村是一个自然地理和经济条件都相对不错的村落,充满生活气息。虽然年轻人外出打工的不少,但基本处于离乡不离土的状态,与公众认知中的空心化村落存在较大差别。而且我之前提到,石龙村民族文化的底蕴非常深厚,官方包装和推广也很积极,这些都可以看作民间音乐成长的沃土。而民间音乐一旦获得了可观的受众,又可以把村庄凝聚得更紧密。

所以我经常会跟我学生说,不要因为我们研究传播学,就去夸大媒介的作用,忽略其他更复杂的维度。换言之,我比较同意媒介与文化之间的相互作用,即一方面我们可能会看到移动社交平台改变了村落里的物质与精神生活,另一方面,良好的传统文化底蕴也使得村落具备了在移动社交平台上迅速"出圈"的条件。

"情歌王子"与"石龙村微商第一人"

加入微信对歌群是有讲究的。

一般情况下,成员们会选情歌,大家在现实中彼此都熟,如果差了辈分,那对唱起来就尴尬了。所以石龙村民更倾向挑其他乡县的群,至少这个群里的成员住得不能离自己太近。可见,新的线上平台促使石龙村民作出了新的社交、互动尝试。

类似地,虽然在传播中掌握话语权的村民和传统意义上的社会精英是重合的,比如说,只有最早富起来的那批有经济实力的村民才会去购买类似DVD(数字激光视盘)机的"先进"设备,然后传说中的"歌王"可能就是村长本人,但是你仍然可以看到新的媒介形态怎样去改变村里的权力结构,怎样去重新分配社会资本。

我对李繁昌印象很深刻。

他有两个标签,一个是粉丝们封的"情歌王子",另一个是"石龙村微商第一人"。为什么呢？因为他脑子灵，看到山上有很多菌子，游客们慕名而来，就和旅游公司搞了个合作，先让游客体验捡菌子，再把他们带到农家乐吃饭，席间自己出来表演白族调。积攒人气之后，他顺势做了微商，在游客和本地特产之间建立了联系，收入状况很不错。换言之，尽管他年纪轻轻，但就是因为热衷于玩社交软件，又掌握了一些技术，所以迅速在既有的村庄权力结构中取得突破。当然，他之所以能成为微商，和自己打响招牌的硬本事——白族调和霸王鞭肯定是分不开的。

所以在研究过程中，我统计了微信群的数量，并且作了分类，能看到几十个群有同学群、老乡群，有的涉及政治生活。我发现个体与村庄的联结方式变得复杂、多元，甚至构成了纵横交错的线上网络。依托于这个网络，一些以往被"消音"的群体逐渐有了曝光度。

以女性为例，其实传统的白族女性要承担非常繁重的家务和农活，还要照顾老人和孩子。而且受到文化影响，她们在公共生活中是不占据中心位置的，像传统的节日祭祀，基本上没有参与的机会。但是我发现许多石龙村女性不仅热衷直播和线上对歌，还自己开了小群。

在使用社交媒体方面，女人们反而走在前列，活跃度高，年龄跨度也大，结了婚的，甚至年纪大的，都表现出浓厚兴趣。我的学生做博士论文时就见过一个老太太，80多岁了，玩起手机来得心应手，还对孙女说："给我买一部新的智能手机吧，我也想看人唱歌，体验一下视频直播究竟是啥。"我想她们也许非常渴望被聆听，渴望获得一个另类空间去表达自己。

不能把文化抽离于具体的人和生活情境

在没有资本加持的情况下，对歌群和直播的影响力其实有限。也许在真正的"网红"看来，"情歌王子"们那数万粉丝根本微不足道，更别提大多数民歌爱好者还未必有这样的人气。与此同时，民歌爱好者们呈现出的作品数量巨多，但质量参差不齐。

我们如何评价这种现象，取决于我们采取什么样的视角。谈到非物质文化遗产的传承，我们可能会不自觉地采取自上而下的精英视角，关注点在于去复刻，保存文化最"地道""纯正"的状态，将那个尊崇为标准。但作为一个用社会学／人类学视角去考量世界的研究者，我会认为民间文化是生活在特定地区、社群中的人们的生活状态的呈现，本身就来自基层，也不可能保持静止不变。

我记得之前在其他普米族村落做田野调查的时候，有个小伙子给我推荐了一个网络人气歌曲，叫《下定决心回家耕田种地》。视频我看了，有点恶搞。但按照小伙子的说法，这歌"唱到他心坎里去了"。因为他父亲已经去世了，考虑到要为母亲分担持家重任，他不能去太远的地方打工，最稳妥的选择就是回家，但又觉得面对外面的那么多诱惑，真的心有不甘。所以反复听歌的过程中，他很能把自己代入歌曲的情境中，也就发现了其中的意义。

所以当我们谈论文化，一定不能把它抽离于具体的人和生活情境。我认为这个启示是具有广泛意义的。比如说，我们可能会急于去给对歌群或者直播下定义，看看它们是属于"公共生活"还是"私人生活"范畴。这个我觉得真的大可不必。

因为类似的猜想，我们在电视时代也曾经有过。结果我们发现，电视最初在少数民族村落里出现的时候，村民们会聚集到那个有条件购买电视的人家里去看新闻、看剧，看电视在这个阶段显然是"准公共生活"。但是，当电视越来越普及，它对应的场景可能是客厅，是晚饭后坐在一起放松的家人，又变得私密化了。

就像我们试着去考量短视频直播、微信群所凝聚的那个社交空间和传统村落生活空间之间的关系，结果发现二者并没有清晰的界线，是以"嵌入"的形式整合在一起的。后者承载的人际网络迁移到前者的同时，前者也在对后者进行重塑。可见深深根植在我们认知中的那些以二元对立形式组合起来的学术概念，并不完全适用于现实，但很显然，只有扎根于具体的情境、具体的样本，它们才具有意义。

另一方面，"少数民族"这个标签不应该成为我们田野调查时过分强调差异，或夸大研究结论的普适性的理由。我也曾长期观察过一个普米族村落，那个村落则是通过家族公共事务，比如说红白喜事凝聚起来的。村民会跟你讲，不管我走多远，我打工怎么忙，我们家里肯定会留一个人帮忙处理这些公共事务，必要时我会亲自回来帮忙，而不是简简单单随个红包。因为如果我不这样做，以后我家的红白喜事就没人帮了。我们从石龙村得出的结论，在这里就不适用了。

在我看来，"文化"固然是一个抽象、宏大的概念，但如果无限细分，可能每个个体都拥有一套属于他们自己的独特"文化"，所以最重要的还是具体问题具体分析。

撰文　卢楠

在"瘾"的世界里,游戏不是单一敌人

2021年7月,香港大学人类学博士饶一晨在"一席"作了《网瘾少年与网瘾中年》的演讲。

演讲结束后,有一位现场听讲的母亲找到他,连珠炮似的抛出了一连串问题。

"照你这么说,网瘾主要还是家长的问题?"

"可是这些游戏真的很可恶,设计得太好玩了,我每次看他一连玩几个小时,就让他别玩了。他就要跟我吵,闹别扭,你说怎么办?打又不能打,骂又不能骂,难道真的要去看医生吗?"

"我也试过让他去学围棋、学书法。但我感觉,和手机、iPad相比,那些对他来说都不是事儿。每天iPad就跟长在他手上一样,游戏怎么可以那么好玩?"她叹了一口气。

这名母亲所遇到的问题,其实是这一代父母的典型困境。

2014年,饶一晨开始做关于网瘾的田野调查,这些年来,他遇到过很多这样的父母,他们有相似的忧愁:尝试了无数方法,希望孩子可以不那么沉迷游戏,比如给他们报兴趣班、请"教育专家"给孩子做思想工作,让孩子向"别人家的孩子"学习,但结果往往适得其反。

这些看似无解的沉迷背后，有哪些更深层的游戏哲学和社会思考——游戏对于青少年来说究竟是什么？它有什么样的社会功能？为什么有些电子游戏让人欲罢不能？我们的社会需要怎样的游戏、教育和"游戏教育"，来摆脱网瘾的恶性循环？

在网瘾治疗机构里面，通过观察网瘾少年自己开发的一套游戏，他发现了这个可能的答案。以下是饶一晨的自述。

钻空子

一席演讲结束后不久，国家新闻出版署下发了《关于进一步严格管理切实防止未成年人沉迷网络游戏的通知》，严格限制向未成年人提供网络游戏服务的时间，所有网络游戏企业，仅可在周五、周六、周日和法定节假日每日20时至21时向未成年人提供1小时服务，其他时间，均不得以任何形式向未成年人提供网络游戏服务。

这个措施不可谓不及时。一方面，培训机构被关停；另一方面，网游时间被限制。家长所面临的"鸡娃"压力在短时间内看似小了不少。但同时，我从家长和老师的口中，听到了一些值得深思的反馈。

黄女士是华北某重点高中的学生家长。她告诉我，虽然现在孩子们无法随时玩《王者荣耀》和"吃鸡"，但他们依然找得到新的"打打杀杀"的国外游戏，比如说他们会去Steam平台上找一些相似的游戏，或者干脆就去看游戏视频。

黄女士的孩子还算不错，虽然经常打游戏，但不能说沉迷。他还经常会来提醒父母不要看抖音，说那都是不健康的娱乐。但每年开学，家长群里面都会传，说又有哪个孩子因为网瘾问题和家长闹翻，最后甚至跳楼。"你说这些网游害了多少家庭？如果这些青少年这么喜欢去'打仗'，为啥这些网游公司不直接送他们去战场上体会一下？也许马上就断瘾了。"她说这些话的时候，语气恨恨的。

学校的老师们也有着相似的反馈。

李老师在大湾区一所私立寄宿中学教书，这位80后，小时候也是看武侠小说、听评书长大的，最痴迷时，他满脑子都是武侠角色，但这也不影响他认识到武侠世界是虚幻的。后来，他成了一名教师。有相似经历的他，能理解青少年为什么会被这些虚拟世界所吸引。

但不同的是，这一代作为互联网原住民成长起来的孩子，所接触到的虚幻世界更精彩、更复杂。他们在逃避成人的管控上也更"聪明"——李老师说，学生们有各种方法绕过规定，一名高二男生告诉他，游戏限时对自己是无效的，他可以在手机上用加速器玩国外的游戏，他玩的是全球累计在线人数第一的游戏——CS：GO《反恐精英：全球攻势》，有20亿玩家。

李老师也从这个男生那里了解到，班上有十几个同学在玩这个游戏，但远远谈不上沉迷和上瘾，玩一会就累了。还有的学生，为了躲过父母的掌控，会隐藏手机里的游戏类App。

"我有时候真觉得，手机变成了我们的义肢"

在李老师工作的学校，学生家庭相对富裕，家长能够付得起高昂的学费，但他们工作繁忙，手机几乎是孩子唯一的陪伴。在缺少情感连接的状态下，学生很容易产生厌学情绪。

按照规定，学生的手机从周一到周五要上交给老师，但他们总有办法再私藏一部手机。

这个9月，刚开学不久，就有家长来给女儿申请休学。这个女生晚上刷手机，白天睡觉。老师问家长怎么不管，家长说，只要一管，孩子就要死要活，说没有手机活着没意思。花钱让她去做心理咨询，1500元1小时，但根本于事无补。

对于手机的使用，黄女士也有类似的观察。

她说，打游戏只是孩子网瘾的一方面。手机越来越普遍，要禁止他们用手机是不现实的。她的孩子就读的学校，对学生使用手机比较开放，所以，即便他们不能玩《王者荣耀》和"吃鸡"，还是会用手机去做各种社交、娱乐，或者玩一些不被禁的游戏。他们会讨论怎么用"加速器"去玩国外的游戏、看国外的视频。"他们接触到的互联网世界，是我们这些家长所不能了解的，特别是一些国外的信息不受控制，他们在这个年龄段很难判断其中的是非。"

听完我之前在一席的演讲，黄女士所在的家长群里也在讨论，之前看到的那些因为手机和游戏引发的家庭悲剧，孩子与外界的情感连接"短路"了，没有得到来自家长和学校的正向反馈，走向了极端。

同时，家长也意识到，自己也是手机的重度使用者，甚至他们推崇的奥数名师，也是游戏的高端玩家。当小孩看到这些成人的"反面教材"后，他们更加无法听进家长的说教。

黄女士反思道："我有时候真觉得，手机变成了我们的义肢。"家长们一方面离不开手机，一方面还依赖手机或 iPad 来管理孩子。这在我所研究的机构里，被称为"家长们用更容易被满足的物质需求，去试图填补孩子的精神不满"，解决的是家长因为很少真正陪伴孩子所引发的焦虑。

孩子没人照顾或者大吵大闹时，手机往往就变成了哄娃利器。逐渐地，手机也变成了孩子所依赖的情绪调节器。当家长和学校给他传递压力时，他就用手机来暂时屏蔽掉那些压力信息，让自己沉浸在只属于自己的"快乐星球"里。

游戏如何成为"快乐星球"？

站在时间的长河里回顾，自从 21 世纪初，互联网走进中国家庭，关于网瘾的讨论从未中断。每隔几年，社会上就会因为网瘾少年、网瘾治疗、反沉迷等议题掀起一番激烈的讨论。

2013年，我开始做人类学研究，选择了网瘾这个议题——因为刚脱离青春期不久的我，同样也曾是游戏的重度玩家。当听到有同龄人因为玩游戏被送去"电击"的时候，我感到的不仅仅是愤怒和不解，还有从人类学角度生发的好奇：同样是打游戏，为何我会被看成是"好学生"，而一些人则会被标签成"网瘾少年"被家长送去治疗？

于是，我想办法进入某一线城市的网瘾治疗机构进行田野调查。我发现，在这个机构里，每个学员和他的家庭陷入网瘾困局的原因各不相同，但背后又有着一些规律。

在机构里，网瘾往往更多在"诊断"层面发挥作用，被送来的学员里既有网瘾问题为主的，也有很多是以"厌学""叛逆""早恋""品行障碍"等原因被送进来的。而这些青少年在治疗上并没有太大的区别，因为他们的问题核心其实是同一个——因为逃学、打架、早恋、打游戏等行为，引发了剧烈的家庭冲突。

对于机构的咨询师来说，网瘾和其他的不良行为是表象，问题根源在于孩子的成长环境。当然，机构能够处理的仅仅是一个人的家庭微环境——通过给孩子和家长同时做心理咨询和心理教育，使这种微环境能发生一些积极的改变。而更大的环境是机构无力改变的，例如学校环境，以及学校之外丰富多彩的世界，包括虚拟世界。

晓康，一名16岁的学员，跟我讲述过他是如何一步步"染上网瘾"的：

"一开始，我跟朋友在玩LOL（《英雄联盟》），真的是为了排解学习的压力，而且那时候全班男生都在玩。我不玩这个游戏，真的会没朋友了。当时我是真心想要在操作上进步，和朋友们一起赢得游戏，升级段位，所以我玩LOL的时候就必须非常投入。

"可是，我妈就很烦，每次我打得正激烈的时候来喊我，叫我去写作业、去吃饭。我打一盘就要40分钟，好不容易玩一次，怎么可能玩一盘就算了呢？我玩的时候根本没法分心去回应她，有时候甚至会吼她，让她放弃打扰。她听到我吼，更生气了，一气之下拔掉了我的网线。

"你猜我当时是什么感受？我当时脑海里一片空白！我们团队本来是可以赢的，就因为她一拔网线，所有人都会因此'掉星'，我还会因此收到系统的警告惩罚。我跟她大吵了一架，直接就摔门出去网吧玩了。之后，我越来越习惯去网吧玩，虽然要花钱，甚至有时候我会骗父母的钱出来玩，但是那里自由，没有人会在我玩得正爽的时候来打断我，去拔我的网线！"

而站在晓康妈妈的角度，故事又是另外一个样子。她带着哭腔讲述了这一切：

"你不知道，晓康每次玩游戏的时候，感觉就像变成了另一个人，像个怪兽。以前他不是这样，小学时他很听话，总考班上的前几名，别人都说我们家晓康不用操心，以后一定清华北大。结果，他初二就跟着同学玩《英雄联盟》，每次一玩就停不下来，还一边玩一边大叫。

"当时我们说他成绩还可以也就算了，孩子是要放松。但现在初三到了，马上就要中考了，他的数学成绩，可能靠着脑子灵活，还算可以，但其他科目都不行。中考要是没考好，进不了重点高中，他这一辈子怎么办？我也是为他着急，谁知道，越着急他越叛逆，经常逃学不回家，只有去网吧才找得到他……"

在这里，我们看到"网瘾"问题的形成并不只是"晓康遇上《英雄联盟》然后沉迷"这么简单。这里面我们看到要构成网瘾，首先需要现实与游戏世界之间的激烈冲突。

在当时的调研中有几条不容易留意的线索，值得我们去深思：为什么所有人，尤其是男生，都在玩《英雄联盟》？当时我研究的机构里面因为网瘾送进来的，几乎100%是《英雄联盟》的重度玩家，他们日常讨论的也都是《英雄联盟》里面的英雄、操作、装备还有皮肤。为什么和网瘾相关的冲突，多出现在初三或者高三？为什么去网吧玩《英雄联盟》，会给晓康带来一种压力的排解感和自由感？

《英雄联盟》的成功，当然是得益于它精妙的竞争机制，以及酷炫的英雄形象、画面和游戏效果，玩过的人都懂这一点。每30—40分钟生成的虚拟战场，充满未知的刺激，每一秒的行动都会有反馈，每一次成功和失误都会带来局面的变化，影响最终结果。其战斗的激烈程度，让人全情投入，可以说，它确实像竞技类运动。

但同样是竞技类运动，为啥从来都没人说起"篮球"成瘾或者"乒乓球"成瘾呢？同样是竞争，为什么没有学霸被看成是"学习"和"考试"成瘾？

首先是因为《英雄联盟》这类电竞运动，浓缩和增强了普通运动中的"心流"状态，并且无限放大感官刺激。如果说看武侠小说带来的刺激程度是50%，那么游戏带给人的刺激程度可能是500%。

同时，玩这个游戏不需要剧烈运动，没有明显的体力消耗和重复感。游戏操作用到的往往是一些"小肌肉群"，所以玩家更容易跟游戏机器之间产生高频、"短路"且快速的奖励连接。这种机制的"短频快"做到极致就是赌博机——这也是为什么，美国的大型赌场集团早早引进了电竞项目。

当然，比起赌博机，《英雄联盟》需要的技巧更高超，奖励机制也更加复杂，还讲究人与人之间的竞争与合作。它令无数人沉迷其中，忘掉现实的苦痛，所以媒体会称之为"精神鸦片"。

但同时我们也要意识到，如果这类网游是"精神鸦片"，那么社会上的"精神鸦片"实在是太多——网络小说、偶像文化、视频娱乐、综艺网剧，甚至是购物软件，试问哪个不在提供这类的沉迷感？所以问题的关键应该是，为何这些和我们日常生活脱钩的幻象世界，会在当下更加蓬勃发展，成为一种让我们超脱现实的工具？

这也就来到了另外两个问题——为何网瘾更多在初三生和高三生的

家庭里出现？为何去网吧玩《英雄联盟》对晓康来说是"快乐星球"？

因为，只有当我们对生活的世界感觉到贫乏、失望、焦虑和不满的时候，那些代表着自由、全能、轻松、富足的幻象才会占据我们的身体和意志。

对于初三和高三生而言，一旦他们的学习生活被单一的升学压力填满，同时又缺少良性反馈时，这些幻象便是拯救他们的"快乐星球"。在里面他们通过游戏去合作竞争，不会感觉到来自成人审视的目光。在游戏里，他们有进步的空间和赢的可能，因为系统的匹配机制，让他们可以找到和自己相当或者比自己更弱的对手。

一种更舒适的正向"短路"连接，替代了之前那种充满压力的负面"短路"连接。

一种自由的幻象

当然，这些负向的压力，其实并不完全来自家庭和学校，而是来自逐渐"内卷"的社会。这种恶性循环将人一步步推向"不成功便淘汰"的二元对立深渊。

在那家戒网瘾机构里，我认识了一名从大学退学的学员，他叫昌文。有一天，他突然问我："你觉得网瘾真的是家长的问题吗？"我当时愣住了。因为我在机构看到的更多是，孩子的网瘾很大程度上与家长相关。

那之后，他告诉了我他的故事："我算是主动来机构治疗的。我爸妈也没有逼我过来。我以前是我们那个县城高中的优等生，爸妈也很以我为骄傲。可以说，我高中没有接触过任何游戏。但我考上了北京的重点大学后，我发现我选的专业并不是我最喜欢且擅长的，而且一下子跟那么多精英竞争，根本就没有赢的可能。逐渐地，我丧失了以前那种出人头地的幻觉，失去了学习的动力，不去上课，不去考试，每晚去网吧通宵玩游戏，白天就回寝室睡觉。

"我第一次在网吧打游戏的时候就觉得，哇，感觉自己来到了宫殿，我就跟国王一样。在游戏的世界里，我想做什么就做什么，无比自由，有那么多游戏可以供我选择！而反观我的现实生活，看似有自由——我努力学习，自己选择了学校和专业，但是实际上，我被我脑海里那个完美的我给束缚住了。一旦我做不到那么完美，就会陷入恐惧。后来直到我挂科退学，学校给我父母打电话，他们才知道我一直都没去上课，而是在打游戏。"

在这里我们看到，昌文的父母并没有去逼昌文学习，所以，他的网瘾的确不是父母的直接责任。但父母和社会的隐形期待，以及这些期待背后的竞争意识，其实不停在营造一种自我的幻象，约束着昌文的人生，令他找不到内心真实的学习动力。一旦这种幻象支撑不住，他不得不将自己推进另一个幻象中，去维持自己的生存。

我们不能奢求社会会在突然之间变得不那么"卷"、不那么有压力，但也许，我们可以期望现实和游戏之间的落差没有那么大。一方面，游戏的世界可以不那么完美，另一方面，现实也不那么幻灭。

起码，在青少年教育的层面，我们能否尽可能地减少一些功利化的成功幻觉，更少地用外力去激发青少年的成功欲望？我们可否真的让青少年对学习这件事情产生兴趣，而不是去学习之外寻找乐趣？我们可否让教育回归人们真实的需求和期待？

另一方面，我们的"素质教育"不应该停留在培养其他能力的兴趣班，而是真的让人学会如何去玩、如何去获得快乐。我们也许需要另一种游戏哲学，让游戏不再是那些对现实绝望的孩子排遣压力的工具，而是一种通过"玩"这件事，去实现有机的社会化与人际交流。

社会化的游戏和有机的"游戏教育"

通过玩，去实现孩子们有机的社会化，这可能吗？

在网瘾治疗机构时看到的一件事告诉我，这是有可能发生的。

当青少年们进入了网瘾治疗机构，当然是被禁止玩电子游戏的，于是，他们开始寻找一些纸牌游戏，甚至用《三国杀》来作为日常娱乐。后来教官们发现，在他们在玩《三国杀》之后，明显军训时的集合速度降低了，《三国杀》也被没收了。

此时，学员们并没有绝望，他们开始自己研发游戏，甚至是根据机构的情况模仿《三国杀》，开发出了一套属于他们的桌游，叫作"机构杀"——把扑克牌的表面全部撕掉，重新在上面创作各种人物卡、行动卡和装备卡。

游戏里的人物卡，画上了学员中的每一个人，再加上机构里的教官、医生甚至主任。每个人物都有自己的特点和技能，没有谁优谁劣。甚至是他们私下讨厌的教官或者医生，他们也并没有故意将他们设计得很烂。

而原先《三国杀》的那些行动卡、装备卡和锦囊卡，也全部都替换成了他们在机构里面的日常生活，比如"闪"变成了"逃跑"，"杀"变成了"打架"，"桃"则变成了"面包"，原先的"赤兔马"变成了"耐克鞋"，"方天画戟"变成了"扫把"。

游戏的玩法和《三国杀》类似，都是充分利用不同的角色特点取得优势，互相配合取得角色的胜利。但"机构杀"更大的乐趣是：学员可以通过抽卡，扮演机构里的其他人，甚至是机构的教官和医生。

通过设计和参与这个游戏，孩子们对彼此有了更充分的了解，在所有成人都预料不到甚至不知情的情况下，展开了一场自发的疗愈。

通过这个例子，我们反观目前游戏的消费品化、教育的异化，以及有机的"游戏教育"的缺失，能得到怎样的启发？

四 虚拟亦是真实｜数字场景里的云端新体验

首先是人们对"游戏"二字的误解。在童年时期，儿童有自发的游戏生活，但现在，游戏已经等同于电子娱乐，等同于"游戏产品""电子游戏""桌游"，意味着它是需要消费和购买的、充满刺激和竞争的、用来抵抗乏味且高压的日常的兴奋剂。它提供虚幻的快乐，对抗真实的生活。难道在电子游戏出现以前，这个世界上没有游戏吗？

当互联网被消费主义占据，并左右着人们的世界观和游戏观念的时候，其实在无形之中不断割裂着我们的生活——当我们把对快乐的冲动交给娱乐工业时，也让渡了主动创造和寻找乐趣的能力。

所以从某种意义上说，游戏的问题，也是社会的问题，更是我们每个当代人的普遍困境。

这些问题都促使我们去反思和诘问，我们的社会如何才能给"机构杀"这种游戏创作提供更多的机会？

游戏作为"技术"不需要"革命"，需要"革命"的是我们的游戏理念。如果追逐西方主流的游戏技术和追求沉浸效果的3A大作，中国的游戏只会再次落入消费主义的陷阱，成为浓度更强的"精神鸦片"。

这里我使用"鸦片"这个比喻，并不是想激发民族情绪，而是想提醒大家——鸦片也可以是药品，我们需要的游戏也并非"止痛剂"，而是帮助人能更平衡、柔韧地探索社会的媒介，从根源上去降低痛苦发生的程度和概率。

但同时，我也不认为网游要因此变得"绿色"——因为网瘾的形成和游戏内容本身关系不大，而是整个游戏设计背后的深层意识。

社会本身是复杂的，一个能让青少年了解和探索社会的好游戏，应该植根并调动他们的能动性，像"机构杀"一样帮助他们实现有机的社会化。

所以，我们是否在棒打网络游戏的同时，也应该去反思以成绩为单一导向的评判标准？正是这种被异化的教育体系，令学生感觉学习是"设计得很烂的游戏"，也令家长感觉到，游戏是学习这一至高无上任务的敌人。

以及，除了打破以赚钱和流量为第一要务的游戏开发生态，一刀切地限制游戏时间，我们是不是还可以调动更多的社会力量，共同探讨什么是更有机的游戏？

中国有那么多优秀的游戏设计者、聪明的青少年、耐心的教育工作者和经验丰富的青少年服务机构，大家可否坐下来探讨，有没有不一样的游戏哲学，怎么让有机的玩和探索，不再停留在高端的学前教育机构，而是嵌入每个人的社会生活？

同时，我们能否让青少年在减负之余，可以得到更多自主探索的空间，让取得优秀的高考成绩，不再成为唯一的好选择？网瘾少年们并不是逃避竞争本身，而是厌倦或畏惧着那个看似没有终点的、缺少人性的单一赛道。

总会有"更爽更刺激"的游戏和娱乐出现在青少年的视野里，可如果他们在现实中能够获得更多支撑与温暖，他们就不容易被幻觉麻痹，网瘾也不会成为一个如此巨大的社会问题。

孩子如何游戏，是一面镜子，反映的是大人们如何生活。而一个真正的"快乐星球"，不会凭空而来，需要人人都参与建造。

撰文　饶一晨

（为保护受访者隐私，文中受访人物均为化名）

五

来自世界的解读｜数字时代里的中国新印象

世界是"深的"：
看见"真实中国"的外国人

2004年，弗里德曼写作《世界是平的》时，"Facebook还不存在，Twitter仍然是一种声音，'云'还在天上，4G就像个停车场，大数据是说唱明星，Skype还是个印刷错误。"

往后的十年，是世界从互联走向超级互联的十年，通过数字网络，麦克卢汉笔下的"地球村"真正实现了互联互通：Facebook（脸书）、Twitter（推特）、云计算、LinkedIn（领英）、超高速带宽、大数据、Skype（时光谱）、系统芯片、iPhone、iPod、iPad、区块链、虚拟货币、物联网、5G……

《世界是平的》出版15年后，新冠病毒肆虐全球，这也让弗里德曼开始思考，"世界还是平的吗？"

他得出的一个明确的结论是：当下，我们处在一个快速的、融合的、深度的、开放的世界。

数字工具迭代，为全球摁下加速键；数字技术革新，消弭了边界，促成了融合；数字网络铺开，让"开放"成为不可逆的主旋律。数字化浪潮席卷全球的一个后果是，不管你在纽约、洛杉矶、伦敦、班加罗尔、维也纳,在北京、首尔、温哥华、哈瓦那,还是布宜诺斯艾利斯,越来越多的人,被自动化、软件和数字工具,从常规工作中解放出来。

被解放出来的"地球村"里的村民们,这才有了更多打量对方、沟通彼此的可能性。当对话变得频繁,沟通变成日常,"互通有无"的社交、争辩、跨文化观点交锋……世界开始变得"有深度"。

于是,有了本章里的这些来自海外的"主人公":

在他们之中,有人来自"自行车王国",却脚踩单车游中国,在骑楼、早茶和咏春拳里,看见一个被数字深刻影响的"市民社会"。

有人生于日本,活在浏阳。打开摄像头,进入直播间,开始一堂堂"云上的日语课",把日语教给中国学生的同时,也隔屏被同化成了一个"能喝酒,能吃辣,能熬夜"的"三能"中国好青年。

有人从美国来到中国,由雨林走进胡同,和环保"保持互通",和自然"建立联系",在云计算、数据分析、感应技术为依托的电商平台,做起了"自然创变者",也成为深度参与"互联网+公益"的一张新面孔。

有人在英国牛津成长,在四川成都"饭醉",跑遍天府菜市场,称霸川渝"苍蝇馆",为的只是"尝一口川菜的鲜"。

…………

他们来自天南海北,说着各国语言,生活习性迥异,却都在深入中国"数字丛林"的过程中,焕发出由"数字化光源"散发出的一束束微光:

有人在美食里嗅出"饕餮中国",有人在骑行时找到"动感中国",有人在平台上发现"数字中国",有人在"亮码"后瞥见"秩序中国",并通过一场疫情,看清一个和过去印象里部分一致,部分又不一致的"真实中国"。

毫无疑问,这些被我们称为"老外"的"闯入者",是"饕餮中国"的深度挖掘者、"动感中国"的深度参与者、"数字中国"的深度体验者，以及一个"真实中国"的深度观察者。他们在电影、教育、出行、公益、音乐、美食、设计等领域迸发的每一束数字化微光，日渐成气候，经久而起势，聚成了一团驱散中外文化隔阂、打破东西方观念壁垒的火炬。

在火光中，我们看见了一个个得益于数字化工具，穿越"数字化丛林"的陌生面孔，以及一个被他们重新书写、描绘、拍摄、阐释、厘清的"真实中国"。

这是一个被深度参与、深度体验和深度实践后，由"异乡客"在数字时代描摹出的"中国新印象"；一个在工业化、城市化、数字化过程中，被更多人看见、理解并熟知的中国；一个在移动互联时代让场景移动、数字流动的中国；一个在疫情下"亮码"，在危难时不忘秩序的中国；一个包容来自异乡的"单车侠""大豆女王"和"数字极客"的中国；一个在流动中坚守传统，在坚守中期待变革的中国；一个孕育创业思想、培育创客空间和张开双臂迎接外来客的中国；一个让"互联网+"的疆域和边界无限扩张、放大的中国；一个把数字生活变成日常生活，把数字方式变为生活方式的中国；一个看得见、摸得着、碰得到的中国。

所以当广州的骑楼被外国人重新发现、成都的川菜被外国人重新定义、武汉的防疫工作被外国人重新认可时，世界开始变得"不平坦"，因为跨越国别界限的参与、互动，本身就让"地球村"的存在显得丰沛而又立体——

如果我们把地球上发生的一件件事，比喻为一出出正在上演或即将上演的剧，那么热切参与其中的"中国角色"，无疑为这一出出剧增添了更多立体化、多维化、想象空间更大的"圆形人物""圆形事件""圆形故事"，而不是单一化、脸谱化、发挥空间有限的"扁平人物""扁平事件""扁平故事"。

"我越来越觉得,世界不仅仅是平的。"弗里德曼说。他目前正在写作的新书,名字就叫《世界不仅仅是平的》。

弗里德曼的观点是,世界其实更是"深的"。"世界其实很脆弱——当你连接了这么多节点,然后加快了这些节点之间的连接,但一旦取消了缓冲,你就会变得脆弱,因为现在,我可以比以往更快地,将不稳定性从我的节点,传递到你的节点。"

而制造"缓冲"、软化"冲突",缔造"连接"、重塑"关系"的,就是我们即将介绍的,一群深入"数字丛林",看见"真实中国"的外国人。

日文老师中村纪子：
有选择的话，我选中国

18年前，中村纪子来到中国，成为一名日语老师，在中国的职业技术学院和大学当过15年日语外教。移动互联网在中国发展之际，她和学生们，从教师宿舍的"客厅"开始网课创业。

出生于1970年的中村纪子，大学毕业后，正赶上日本"就业冰河期"，他们这一代人被称为"失去的一代"。该如何扭转人生局面？中村纪子用50年人生总结出的经验是，生命总是事与愿违，关键是找到热爱的事业，坚持不懈地努力。

2020年12月22日，中村纪子第一次启用位于浏阳河畔的新直播间，从窗外望去，橙黄的夕阳浸染了平静的河面。

不断有漂亮的年轻男女从大楼里进出，这是一片因直播产业兴起而被政府开辟出来的马栏山视频文创产业园，整栋大楼的11层至23层，是一个接一个的直播公司。在中村纪子进行直播之前，隔壁直播间刚刚完成了一场从早晨到下午的8小时不间断湖南土特产直播。

整个12月，每周一晚7点到9点，中村纪子都有一节商务日语直播课，有几百名学员会准时在线。下午5点多钟，她便和助教张君惠提前赶往这里进行备课和调试设备。7点整，那些上完正常课业的学生，下班回到家里的上班族，为孩子做好晚餐的全职妈妈……一个个上线，课程准时开始，两个小时，除了喝几口水外，她保持了足够的热情，笑声时不时传来。张君惠的工作是在群里为学生们解答课程中有疑问的地方，她常被逗笑，但总是忍着，两人配合默契。

中村纪子以超强感染力、轻松有趣的讲课风格而在日语网络课堂上受到学生们的欢迎，是日语网课教师中的"网红"。来中国18年，曾在两所大学担任日语外教共15年，在移动互联网快速发展时期，中村纪子和她的学生张君惠一起创立网络课堂。2018年6月，中村纪子离开执教的大学，成为一名全职日语网课教师。

放眼望去，在极其强烈的就业压力下，周围学生被各类证件考试牵引，从而获得一份工作筹码。无所适从之中，中村纪子的网课"创业"客厅为学生们提供了一份安全感，她们一起构建了一份事业。

学生们按照中国古代的称呼，将中村纪子称为"先生"。在日本，"先生"同样是一个受人敬爱的称呼，只有救人的医生、维权的律师、教书育人的老师等少数职业才会获得这样的敬称。

一个时代的"生不逢时"

跟学生们说完"再见"，是中村纪子一天中最为放松的时刻。

这是一种心照不宣的惯例，2小时课程后，意味着有一顿大餐在等着她们，此时的中村纪子只想奔赴餐馆，心无旁骛做一个"吃货"。

餐馆是中村纪子挑的，一家藏在街角的烧烤店，在深夜10点多的时候，这里依旧不断有人前来。中村纪子很熟练地点了菜，用并不标准的普通话与老板沟通，如果不是因为她口中偶尔冒出的日语，在气质上，她已经与一个长沙本土阿姨无异。

中村纪子说，她是为了长沙的美食而来到这里的。那时，她和张君惠在武汉，为了长沙美食，两人可以从武昌坐当天清晨的高铁来长沙,晚上 10 点回,每月一次。单程一个小时的车程,剩余所有时间是在长沙犄角旮旯吃一家又一家美食馆子,最多的时候,一天能认真地吃五家。

50 年来,第一次,在长沙这座城市找到了归属感。

1970 年,中村纪子出生于日本千叶县一个普通家庭,母亲是介护(为独立生活有困难者提供帮助的人),父亲是一家公司职员。在她的记忆里,整个童年到青春期,一家四口人跟着父亲职位频繁变动,而一次次搬家,从千叶到福冈,从福冈到大阪,从大阪又搬回千叶。每次搬家,都要适应一遍新生活,跟过去的朋友切断联系,变成一个人,这是她最害怕的事。

中村纪子擅长朗读,是学校广播社的成员,邻桌男孩不会的问题总能在她这里得到满意解答。8 岁时,她第一次立下志愿,要成为一名教师,她读到海伦·凯勒的故事,沙利文老师教海伦认识"水"时,把海伦的一只手放进水里,在她的另一只手心拼写"w-a-t-e-r",通过这种方式,海伦渐渐掌握了词汇。

1982 年,全家又搬回千叶,中村纪子开始读中学,这一年,NHK(日本广播协会)人形剧《三国志》在校园里十分火热,她第一次对中国产生兴趣。大学里,她选择了东方史专业,1990 年,前往北京外国语学院留学,不出意外的话,回到日本后,她会成为一名教师。

然而,人生总是充满事与愿违。

1991 年,当中村纪子从北京留学回到日本时,她的运气很不好。当时的日本社会正赶上泡沫经济崩溃,股价、楼价暴跌,随即进入"失去的十年"。

大学生就业形势严峻,中村纪子一边准备千叶县(日本的"县"相当于中国的"省")的正式在编教师录用考试,一边在课后辅导班做老师,很不幸,中村纪子连着五年都没有考中。当她去教委了解情况时，被教委工作人员问道：是否有家人从事教职工作？于是，她明白自己没有机会了。

如果人生必须要做一件事，那会是什么呢？

没有选择，要养活自己，必须工作。

补习班的日子很忙碌，平静又压抑的日子被一件事打破。

因为要照看学生，老师们的午餐是交替去吃的，一天中午，一个男同事出去很久，却没有回来，其他人发现后报了警。事后，人们拼凑出他最后的人生轨迹，那天，他吃完中饭后，一个人径直把车往山上开，直到耗尽最后一滴油，在此割腕，警察发现时，已经失血过多。

中村纪子常和他一起谈天，聊人生理想，回想起最后一次见面情景，已经感受到异样，偏紫色的脸背后隐藏着悲伤，但当时同样处于压抑中的中村纪子并没有帮他打开心扉。

这并不是中村纪子第一次面对死亡的恐惧。

1985年8月12日，发生了一件大事。一架由东京羽田机场飞往大阪伊丹机场的波音飞机在群马县御巢鹰山区附近的高天原山坠毁，520人遇难，包括众多日本知名人物。15岁的中村纪子，同样被巨大的集体悲伤情绪笼罩，这些正要返乡跟家人一起团聚，祭拜祖先的人们，就这样消失于天际。正值青春敏感期的她，第一次深刻感受到，死亡没有安排。

然而，当第一次身边熟识的人以自我毁灭的方式离开，她的心还是被深深刺痛。她不理解，"相比他，明明我的人生更辛苦啊"。她甚至去新宿找了知名神婆算命，神婆告诉她，你是一个大器晚成的人，要离开这里才能成就事业。

痛苦让人作出选择，中村纪子第一次想到，如果人生必须要做一件事，那会是什么呢？"无论在哪里，我还是要做老师。"一部讲述有关中国的纪录片启发了她，里面展现了一个蓬勃发展的中国，学生们对学习外语充满渴望。

在"就业冰河期"，中村纪子没有换工作，为了偿还奖学金，中村纪子一直都在日本一对一课外辅导班，从普通教师到教师长。她的经历代表了一个时代的"生不逢时"，这一代人在日本被称为"失去的一代"。

2003年，在中介机构的协助下，中村纪子获得了武汉一所职业技术学校的日语外教工作。3月15日，中村纪子抵达武汉天河机场。

学校在一片碧湖旁，远离市中心。然而，开启教学工作仅仅两周，"非典"来临，学校停课，学生们都被遣散回老家，外教只有两种选择，要么回国，要么待在学校不出去。那之后的一个月时间，她做得最多的事就是待在宿舍看电视剧，把《还珠格格》从头看到尾，日子虽然无聊，反倒借此机会学会了不少中文。

创业从教师宿舍客厅开始

很多人都有一个刻板印象，认为日语外教只要是一个日本人，会说日语就可以。但事实远非如此，虽然在日本的课后辅导班有十年教师经历，也教过日本语文课程，但中村纪子依然遇到了难题。

她发现自己的日语发音音调与标准音调仍然存在差别，最初三年，中村纪子为了保证自己的日语是正确的，一直把音调词典放在手边。整个学校只有中村纪子一个日本外教，语法、口语、听力全是她一个人在教，在成为外教的前五年，她每天都会遇到自己不知道的日语。事实上，也是这所中专，锻炼她成为一名受学生认可的日语老师。

新世纪初的中国处于经济高速发展时期，时代朝气也映照在学生脸上。年轻的80后学生们表情生动，热闹有趣，课堂气氛活跃，热情总能得到回应。

遗憾的是,2011年,这所中专停止了招生。中村纪子得到中南财经政法大学(以下简称"财大")的工作机会,与在中专时的氛围完全不同,她发现这里的学生并不是很喜欢日语。这并不令人惊讶,在以经济、法律专业见长的财大,学生们在填报志愿时大都报的是金融、税务,日语是一个冷门专业,班里大部分学生都是调剂而来。

当时,财大的学生们几乎没有在校内能够参加的日语活动。"既然没有,那就自己办",在几名学生的支持下,社团"南风社"随即诞生。张君惠是"南风社"的主力,她是一个安静的女生,是班里为数不多真正喜欢日语,并且专业第一志愿为日语的学生。她把课余精力投入到这里,每天踩着寝室关门的时间回去。

每周五晚,中村纪子将自己教师宿舍的客厅提供给学生们举办日语沙龙,从一开始寥寥数人,增加到平均每周40人。不管中村纪子有没有课,学生们都会在放学后等着她一起吃饭,一起去家里,讨论之后该做什么、该怎么做,一直到很晚,学生们也感受到前所未有的乐趣。

中村纪子有一个习惯,每次沙龙的照片和记录,她都会上传到个人社交平台,这打开了一个新世界,她很乐于和中国各地素未谋面的人们交流。2014年,在张君惠的建议下,两人开启网络电台制作,中村纪子担任主播,张君惠担任节目制作,开播仅76天,订阅人数就过千。随着播客留言中的线上授课需求越来越多,中村纪子决定试一试,创业也是从客厅开始。

2015年8月15日,中村纪子开始了第一次网课实验,用一对一方式在QQ上进行,第一个学生是一名来自北京的做出纳的女生。一对一的授课方式熟悉后,又转为一对多。

学校的网速太慢了,经常上课上着上着就卡顿了,还有另外一个问题,在QQ上的课程结束之后,不能回看。通常情况下,中村纪子一边直播，会再开一个录屏，用来在课程结束后给学生们回看。

电脑经常处于超负荷临界状态，直播，录屏，还开着QQ和微信，直播刷礼物也在右上角，一切界面压在一起，眼花缭乱。冰箱里常备着冰袋，电脑开始发烫的时候，就往底下塞两个冰袋。即使这样，还是会遇到死机的情况，两年时间，她们都是在这样的境况下做网络直播，在QQ群里积累了超过5000名学员。同时，日语电台也获得了越来越多粉丝。

这仍然只是大学日常课堂教学之外的线上教学，随着在线学生越来越多，中村纪子需要重新分配精力。是回归大学课堂还是做一名专职网课教师？作为一名接受传统教育，又教过超过20年以上的面对面课程，在网络上给几百人上课是否有同样的效果？中村纪子犹豫了很久。

2018年6月，一直跟随中村纪子运营电台的张君惠研究生毕业，全职创业的想法再一次冒了出来，"中村日语教室"由此诞生，中村辞去了大学职位，另外两名一直参与"南风社"和电台运营的日语系学生也决定在本科毕业后加入这次冒险。中村纪子来中国之前，在日本课后辅导班十年的工作经验终于派上了用场。

"如果在两个国家之间必须要选一个的话，我会选中国"

因为中国和日本学校教育职能不同，所以网课在两国之间发展程度也不同。在中村纪子看来，日本学校上学晚，放学早，除此之外就是社团活动，如果学生想升学备考，都会在下课后去校外补习班。中国学校则是日本学校与校外补习班的结合体，学习更多是为了升学备考。

在疫情期间，中国的学校扛起了网课大旗，在线教育迅速发展。日本人口基数没有中国大，直播经济也没有到火热程度，2020年统计数据显示，只有5%的日本学校上网课。

中国直播行业的兴起，给中村纪子和她的学生们提供了机会。

也许是因为总是和学生在一起，中村纪子从不抗拒用时下最新的方式去接触年轻人。一切的交流都在网络平台进行，咨询在微信，发布信息在公众号，课后评改作业在微信小程序。

这是一份必须时刻依赖互联网的工作。大部分时间，中村纪子的注意力都在手机上，她需要回应很多人的期望。她开通了免费早安电台和中村日语聊天室，为粉丝分享生活感悟，答疑解惑；开设了公益日语课堂，为零基础的日语爱好者提供入门帮助；在2000多人的日语教师微信群里，她几乎是有求必应。她也一直在关注同事们的聊天，时不时会就谈论的事情发表看法，幽默的回应经常引起周围人大笑。她的工作总是在重复，在重复中总结，以便在下一次课堂上有一些不一样。

在中国，她获得了自由。因为是外国人，所以很多"奇怪"的事做起来会被宽容，比如可以很任性地坚持不化妆，比如可以不用在乎他人眼光穿自己喜欢的衣服，比如一直单身，她享受这种有限度的自由。

"没有不会天亮的夜，逃离国家，逃离家庭，但没有逃避自己的内心"，中村纪子形容自己是学生们的"吉祥物"，是"失去的一代"群体中幸运的那一个。根据日本内阁府2019年调查报告，在这一代人里，每10个人中仍有3人过着低收入生活，他们所面临的困境至今仍是日本社会尚未解决的问题。她很庆幸，在一段失败的人生之后，她用"离开"的方式，找到了自己喜欢的工作，很多人一辈子都没有发现自己真正热爱的是什么。

11个人的公司全是女生，她们被称作"中村家族"。

肖易轩是公司最新入职的员工，同事们都叫她小雪，从日本一家上市婚礼公司回国后，她在一家相亲平台很短暂地待过，后来怀孕辞职，一直接一些日语翻译的活儿，这样的生活看起来顺理成章，又心有不甘。最近，孩子开始上幼儿园了，她决定出来工作，在面试的时候，她问中村纪子，自己能否先上半班，一天工作4小时，她得到了理解，获得了这份工作。

整个12月，袁颖都在长沙协助中村纪子做日语教学工作，她49岁，做了近20年的日语翻译，从北京来，在日本有过短暂留学经验，是中村电台五年的听众。一年前，通过介绍，她获得了一份日本的工作，如果不是疫情，她现在应该已经开始在东京上班了。但家里人很担心，她选择先来长沙见中村纪子，并获得了协助教学的机会，干脆就在长沙住了下来。她的孩子已经读高中，丈夫有很好的工作，公公婆婆是大学教授，这一次，她很任性地自己作了决定，想要更深入地去了解这门一直被用来工作的语言。

当问到这些女孩的来历时，会发现，按照既有的路径，她们本来与线上日语教育行业差之千里，她们的专业是广告学、健美操、园林景观、护理、播音主持……因为喜欢，她们在课余时间学习日语，在选择职业时，她们受到限制，做过各种各样的工作，养老院、拍卖行、文化公司……最终，因为想更好地将工作与日语结合，她们来这里上班。

中村纪子和张君惠接纳了这些同类人，一定程度上，这是一个由女性组成的友谊团体，她们之间可以谈论很多生活话题，结成同盟。

家人是中村纪子的"遗憾"，父母80多岁了，一直是妹妹在照顾。因为疫情，她已经有一年多没有回日本。庆幸的是，疏离的亲情，中村纪子在学生们身上得到了补位，她无条件信任学生兼合伙人张君惠，春节回老家，张君惠会带上她一起，努力帮她攒钱，希望能在长沙买到一个小房子，能帮她争取到中国永久居民，这样中村纪子就可以定居在长沙。

在烧烤排挡的餐桌上，中村纪子回答了一个常常被人问到的问题：你为什么留在中国？

中村纪子说:"来中国 18 年了,我能喝酒,爱吃辣,又能熬夜,一直都是和一群年轻人在一起,已经被本地化了,我在中国获得了真正意义上的成年,我觉得自己不是外国人,回日本意味着职业生涯清零,而工作是我存在的价值,如果在两个国家之间必须要选一个的话,我会选中国。"

更长远一点的想法是,她想成为一个零资本靠自己努力能够影响和鼓励热爱日语的人,希望能够用亲身经历告诉有同样困境的人去看更大的世界。"当离开这个世界的时候,人们会说,这个人很努力地过了一生。"

撰 文　JUMP

美食家扶霞：
在伦敦建造"中餐烹饪指南"

有一种生活方式的转变，是从口头禅潜移默化的改变开始。

拿出生在英国，成长于牛津的扶霞·邓洛普（Fuchsia Dunlop）来说，口头禅的悄然变更，是从把"回伦敦"说成"去伦敦"，把"去成都"说成"回成都"开始。

对"精神成都人"扶霞·邓洛普而言，席卷全球的疫情，不仅让自己"被困伦敦"，还让成都、川渝甚至全中国的食物、食材和食谱，成了自己在英国遥望的"精神家园"。既然没办法像往年一样在中国"住上一段时间"，那她索性在英国的家里，开始了自己从未想过的"云下厨"。

透过扶霞的微信朋友圈，我们看见的是细致、饱满的各类"大中国食谱"。

居家隔离，"一鸡五吃"

拥有一个奇妙又独特的中文名"扶霞"，并凭借这个对中国人来说并不好记的名字，她成了美食家纪录片导演陈晓卿口中的"英国人里最懂中餐的，懂中餐的人里英文说得最地道的"。在陈晓卿的眼里，扶霞一直是"瞪着一双英国大眼睛，发现散落在中国大地上的食材和各类菜谱"的形象。他说："扶霞向东，川菜向西。"

曾经一路向东的扶霞，用一本《鱼翅和花椒》震惊了中国的烹饪界，也打响了自己在国内"吃货"心中的知名度；如今，扶霞又用一本《川菜》，让这个在全球范围内知名度最高的中国菜系"一路西行"。

2020年1月25日，中国农历除夕夜。在伦敦家里，扶霞自己下厨，做了一顿款式多样的中式年夜饭：

皮蛋拌豆腐、凉拌茄子、糖醋藕片、姜汁菠菜、无锡肉骨头、烩山珍、清蒸鲈鱼、葱油拌面……她没做在欧美最具辨识度的一道川菜——宫保鸡丁，而是做了一盘自己"最拿手"的麻婆豆腐，素的，不放肉，因为请到家中的好几个朋友里，有一位不吃肉，只吃素菜、鱼和海鲜。

和宫保鸡丁一样，麻婆豆腐是最受扶霞的英国朋友追捧的一道中国菜。在成都"学艺"多年的扶霞，能做出两个版本的麻婆豆腐——"荤麻婆"（带肉）和"素麻婆"（不放肉）。

"英国人对豆腐接受度很高，但有些怪怪的食物就不同了。"扶霞说。她依然记得几周前邀请好友来家做客时的场景："我做了一盘干炒牛筋，端上桌以后自己口水都流下来了，但我的朋友纷纷皱眉，觉得这道菜奇奇怪怪的。"

出于对自己身在伦敦的"尊重"，大年初三，她做了一顿"节庆大餐"：英式主食（土豆泥）、红油凉拌鸡、鱼香茄子和姜汁芥蓝。大快朵颐后，她在朋友圈发了这个中西混搭套餐的照片，末了附文"希望我所有的中国朋友身体健康"。

彼时的中国，新冠疫情正在蔓延。就在她发了这条朋友圈的2小时后，中国境内累计确诊感染新冠病毒病例4618例。五天前，武汉正式宣布封城。

扶霞当时已经有点担心了，她开始思考万一无法在年后"回中国"，自己该怎么办？这个大学期间，去威斯敏斯特大学报中文补习班，20世纪90年代末就去成都"学厨"，跑遍了当地最地道川菜馆子的英国姑娘，自打在味蕾和饮食上入了"中国籍"后，每年都会把大部分时间放在中国，"去四川，去云南，去中国各个地方找好吃的，学那些菜的做法"。

但她没想到的是，这个造成人类生存困境的病毒，很快肆虐欧洲大陆。一个多月后，当她从威尼斯旅游回到伦敦时，因为有轻微咳嗽，被要求在伦敦验核酸。虽然最终的结果是阴性，但她之后开始了居家隔离的日子。

"靠在沙发上，待在房间里，我就梦想那些好吃的东西，一天到晚满脑子考虑的都是'下次吃饭，我吃啥'这种问题。"回忆起当时的经历，扶霞笑着说。

苦思冥想一番后，她找到了答案：荷叶鸡。

说做就做。她欣喜地在冰箱里发现了一只自己存放已久的野鸡，于是在脑海里美美地畅想出了关于这只鸡的五种吃法：

①荷叶包旱烤野鸡（利用杭州叫花鸡的佐料）

②用野鸡躯体熬的汤，做意式野鸡牛肝菌汤饭

③多余的汤饭做了油煎汤饭饼，配自制腌菜解腻

④野鸡肉烩青豆

⑤野鸡汤面

没有一只野鸡，可以不以"四分五裂"的形式走出扶霞的家。居家隔离时的"一鸡五吃"，也让扶霞忍不住要在朋友圈给这只"功勋卓著"的野鸡点赞：

这只野鸡没白死！

微信朋友圈里的中国菜谱

2020年3月21日，英国首相鲍里斯·约翰逊宣布，伦敦全城封城，并要求当地的咖啡厅、酒吧及餐店即日起暂停营业。

其实在伦敦正式封城之前，扶霞就已经听到了封城的传闻，她的决定是：逃，往城市边缘逃。

封城前，她回到了成长的地方——牛津，和哥哥一家人住了一段时间。牛津的乡间景色旖旎，像出门踏青散步这种在伦敦根本不可能做到的事，扶霞也可以在封城期间的牛津尝试。

但风景再美，也无法完全安抚受疫情影响的心情。彼时英国的"群体免疫"政策备受争议，而据扶霞回忆，大部分英国人对时局和病毒普遍有一种"无力感"，"你必须找到一个合适的'出口'，才能不至于太过压抑"。

扶霞找的"出口"，就是下厨做饭。几乎每隔一天，甚至每一天，她都会在朋友圈发布一条图文并茂的"中国菜谱指南"：

"疫情中的乐趣：在家里做川菜：卤鸡心，自制北川凉粉，姜汁菠菜，宫保鸡丁，鱼香茄子，百合炒西芹，再加一份印度尼西亚椰汁烧牛肉。"

"家常快餐！酸辣豆花、牛油果、苜蓿芽、榨菜、葱花、印度馓子！"

"我第一次在伦敦找到了鹌鹑皮蛋！（贪吃表情）很可爱！"

"绍兴梅干菜焖肉，蚝油菜心，糙米饭，自制腌菜。"

"英国疫情很严重，天气很糟糕，自己心情也不好。陈麻婆救命！用正宗郫县豆瓣烧菜，把一点四川的气氛带进我伦敦的厨房（爱心表情）。"

…………

无论是写作还是口语都"畅通无阻"的扶霞，硬生生把微信朋友圈，打造成了一本中餐烹饪百科全书。一款社交软件的分享功能，竟然能成为中西文化融合的桥梁，让一个"不远万里来中国，把中国人民的吃饭事业当成自己的事业"的英国人，在疫情期间能对中国美食进行一次次集中的、高频的、高质量的隔空致敬，或许扶霞自己也想不到。

"把中国人民的吃饭事业，当成自己的事业，其中的动力在哪里？"陈晓卿曾经这样调侃过扶霞。

大多数中国人认识扶霞，其实是从一本和花椒有关的书开始的，她的那本饮食探索回忆录《鱼翅与花椒》，被媒体描述为"一个英国人在中国的沦陷过程"。

事实上，这个公然在朋友圈宣称自己"吃意大利面时也习惯用筷子"，反复把黄喉、牛肚、鸡脚这些人间至味"安利"给外国人，给那些从没吃过内脏、软骨的老外"洗脑"：

"你看这个鸡脚，卤味十足，多好吃！"

"你们不是爱吃火锅嘛，黄喉涮火锅，绝配！"

作为"中餐推广大使"，扶霞还谈到了在疫情期间，或者更宽泛地说，在自己拿起锅铲烹饪时的一个多年的习惯。

"我做菜的时候从来不用味精和鸡精，我个人并不介意这样的调料，但很多西方人不太喜欢。由于我写书的主要目的是让西方人更欣赏和喜爱中餐，如果用了这些调料，可能会适得其反，所以在我任何公开发表的菜谱中，你是找不到味精或鸡精的。"扶霞说。

"有蔬菜吗？有配汤吗？"

"软骨很有嚼劲，口感很棒，快吃！"

这是扶霞经常和英国朋友们说的一句话。

1994年，她来到成都做交换生，学着学着，就学进了四川烹饪高等专科学校，在那里接受了三个月的专业厨师训练。如今在搜索引擎里键入她的中文名，依然会出现许多她20世纪末在成都的烹饪学校、街头巷陌甚至"苍蝇馆子"里,头戴白色厨师帽的照片。

在中国与美食发生交集的近30年里,扶霞格外看重食材的口感。"有个元素在中餐里无处不在,而川菜尤甚,那就是口感。口感这个概念,不仅包括了英语中所形容的酥脆(crispness)、柔软(softness)、有嚼劲(chewiness)等,还有一种特别让人愉悦的感觉,就是吃到一道好的炒菜,所有的食材都被切成非常和谐均匀的细丝;或者吃肉丸子时,感受到每一丝有纤维感的筋膜都已被细细挑去的那种心满意足。"

食材口感的重要性,在并不好就地取材的疫情期间得以凸显:气候和成都相近的伦敦,并不能给她提供做川菜的足够多食料,比如川菜"干煸鳝丝",黄鳝在伦敦就几乎买不到,于是她用牛肉丝代替;再比如凉拌折耳根(鱼腥草),但折耳根不可能在英国买到,所以她没有把这些更换地域后无法做成的菜品收录进《川菜》这本书。

将黄鳝作为食材,在英国人看来是无法理解的。"其实中国人吃的很多东西,外国人都无法理解,比如鸡脚。中国人痴迷鸡脚,觉得这是极其入味的美食,但英国人会觉得鸡的脚怎么能吃呢?鸡的脚那么脏,吃了不觉得恶心吗?"扶霞说。

她曾在英国作过一次演讲,演讲结束后,她把自己做好的鸭舌拿出来和大家分享,"我告诉台下的英国人,这是鸭舌,但你们不要对它有偏见,中餐不仅有正常的饭菜,如果你们不尝试鸭舌这种东西,你们也无法完全弄懂中餐"。

疫情期间,除了川菜,她还尝试做起了粤菜,像萝卜糕、粤式韭菜饺,"我觉得自己做得也很棒!"

中国味蕾,四川灵魂。但她毕竟来自英国,时不时也会馋一下牧羊人派(Shepherds Pie)和伦敦的奶酪。"偶尔来点英国的国菜——炸鱼薯条也很棒啊。"

和"去伦敦""回成都"一样,她如今在伦敦外出吃饭时,总会不自觉地"暴露"自己的中国饮食习惯，这集中体现在每次点完肉菜后，都会条件反射地追问一句：

"有蔬菜吗？有配汤吗？"

疫情时期的"新邻里关系"

在伦敦2020年封城期间，大街小巷的餐厅都暂时歇业。当时，伦敦的医护人员忙得火急火燎，几乎没有太多时间兼顾基本饮食，扶霞就和几个做厨师的朋友一起，组成了一个临时的"伙食小分队"，每天做100—200份餐食送给一线医护人员。

对她来说，能亲临一线参与抗疫，这种体验或许独一无二。"别担心，我做的不是中餐。"扶霞笑着说。由于是做给英国医护人员吃的，所以扶霞没有秀出自己的中式美食，而是做起了素食。餐盒被一盒一盒送往各处防疫站，甚至一些俱乐部的足球场——彼时英国突然暴发的瘟疫，让医务部门不得不临时征用一些球场做中转安置点。

除了参与到抗疫一线，扶霞还在瘟疫期间，重新发现了一种"新型邻里关系"。由于早已是蜚声海外的美食作家，她的朋友遍布全球，但瘟疫的突然来袭，让她无法在短时间内和这些朋友发生联系。

接着，她发现邻居其实也"挺有意思"。有时她做了中式午餐，她会敲开邻居家的门，让邻居们"尝一尝"，偶尔还会开两句玩笑，让对方突破一下自己，"尝一点中国人才会吃的东西"；有邻居外出踏青，回来后给她带了一捆野菜，于是她高兴得欢天喜地，用野菜、蒜苗包饺子，之后还和邻居一起分享。

疫情缓和时，她会邀请朋友到家里做客，就像文章开头除夕夜的场景一样：做一大桌子中国菜，来满足那些只能被"黑暗料理"填饱的英国胃。吃饭期间，她经常会向朋友描绘成都乃至中国的模样，"在成都，最简陋的苍蝇馆子端出来的菜，都比我们在伦敦找到的任何一家好吃"。

久而久之，朋友们渐渐开始爱上中国菜，以至于扶霞每一次请客，"如果没有中餐上桌，他们就说什么也不干"。

这个让中国菜"一路西行"的英国人觉得，所有人对味觉的感知、习惯，都是可以通过后天被塑造的，比如她自己。"我第一次吃毛肚是在成都的一家火锅店，当时的感觉吧，就像在嚼塑料袋子。"

但在成都的学厨经历，让她慢慢爱上了毛肚、黄喉、鸭肠、鱼肚这些中国特色食材。"最近，一个住在伦敦的中国朋友给我寄了一大包鱼肚，我简直太开心了，鱼肚，我的最爱！"扶霞说。

扶霞觉得，一场疫情，让自己找到了和邻居相处的新方式。她觉得，与其和过去一样，按部就班地喝咖啡、约晚饭，不如和送你一根葱、一捆野菜的邻居出去散散步、聊聊天。

不过最让她憧憬的，还是有朝一日能"回中国"。她曾经想过这个问题：

如果没有新冠疫情，此刻的我会在哪呢？

脑海中跳出的答案很多。有的场景发生在成都的一家让她"馋嘴多时"的苍蝇馆子里；有的发生在重庆一家她鉴定过"成色"的老火锅店里；有的还发生在一次和中国老友的饭局上，有新朋友问她："你在《风味人间》里露过脸吧？"她笑了笑，用一口标准的四川话对答如流。

当然，更可能出现，也更符合她目前心境的一个场景是：疫情过后，她迫不及待回到中国，悄无声息地躲进川南的某个小镇，静静地住上几个月，涮火锅，吃白肉。

"白肉一片特别大，就着蒜泥塞进嘴，多好吃，这种感觉伦敦就没有。"

撰 文　白莉莉

"上海通"乐乐：
法国姑娘解锁智慧养老地图

黄家阙路，"耳光馄饨"店，人声鼎沸。

乐乐点了碗馄饨，一边啬，一边偷听隔壁桌上海阿姨们的"私房话"。"遇到鸡毛蒜皮的小事，阿叔阿婶们都会争个不休，但我很喜欢——这就是生活。"乐乐说。

年少成长于法国，如今生活在中国的乐乐，法文名叫科拉妮斯·勒·盖妮科。她给自己起了个中文名"乐盖曦"，熟人觉得这个名字太复杂，平时就叫她"乐乐"。

乐乐小姐称得上一位"中国通"，更具体点说，她是一名"上海通"：

大学期间，她在雷恩第二大学读汉语言专业，天文地理古汉语，唐诗宋词文言文，门类繁复，一应俱全。

大三时，她去了复旦大学做交换生，和中国学生一起学中国文学和历史，闲暇时也给复旦的法语专业研究生上法语和法国文化课。

毕业后，她去昂热大学读研，方向是"中国旅游市场管理"。在她社交媒体的主页上，显示自己掌握五门语言，其中"母语级"的是法语和汉语（普通话），正在学习的"中国手语"也被她自己列为"初级入门"。

大家都说，乐乐小姐是"最懂上海的法国人"，因为她不仅拿到了HSK（汉语水平考试）六级，在中国（上海）待了六年，中国（上海）话还说得"特六（溜）"——穿梭在老上海的街头巷尾，每次得到上海老阿姨的帮助后，乐乐脱口而出的不是外国人学汉语必备的那句"谢谢你"，而是一句老上海弄堂味爆表的"谢谢侬"。

这是一个漫步"小巴黎"，暴走上海滩的故事，也是一个来自异乡的"上海通"，重新发现老上海的故事。

游荡者

2020年，乐乐小姐创办了Arcade亓门文化。简要概括一下这家公司的经营范围，笼统点说，叫"致力于推动中法交流和户外活动"，通俗来说，就是"在上海'轧马路'"。

在中国"轧马路"的"乐乐"们，更像是一个个从四面八方赶来，在中国城市游荡的"跨文化体验者"。时间轴拉回200年前，乐乐的法国老乡波德莱尔，提过一个"城市游荡者"（拾荒者）的概念。

"他们不受世俗约束，流连酒馆、咖啡店、戏院，买书、读报，抽烟、饮酒、喝咖啡，跟朋友漫长争辩巴黎公社失败的原因，讨论浪漫诗派的美学，为似有若无的恋情牵肠挂肚，更多时候，只是漫无目的闲逛，把街道当作自家客厅，由十字路口钻进小巷又从窄弄混入大街，脚步散漫，呼吸匀缓，观察前方路人的穿着打扮，踌躇商店橱窗前，评估那些商品的意义。"

东张西望的背后，是在城市的精神废墟上，捡拾思想的"灵光碎片"。

在乐乐眼里，上海，尤其是老上海的"灵光碎片"，首先体现在距离外滩不到2公里的老西门身上：这个承载了老上海人里弄记忆的老社区，一到饭点，"老克勒"和老阿姨们就在房子外的小灶台上烧菜,作为"游荡者"的乐乐,经常脚踩共享单车"瞎逛"。但往往的结果是:骑着骑着,她就"沦陷"在了四溢的饭菜香味里。

老西门不仅饭菜飘香,甜品也是一绝。如今,乘坐上海地铁8号线,逆行穿过匆忙的上班人潮,从老西门地铁站出站,就是曾经盛极一时的商业中心——老西门。

"这里以前是条边界线。"乐乐指了指面前的马路。老西门南端的中华路曾介于法租界与华界之间,百年来见证着上海一轮又一轮的城市革新。

转眼间,乐乐从弄堂"游荡"到了中华路上。

中华路有一家红宝石蛋糕店,是上海人最钟爱的本地甜品店之一,店里聚集了很多前来光顾的老年人。"这个奶油小方老好恰(吃)了。"一位阿姨极力向乐乐推荐。看到乐乐扫码付款,她好奇地凑上来,问乐乐怎样用手机绑定银行卡。"这里的老人都是'自来熟'。"乐乐说。

"你哪国人啊?法国?来上海多久了?六年?我给你介绍家饭店吧,老字号,口味好。"

除了复读机般重复自己的国籍和来沪经历,乐乐也能从一些"自来熟"的"老克勒"口中,得到一些"游荡建议"和美食推荐。她有时想想都觉得好笑,心里一阵甜。

老西门日落时,她经常看见这样的景象:道路边昏黄的路灯和远处深蓝色天空相接。高低起伏的路面,把老西门分为了两个世界:地平线下归于历史,地平线上属于未来。

观察者

波德莱尔提出"城市游荡者"之后,被汉娜·阿伦特称为"欧洲最后一个知识分子"的本雅明,对这个概念作了进一步阐释。

在本雅明看来,"当物质更新成了城市的主要欲望,游荡者就出现了",而这些游荡者的本质,其实是观察者——本雅明的观察对象不仅限于人群,人群背后诸景如百货商店、拱廊街上的新式建筑、摄影展、商品博览会……这些都成了本雅明的观察对象。

200年后的今天,当数字科技为社区重注动力,城市被连成片、结成网的数字工具点亮,城市人的生活习惯被影响,"游荡者"越来越多,从北美、西欧和大洋彼岸来到中国"轧马路"的"乐乐"们,也开始从参与城市漫步的游荡者,变为关注城市转型的观察者。

乐乐发现,老西门被二维码"包围"了。

2000年,上海南市区宣布撤销,并入其他区,开始转型,老西门街道面临整修,正式开启了崭新的旅程。作为承载百年历史的上海老街区,老西门摇身一变,成了智能生活社区,而在这里住了一辈子的老人,则成了数字时代的"新智人"。

在老街区长短不一的街道,乐乐看见了一片"二维码海洋"——每家每户的门牌上都有二维码,扫描后看到的是整个街区的三维地图,能清晰地展示当前位置以及周边门户。

作为上海网格化管理的一部分,二维码门牌让上海人随时能查看楼栋的行政管辖、辖区民警等公共服务信息,甚至还能"一键报警"。

乐乐还进过一间为老西门的"老克勒"、老阿姨们保驾护航的"智慧健康小屋":不足50平方米的空间里,囊括了几十项健康检测指标。每次体检完,老人们在智能显示屏上扫码,绑定健康云账号,所有检测数据就同步到了手机。

"点开健康云,体检数据一目了然。"除了体脂体重秤、电子血压计等常用仪器,还有红外线身高检测仪、掌式心电仪等医疗检测器械,这让一边"游荡"一边观察的乐乐直呼"太高科技了"。

住在老西门的赵阿姨是个"手机达人"。在她的手机里,微信、微信读书、QQ、QQ音乐、支付宝、学习强国,"一个都不能少"。

通过赵阿姨，乐乐看见了一个老西门的"智慧养老群"。

这个"养老群"很小，小到"藏"在微信窗口里——在一个微信群里，有专人为老人发送生活资讯，对接生活服务。

这个"养老群"也很大，大到遍及老西门的整个辖区——经过卖菜档口，乐乐经常看见一群把手机对准二维码的老阿姨；路过一棵大树，她又发现了一群把手机"打横"，眯眼看短视频、戴眼镜看电子书的"老克勒"。

记录者

作为"游荡者"、观察者的本雅明，也是个还原周边生活的记录者：在19世纪末的巴黎、柏林街头，他专收旧书，随身揣个本子，上面记满他四处搜刮而来的引句，把别人淘汰不用的城市意象，当作自己的私家回忆收藏起来。

从这个角度看，在上海街头"游荡"、观察的乐乐，称得上这个数字时代的一位记录者。

2019年，在宁波攻读双硕士学位时，她写的论文题目叫《聋人休闲活动和聋人文化研究——以上海市静安区聋人协会为例》。

"通过对聋人休闲活动的研究，旨在引起社会各界对'无障碍旅游'中'被遗忘的群体'的关注。"乐乐在论文中这样写道。

记录下那些可能在数字时代"被遗忘的群体"，也成了她给自己分配的主要任务。

数字化工具的多样性，数字化技术的不断迭代，让现代人在尽享数字经济带来红利的同时，也在不同世代间遗留下了一道天然的鸿沟——数字列车飞驰向前，谁还记得那些排队等上车的老年人？

乐乐用镜头和文字，记录下了数字时代，老西门老人们的生活状态。

在饭点走进街道服务点之一的蓬莱路日托中心，里面的老年食堂是最热闹的区域——老年居民可以选择在微信小程序"老西门街道养老平台"上提前预约当日餐食，边吃饭边和老朋友唠家常"嘎三胡"。助餐点在小程序上推出了在线送餐服务，可以解决腿脚不方便的老人的吃饭问题。

吃饭之外，刚刚翻新的日托中心，空间里增添了不少老上海元素，比如旧剪报、立体弄堂模型，不少老人在这里，看见了童年时的老上海。

记录过程中，乐乐也不自觉地对比起中法两国老人生活的异同。"在法国，大多数老年人根本不会使用手机。"乐乐说。

一位烫着卷发的上海本地老太告诉乐乐，自己已经86岁了，屋里的其他老年人也大多超过80岁——他们在这里报"手机操作班"，学"网上看病挂号"，在年轻人的指引下，尝试给后辈们拨出自己人生中的第一个"电话"——摁下微信的语音通话键，家长里短的话题，便开始在屏幕内外流淌。

同样不断流动的，还有上海的城市节奏。有次经过老文庙时，乐乐掏出手机拍了张照——老文庙即将关闭整修三年，"上海是一座节奏很快的城市，但还是愿意保留像文庙这样并不潮流的地方"。

躺在乐乐手机相册里的老文庙照片，和那些被乐乐"游荡"过的老西门街道，观察过的"老克勒"、老阿姨一样，是一种共生的隐喻——数字洪流永续向前，越来越像乐乐一样的数字时代"游荡者"、观察者，正拿起笔，举起相机，转向那些平凡得微不足道的生活细节，对准那些散落在数字鸿沟里的"隐秘角落"。

因为生活总归要向前，科技终须向善。

撰文　高涵

"非漂"水哥：
在尼日利亚卖房是个什么体验？

22岁，水哥放弃大学毕业证，决定闯荡非洲。六年里，他摆地摊、卖电脑、做团购、卖房子、做医疗，赔掉300万又逆袭。他将国内互联网工具和商业形式运用到这片土地，管理的非洲员工从8个到150个，而水哥的终极梦想却是做一个"农民"。

对于华人来说，水哥所在的尼日利亚让人联想到足球的同时也意味着危险、金钱和刺激，然而其丰富的人口、资源不断吸引着中国移民。作为异乡客和新移民的水哥，是如何在不断创业中理解和管理当地人，创新商贸模式，在异国他乡找到自己存在的位置？以下是水哥的非洲故事。

首次创业：产品完胜，细节完败

"主板烧了！"

"键盘坏了！"

"这电脑没法用了！"

……

千算万算，水哥也没想到，自己在非洲的第一次创业，竟然是败给了售后问题。

2017年4月，在非洲一家由中国人创办的综合性B2C（商对客）电商平台Kilimall上了一年半的班以后，水哥决定辞职，自己在尼日利亚最大的城市拉各斯创业。创业的内容，是打造一批让非洲青年人见人爱的笔记本电脑。

当年创立thinkpad（思考本）笔记本电脑时，IBM（国际商业机器公司）把"think"（思考）作为座右铭，印在员工的便笺本上。与此相比，水哥自己更强调idea（想法）的重要性，所以他把这款笔记本命名为ideabook。

和因为售后问题而草草收场的结局不同，ideabook的诞生可以说是"风华正茂"：炫酷银、量子黑、星空灰，三种"狂拽酷炫"的青春色，让拉各斯的一大批长期快被惠普"哑光黑"笔记本磨掉"青春棱角"的年轻人大呼过瘾。

"有非洲年轻人告诉我，这么薄、这么炫的笔记本电脑，'简直让我双目瞬间失明'。我告诉他，这句话在中国国内，叫作'亮瞎眼'。"回忆起四年前的第一次创业，水哥笑着说。

2016年底，水哥第一次来到尼日利亚——这个非洲人口最多，拥有约10万华侨华人，西部非洲华侨华人数量最多的国家。如果把以贩卖小商品和日用百货为代表的低端贸易，看成是第一代赴尼华人（20世纪八九十年代）"讨生计"的主要内容，把矿业、零售业、农渔业、制造业等视为第二代赴尼华人（21世纪第一个十年）个体户"掘金西非"的跨国尝试，那么水哥所在的90后群体，则在尼日利亚通过不断地"触网"实验，间接助推了华人在非商贸模式的转型升级。这个群体的人数虽然不多，但在移动互联的全球科技趋势裹挟下，正慢慢发展壮大。

从此，华人在西非的创业开始走上云端，就像水哥当年做

ideabook 时想的那样,"'有想法,没办法'的时代已经过去了。在非洲,只要你有想法,总会找到实现它的一万种办法。"

在与代工厂达成深度合作后,ideabook 经历了一个"口碑市场双丰收"的上升期。和 thinkpad 略显笨重的机身、惠普单调乏味的颜色相比,非洲的小年轻们对 ideabook 赞不绝口。市场的积极反馈,让水哥干脆把电脑放在了非洲的两个电商平台上卖。五个月内,笔记本电脑线上和线下销售额达 200 万 + 人民币。

饶是一台日臻完美的笔记本电脑,也会在顷刻间败给那些散落在生活中的琐碎细节。

在 ideabook 登陆尼日利亚初获好评的四个月后,水哥的手机开始响个不停。"我的电脑怎么烂了?""我的屏幕被压坏了!"

如今回忆起当年那些接踵而至的售后问题,水哥这样说:"为了把价格压低,我们在电池上选择了最基础的方案。这些方案放在国内,哪怕做一千一万遍实验,都是没问题的,但在电压极不稳定的非洲大陆,付出的代价,很可能是非人为性的烧坏主板。"

相比于均价在 2000 元左右的国内笔记本品牌,售价在 1000 多元人民币的 ideabook 自然是非洲人心中"物美价廉颜值高"的"神器"。不过和烧坏主板同时出现的,还有被压坏、撞烂的诡异情况。

这就不得不提到尼日利亚人的出行必备:黄色小巴。在拉各斯街头,随处可见这种面积狭小、人员拥挤的小面包车,在国内,这种面包车一般只能坐 6—7 人,尼日利亚人在相同的空间里,改成了 12 甚至 16 座。

"你想想看,笔记本电脑再怎么坚固,也禁不起拥挤人群的摩擦和挤压啊!"水哥说。

在非洲做地产，如何"反丛林法则"

就这样，水哥的第一次创业以草草收尾结束。粗略一算，自己赔了 300 多万人民币。

经此一"役"，水哥觉得自己应该弄清非洲人的真实需求，这样才能有的放矢地去二次创业。

考察市场的同时，敏锐地嗅到潜在的商机，这是他在非洲打拼的一大"杀手锏"。高中时，他就伙同几个同学一起倒卖教辅材料，往返于长沙和益阳两座城市之间，并赚到了人生中的第一桶金。

大学时，他通过飞信平台，做过资讯群发和学生日用品的销售。眼看飞信"不敌"微信，他转手把飞信卖了，赚了几万块钱，接着又组织团队，去做当时"需求最旺盛"的考研培训。

读大四时，适逢 2015 年的"大众创业，万众创新"，一个偶然的机会，他在和学校的一个非洲留学生聊天时，嗅到了非洲市场的商机。非洲同学对肯尼亚国内营商环境的"安利"，让水哥觉得非洲或许是一块创业的潜在宝地，当然，它还是一块有待被发掘的资源"处女地"。

当水哥把放弃毕业证去非洲"淘金"的想法告诉母亲时，她的第一反应不是立即反对，而是找到一个早些年"拜过把子"的闺蜜，她的老公在非洲做生意，也有一些亲戚在肯尼亚。一通促膝长谈后，水哥打包好行囊，决定去非洲一探究竟。

他的第一站是肯尼亚首都内罗毕。在非洲工作对水哥而言，几乎不存在什么所谓的适应期：他认识很多非洲的校友和朋友，了解非洲市场的空间和前景；事先去肯尼亚首都内罗毕做过市场调查，熟悉在地文化和风土人情；"夜猫子"的他来到内罗毕的第一个晚上，几乎保持了和国内如出一辙的作息时间——晚上两三点入睡，第二天白天无须用咖啡提神，可以继续奋战一整天。碰上值得开拓的业务，他甚至可以周一至周五，每天睡两三个小时，然后用一个周末把缺了的觉补回来。

在肯尼亚做电商平台不到一年，水哥被派往尼日利亚——这个"非洲第一大经济体"，小商品经济发达，小生意人遍布全国。在拉各斯，最大的服装市场兜售来自中国的尾货，价格便宜，质量好，款式多。相比肯尼亚，尼日利亚的市场规模更大，营商条件也更成熟。

在笔记本电脑创业失败后，水哥嗅到了另一个商机无限的市场：房地产。

水哥所在的拉各斯，是一个人口2000多万的大城市。"你可以把它想象成国内的北京或者上海。在尼日利亚，每天都有无数年轻人从各地涌向拉各斯，他们在这里工作，生活，谋事业，搞钞票。"

尼日利亚的"国情"又和中国不同。在中国，买房、买车、上户口或许是不少人眼中的"婚姻标配"，但在拉各斯，结了婚依然租房的情况非常普遍。"尼日利亚的丈母娘没有中国的厉害。"水哥笑着说。

正是看准了拉各斯人口流动大、租房需求旺盛，2019年4月，他组建起"非洲链家"X-Home，初始业务团队6名中方员工，60多名本地员工，逐步扩大至6家直营店铺和办事处，对接租房需求3000+个，只用了半年时间，就实现了盈亏平衡。

"我甚至连公司的logo都是'搬运'链家的。"水哥说。X-Home的模式是做二手中介——通过整合一些本地小型中介的房源，用渠道的优势吸引拉各斯的租客。为什么X-Home的渠道优势明显？根据水哥的说法，拉各斯租房市场虽然需求巨大，但遍布的是各式各样的"丛林法则"。

"比如地产中介最在意的中介费，在拉各斯，中介费甚至能收到10%—15%。是的，你没听错，在国内，这个点数超过5%就已经很吓人了，但在拉各斯，地产中介在报中介费时，可以说是张口就来。"

水哥介绍，中介除了按百分比收取中介费，其他的收入来源还包括打扫庭院、发电机费用平摊（在尼日利亚，能 24 小时供电的小区算得上是高消费小区了）以及各项综合服务费。"费用越多、越细，可操作的空间就越大。"水哥说。

根据水哥的解释，X-Home 的渠道优势在于，它朝着"丛林法则"的反向进行运作。"定下多少佣金，多少中介费，之后就不可能更改了。你客户跑得再勤、专项费用再杂，都得按合理的比例收取中介费。"

属于"地摊经济"最好的时代

在拉各斯被卷入"地产风云"的同时，水哥也和同事投入尼日利亚"地摊经济"的洪流中。

如果你在 2019 年底去过拉各斯，你或许会在社区和街边发现不少标有"lapamart"字样的易拉宝，旁边摊位上摆放的，是拉各斯人民的"心头好"：雨伞、手电、香水、工艺品、电池……这是水哥在进入拉各斯"本地生活"板块后的另一个布局：地摊零售。货源从中国大陆或非洲的一些中国工厂拿，把摊位摆到拉各斯全市的 100 多个核心区域。"每天毛利能到 200 多块人民币，这还只是一个售卖点的数据。"水哥说。

"举个简单的例子，一瓶香水，我们从供应商那边的拿货价是 144 奈拉，我们在摊位上卖 200（奈拉），拉各斯其他有铺位的店面，标价基本都在 500（奈拉）左右。拉各斯人也会算啊，他们不来我们这买，还舍近求远去标价 500（奈拉）的店里买吗？！"

在参与"地摊经济"的同时，水哥还格外注重"争取可以团结的对象"。"我们招募了一堆常年在家带娃的家庭妇女，她们对本地社区的消费习惯和人情往来，肯定比我们这些'外来的和尚'强百倍。把开拓新铺位的重任交给她们，让她们的生活里不仅只有孩子和家庭，还有参与其中的生意，动力别提多强啦。"

初创笔记本生意，涉足房地产板块，然后参与到"地摊经济"中的水哥，经常被朋友问到一个问题：在非洲创业，前景到底如何？

而直到这两年，"内卷"这个词在国内开始走红，水哥才发现，这些国内朋友所处的行业，或许真的像他们所担心和焦虑的那样，真的"太内卷了"。

他打了个比方。2015年，他第一次来非洲工作，如果那一年他选择在国内做社区团购，那么通过搭建团队，吃苦耐劳，可能会做到一定的体量，但一旦发生像疫情这样的"黑天鹅事件"，他八成会遭遇重大危机。

"为什么？因为很可能某一个互联网巨头或者资本，突然间就杀进我所在的行业了。"他担心的是，辛辛苦苦这么多年搭的团队、平台、成绩，在任性的资本面前，会"毫无招架之力"般被攻陷。

但在非洲，情况完全不一样。"在非洲创业了这么多年，我一直不知道'内卷'到底是什么感受。就拿我在 kilimall 做电商为例，五年前我刚来 kilimall 时，一根弦就一直紧绷在我们每个中国员工的脑中：非洲电商的红利期和窗口时间，也就是接下来的这三年了。好了，三年以后我们再聊天时，会发现，咦，怎么这个窗口时间还没来？"

从"杂牌部队"到"正规军"

"在非洲工作是一种怎样的体验？"在知乎的这个问题下面，水哥补充问过一句话：每个落地的中国公司都在高喊"本地化、本地化"，但，究竟怎样才能融入本土？

他经常听到在尼日利亚的中国同胞抱怨：当地人的工作效率，咋就那么低呢？今天答应的事情，他们偏要拖到明天甚至后天；今天领完工资，明天就不见人了。

起初，水哥也碰到过类似情况。

于是他在公司执行"Promise is promised"原则，对待不守规矩的，坚决不给机会。当然，现代化的管理，也需要借助一些线上的工具，否则你只能在非洲人的惰性面前束手无策。

打考勤是所有职场人都逃不过的一个制度。很多人说，在非洲创业的企业都是"野蛮生长"，在丛林法则还没兴起，江湖规矩还未建立的时期，太多无意义的制度，会破坏创业公司员工，尤其是本地员工的积极性。

但如果让本地员工养成了自由散漫的习惯，创业团队的根基就会动摇。当他和创业伙伴们苦恼的时候，公司发现了企业微信这个线上工具。回忆起在非洲创业时的管理难题时，水哥坦言，如果当时没有企业微信的"加持"，"我们可能只是一支不讲规矩的'杂牌部队'"。

在非洲工作、创业，必须随时应对各种各样的突发情况：有时吃紧的电力，能让一屋子同事没法电脑办公；有时突然"掉链子"的打卡机，会让线下的考勤彻底"掉线"。所有在非洲的创业者，或许都通过企业微信，在"按部就班"和"灵活机动"之间，找到了属于自己的最佳平衡点。

本国或非洲同事随时都能在企业微信上找到，同步翻译功能，会自动把对方说的话或写出来的文字翻译成英语、法语等所在国家的官方语言。需要线上商讨事情时，便拉起腾讯会议。水哥将国内的互联网工具灵活运用到公司运营中，打卡坐班这件事，被欣然地接纳了。

立规矩的同时，想真正在非洲"本地化"办公、生活，还需要学会真正理解当地文化。

在肯尼亚采购工作期间，水哥经常要与本地商家进行长达数小时的"谈判"，也时常邀请他们一起吃饭。肯尼亚人多数信基督教（还有部分信伊斯兰教），一起吃饭的时候他们会和他讲教义，希望他也信教。在肯尼亚人的价值观里，有一个非常有意思的点：你有的我没有的，你就应该给我，或者我自取（可能也是部落生活留下的价值取向，我家没油就去你家取，你家没米来我家吃）。

"所以在和中国人谈判的时候，他们就会认为你有钱，我没钱，所以你应该多给我一些。达不到他们的预期，就把你晾在一旁，不再和你交流。"

在处理这些问题的时候，水哥的策略是：先做到心中有数，成本是多少，利润应该几何。而后在谈判时，杀起价来毫不留情，先点破你的成本，再跟你谈利润。同时，配合懂的一些斯瓦希里语，拉近距离的同时也暗示他：我是"老肯"，你骗不到我。

与合作方不可或缺的线上沟通，水哥依然是从国内的互联网技术里找方法，他当前所在的医疗科技公司，正通过腾讯云和腾讯企点的线上技术，打造一个带电商功能的在线商贸互动平台。这个"新产品"，能在线把展会、展馆、展位展品全扫描，搭建一座联通起主办方、采购方、买家、展商的桥梁。采购商可以和展商发起聊天互动，可以向参展商发起视频会议邀约，甚至还可以收藏感兴趣的店铺或展品。"这些展品，可以是我们中国造的口罩、防护服，也可以是运往世界各地的呼吸机、制氧机。"水哥说。

几年前，水哥在拉各斯周边买了一块15亩的地，雇了几个当地农民帮忙打理，种了些蔬菜，蔬菜熟了就让这些农民自己割来吃；养了几只鸡，鸡下蛋后，让蛋再生鸡。虽然水哥几乎很少去巡视他的"领地"，但总畅想未来某天驱车前往，眼前鸡在跑，心中梦在飞。正如海子写的那样：从明天起，关心粮食和蔬菜。

撰文 栗蓉

南京女婿竹内亮：
用镜头消弭偏见

一年之内，纪录片导演竹内亮去了四次武汉。

2021年4月10日，应微信邀请，竹内亮在武汉街头做了五个半小时的直播。这一次，他带上妻子赵萍，一起在户部巷吃起了热干面，跟小店主聊起了天，重走了长江大桥，也重逢了纪录片《好久不见，武汉》里的一些主人公。

生活是一个进行时态的词语，即使在重大的困境面前。一年过去了，武汉人的生活仍在继续，作为一个曾经参与疫情中武汉人生活切片的外来者，竹内亮用镜头语言记录下了一部分个人与集体记忆，他的观察和感受是怎样的？

每个武汉人都有他的故事

一年中，竹内亮与《好久不见，武汉》中的主人公保持着紧密联系，算起来一共去了四次武汉。2020年5月拍摄纪录片的时候，竹内亮和他的摄制团队在那里待了一周；12月，竹内亮在武汉办纪录片观影见面会，他又重新见到了纪录片里的几位主人公。2021年3月，竹内亮去武汉大学做樱花直播,他和片子里的护士龚胜男相约见了面;4月10日,竹内亮应微信邀请去武汉户部巷、江滩等地做直播——因为这部纪录片他与武汉结下了深厚的缘分。

片子里,主人公们的生活一直在变化。日料店老板赖韵虽然还是没有找到合伙人,一个人要忙里忙外,但他的生意相比竹内亮2020年5月去的时候已经好多了,很多网友跨越几座城市来打卡;疫情之后,其他病类的患者逐渐增多,护士龚胜男的工作越来越忙,下班之余,她玩起了视频直播,她说这是为了让更多人来长期关注医护群体;唱Rap的英语老师成了学校里的名人,做脱口秀,登台表演,她的生活更丰富了;也有一些人失去了联系,比如曾经参与雷神山建设的小哥,竹内亮没能再次与他见面。

四年前,竹内亮第一次来武汉拍《我住在这里的理由》,拍开咖喱店的日本老板,就认识了很多朋友。那时,竹内亮第一次吃到武汉热干面,觉得真好吃。这次来,又吃了热干面,依然好吃!街边的店铺都开门了,春天的武汉很舒服,有江风。

最近一年,武汉人都戴着口罩,看不到大家的脸。2021年4月10日那天去,街头上大家也还是很谨慎。竹内亮第一次看到很多人的面孔是在3月去武汉大学做樱花直播的时候,在盛开的樱花树下,人们迅速地摘下口罩,拍照,然后又快速戴上。几乎每一个人都用同样的动作与樱花合影,他们开心地说话,摆动作,笑。那一刻,他觉得武汉真的开始恢复了。

这次来直播,有一个妈妈跟竹内亮讲了她在封城期间买不到奶粉,通过各种渠道接力的故事;另一个妈妈跟竹内亮回忆起她在怀孕期间,无法去医院的焦急心情。好在,这一切都过去了。

"我很佩服中国人随机应变的能力"

疫情趋向平稳的这一年里，竹内亮频繁出差，去了东北、北京、上海、浙江、海南、青海等十几个地方，每去一处，健康码和行程码都是必备的。2020年1月在北京，行程登记会精细到坐出租车的车牌、上下车地点，去餐厅、办公楼，都需要扫描二维码、登记。这样的管理很彻底，也是控制疫情的良方。日本也有开发类似的应用，但不如中国细致，因为日本疫情反弹，竹内亮已经有一年多没回日本的家了。

"我很佩服中国人随机应变的能力"，"中国是一个多元丰富的国家，人们的适应性非常强，这个不行做那个吧，面对困境，人们心态很乐观"。竹内亮在《后疫情时代》中拍摄的温州直播小商户，他们直播卖货的方式在外人看来很不可思议。

网络搭建起了一个桥梁，为了生存，很多商家在镜头前推销自己的商品，通过直播、拍片子，展现自我个性，找到赚钱的门道。在竹内亮看来，这种变通，在日本很难实现。

竹内亮说，假如是一个卖杯子的门店，日本老板可能就是一辈子做杯子、卖杯子，不去挑战新办法。中国老板可能就会开直播课，在朋友圈、在视频上直播教别人怎么做杯子，顺便把杯子卖出去。

这次直播，竹内亮还去探访了武汉大学中南医院，见到了曾经参与抗疫的医生曹清。她也感染了新冠，幸运的是，她康复了，回到了工作岗位。竹内亮也发现，疫情让医院加快往互联网方向转型，医院里，从挂号到就诊都可以在小程序上完成，效率很高。

"我想，20多年来，互联网不仅影响了中国人的行为，也深刻影响了人们的思维方式。其中，最根本的不同，还是两个民族的性格差异。"

一切都在变化中

2003年,竹内亮第一次来到中国,18年过去,用他的话说,现在像是处在一个完全不同的国家。所有的都在变化,没有还未变的东西,所有的东西都变了,包括人们的思想和行为方式,他自己也处在这种变化之中。

十年前,竹内亮和他的同事历时一年从长江源头拍到长江入海口,6300公里。旅途中,他们见到了各种各样的人,各种各样的文化交融在一起。竹内亮最大的感受是,中国真大啊,无边无际的大,中国人很热情。得知竹内亮是日本人后,老百姓向他打听山口百惠和高仓健的近况。

竹内亮跟这部片子里的一些主人公还保持着联系,2021年夏季,竹内亮计划再回香格里拉,他也很想知道,十年来,片子里那个叫次姆的藏族姑娘,生活发生了哪些变化。

年轻的时候,竹内亮为NHK工作,拍摄纪录片。在那段时间,利用工作机会,他走遍了亚洲各国。在心理认知上,他认为自己是一个"亚洲人",中国和日本是竹内亮常住的两个故乡,他没有把它们分开来看。竹内亮拍过各种各样的人,在他看来,总统也好,流浪汉也好,都是一样的人,都是平等的生命,要用一样的心态、一样的看法去对待他们。

在中日两个国家长时间生活的经历,让竹内亮长成了一个"非典型日本人"。十多年来,竹内亮一直在做纪录片,但又在一直打破纪录片的规则,这点是从中国人的"随机应变"中习得的。竹内亮内心知道,在当下,纪录片越来越小众,人们都喜欢看综艺,对越来越正经的纪录片接受度不高,所以他需要打破一些规矩,比如导演本人出镜,坚持跟拍,不摆拍。

当导演是竹内亮的人生梦想。高中时,他每天要看两到三部电影，毕业后去了东京专门学校学习导演专业。学完后，找工作时，日本"就业冰河期"尚未结束，四处碰壁。24岁，竹内亮才真正成为一名导演，开始拍片。2010年前后，他碰上人生的低潮期，在公司，写的企划总是通不过，每次都是执行别人的任务，"这样没什么意思"。2013年，竹内亮跟着老婆回南京，开始在中日两国穿梭，做了一名自由导演。

NHK对纪录片"真实性"的要求影响了竹内亮，宁可牺牲构图、完美的光影，也要保证真实感和在地感。而真正影响竹内亮的导演是迈克尔·摩尔，他用幽默和诙谐的镜头去表达自己的观点，用娱乐精神去展现真实，这也是竹内亮的理想工作状态。

在日本，纪录片这一行，有很多人六七十岁了还在做摄影师。"现在年轻人压力大，很容易累了就不做了。一定要坚持，这话很老套，但有用。"竹内亮说，"我也是在不断坚持中，慢慢让人生的路越走越开阔"。

撰文 JUMP

数字漂流：
老外眼中的中国故事

国际传播是一项系统工程。当前中国的国际传播实践是否有效，需要我们从讲中国故事的主体、内容、渠道与传播方式多个角度进行考量。因为国际传播的实践始终是在两个社会文化体系之间进行的，因此，要考察国际传播的效果的话，就不能依赖单一的视角，而应该采用综合性的策略。沿着这条路来看，国际传播实践领域当前关注的核心问题包括两个方面：其一，如果我们要向海外民众讲一个中国故事，那么谁能够成为中国故事的讲述者？其二，如果我们要把这个故事讲得精彩，那么这个故事应该包括什么要素，它的叙事结构应该是什么样的？围绕着这些问题，面向国际传播的主流机构与民间智库已经进行了丰富的传播实践。

不得不说，当前蓬勃发展的数字媒体平台为我国的国际传播实践提供了基本的语境，而在其中，在华外国人以他们在中国生活和工作的经历为我们提供了回答这两个问题的独特视角。

桥接社群与"讲好中国故事"

海外民众只有在亲身体验中国文化之时，才对中国文化有真切的感受。这就意味着中国故事要讲得好，必须让更多的海外民众能够来中国走一走、看一看，真正体验中国社交媒体平台的便捷。"桥接社群"（bridging community）就是一些对中国生活有真实感受的外国人群体。这些在华外国人拥有多元的文化背景，他们有能力向国际社会表达自身真实的感受，也愿意向自己的朋友和亲人讲述自己在中国的生活。在我国这一群体的规模比较庞大，既包括在华留学生、在华工作的外国人，也包括在华的国际配偶。他们或在中国长期工作，或在中国尝试创业，或在中国定居结婚生子。不得不说，这些在华外国人在国内生活一段时间后，总是可以发现中国文化的美，而且对中国文化产生了情感上的认同。他们既是中国社会的"外来户"，也是外国人眼中的"中国通"，他们始终游走在两种文化边界之上，因此他们就更有可能成功地讲好中国故事。

在华外国人传播中国文化与中国故事的驱动力，在于他们能够超越自己的文化偏见，对中国社会进行细致的观察，并在生活之中发现中国故事细腻的美好和让人动容的地方。他们能够亲身体验中国社会的快速发展，用自己的亲身体验向亲朋好友们讲述中国当下所发生的故事，这种独特的经历在客观上发挥了"桥接"的作用。事实也是如此：英国广播公司和美国公共电视网曾联合制作播出一部纪录片《中华的故事》，该片从普通中国人的生活追溯中国过去4000多年的历史，从外国人的视角讲述中国从古代夏商周到改革开放的巨大历史变迁。该片的撰稿人兼主持人迈克尔·伍德曾长期生活在中国进行拍摄，他认为，今天的中国人更加从容、自信，他们愿意分享自己的故事和自己眼中的中国历史。这样的评价对于海外民众加深对当代中国社会的了解大有裨益。相似的视角也出现在《中国新年》《鸟瞰中国》等一系列广受关注的纪录片中。

对于这些外国人来说，他们对中国故事的讲述的热情并不因为他们不是中国人而受到影响，因为只要他们对中国文化产生了兴趣，他们就会产生传播中国文化的动力。包括竹内亮等诸多外国人在深入中国的青海、云南、四川等地拍摄影片时，他们就能从外国人的角度观察中国的数字化变迁。他们在新冠肺炎疫情期间主动发声，很大的初衷就是为了改变他们朋友的偏见。这在客观上也传播了中国的抗疫成果，展现了中国社会数字化转型的巨大变化。

因为中国社会始终在进行时之中，所以在华外国人所观察到的中国社会也面临着数字化浪潮——这就导致了他们的国际传播行动也大多发生在社交媒体之中。传统意义上的中国文化与中国故事在世界范围内的影响力，大多是借助《西游记》《图兰朵》《花木兰》等被国外影视行业所改编的故事而呈现，这意味着大多数国际民众首先是通过故事认识中国的。数字技术带给国际传播的新契机，就是在华外国人能够借助新的社交平台，为世界讲述新的中国故事。无论是无远弗届的微信或朋友圈，还是方兴未艾的直播带货，都让在华外国人感受到了数字技术带给他们的日常生活的便利，也为他们传播自身对于中国的体验提供了基本的素材。他们的生活所传递给朋友的，是一种面对中国生活的"新鲜感"。这在非洲各国大使对中国直播的体验之中表现得十分充分。

在华外国人所做的国际传播工作与传统意义上的官方行为并不相同。他们所进行的主要是一种"阐释工作"，即通过展示自己在中国的生活体验，祛除中国本身的神秘化色彩，使中国不再是"遥远神秘的东方社会"，而是一片人间乐土；中国人不再是神秘的"功夫大侠"，而是和自己同喜同悲的普通人。这些效果都能够通过在华外国人的社交平台实现。剑桥大学文学系高材生扶霞·邓洛普、在成都开酒吧的比利时小伙 Dieter 等都是这些故事绝佳的注脚。不得不说，全人类的共同愿景都包括让自己的生活更加美好幸福。因此当来自日本、印度、英国的外国人在中国的网课创业发展得如火如荼时，他们的朋友们对中国的理解与向往就与日俱增。这或许也说明了，对数字中国的传播始终应该是一种人际传播（interpersonal communication）。只有获得口口相传的好口碑，中国故事才能在国际社会中不断为人传播。

因此，我们可以说，虽然在华外国人长期以来是我们要"感动"的对象，但随着全球舆论环境的变化，以及中国在世界上扮演的角色的更迭，固有的国际传播实践也需要因时而变。实现在华外国人从"传播对象"到"传播中介"的定位转换，从"对他们说"到"让他们说"将是未来国际传播工作的一个值得深入搭建的体系。

数字日常与中国式道路

如何生产有吸引力的中国故事，这一直是困扰我国国际传播工作的一个问题。其实这一问题早有答案——"越是民族的，就越是世界的"。事实也证明，一味迎合西方民众的文化产品，往往不能吸引人的眼球。而在数字媒体蓬勃发展的当下，我们从 Twitter、Facebook、TikTok 上获得的经验告诉我们：要让海外民众乐于观看，我们就需要传播有趣的"中国日常故事"。从这一角度来说，数字时代的国际传播，就是传播中国民众的数字日常（digital everyday life）。

"数字"已经成为我国民众生活的核心概念，中国式的数字社会在全球范围内居于领先地位。无论是日常社交、工作与衣食住行等基础生活，还是教育、旅游与娱乐活动，我国民众已经事实上进入了"数字宇宙"。根据 2021 年 8 月第 48 次《中国互联网络发展状况统计报告》，截至 2021 年 6 月，我国网民规模达 10.11 亿，较 2020 年 12 月增长 2175 万，互联网普及率达 71.6%。庞大的网民数量并不仅意味着中国民众可以接入互联网，也意味着他们能够主动地花费大量的时间上网。截至 2021 年 6 月，我国网民的人均每周上网时长为 26.9 小时，较 2020 年 12 月提升 0.7 小时。而在数字社会之中，中国网民能够进行的活动也丰富多元：我国网上外卖用户规模达 4.69 亿，在线办公用户规模达 3.81 亿，在线医疗用户规模达 2.39 亿。

在数字社会之中生活，这意味着普通民众——无论身处中国社会的城镇还是乡村——他们总是可以享受数字社会带给他们的福祉与便利。这就是我国的国际传播工作的海量故事资源。从当前的国际传播实践来看，无论是美食博主、搞笑博主还是生活博主，在海外社交平台上受到欢迎的永远都是那些呈现日常生活的作品。他们的创作素材往往以普通民众作为影像主体，关注普通民众的生活，表现出明确的伦理关怀。在短视频平台上受到中外媒体广泛关注的阳离子、Rose 等外国媳妇都是用热情的生活态度吸引观众的好奇心，他们的短视频内容往往都聚焦于最普通的中餐制作、环保活动、旅行、农产品采摘等。他们的故事简单朴实，却又让观众产生巨大的好奇心与向往。新冠肺炎疫情期间，这些在华外国人在数字平台上的生活受到巨大关注，他们的朋友们也因此更为亲近中国文化。

国际传播的目标是将中国故事、中国理念与中国价值传递给海外民众。在华外国人用他们的经历告诉我们，如果用真实的中国故事进行国际传播，会获得事半功倍的效果。众多在广州生活的"洋老广"的生活受到了广泛关注。来自芬兰的亚雪芳、来自俄罗斯的洪歌等外国人，他们都对中国的生活极为适应，还能创作出"我的码是绿的，绿得像青青草地一样"这样的歌曲。他们身在中国，理解中国，传播中国，能够为国际传播工作提供借鉴。诸多外国年轻人将深圳视作创业热土，扎根中国培育团队，他们很多人创业的原动力都是因为"梦想只有在中国才能实现"。

我们必须认识到，即使是同一个故事，不同的人也有不同的讲述方式。无论是来自上海的老外，还是来自广州的老外，或是来自北京的老外，他们虽然在中国生活了很长时间，但他们对于中国的理解始终不尽相同。在社交媒体平台上，这种对于中国的"个性化想象"或有交叉，或有悖逆，但是他们始终都是以事实为基础的。因为中国的数字生活始终是向前发展的，他们所讲的中国故事永远来自他们的日常经历，这就从根本上决定了他们对于中国故事的讲述始终是向好的。

透过在华外国人的视角观察中国民众的数字生活，能为我们讲好中国故事提供积极的方案。我们也必须承认，这种现象有着更大的意义——它意味着"数字中国"应该以更加积极的姿态被国际社会看到，"数字化"的中国方案应该更加主动地被全球采纳。正如尼克·库尔德利所认为的那样，当前的数字化与以往的工业化别无二致，它意味着一种新的现代化体系。在数字社会的开端，"数字中国"实际上代表着我国为世界所提供的一种崭新的数字化道路。中国的数字社会蓬勃发展，在建设过程之中涌现出的数据监管、技术伦理与隐私保护等一系列问题都为世界其他国家提供了先例与经验。因而，中国的数字日常被更多的国际民众所接受，意味着中国道路在未来有更大的可能性成为国际主流道路。这正是国际传播的意义所在。

数字生活始终是指向未来的。中国民众的生活正在经历一场翻天覆地的大变革，如果我们能够借助桥接社群的眼睛将这场数字变革传播出去，中国的数字方案才能真正凸显其无双的价值——于数字化未来之中构建人类命运共同体。

撰文　田浩

跋

缘起

在疫情全球蔓延的 2021 年，我们乡建团队接到多家数字经济头部企业的邀约开展交流。数字企业大都提出"三农"数字化的设想，似乎是要数字化与生态化乡村振兴结盟。这恰与我思考的新格局一致：中国 21 世纪发展需要打造的新格局，应该是数字化生态经济……

借《有数》一书出版的机会，和数字经济新时代的年轻人进行交流，也借此向他们介绍我的团队长期调查研究的成果。诚然，只要时间允许，我一向都很愿意和年轻人们沟通，希望从他们身上发现不同于沧海桑田的前辈们的全新视角，通过近似跟虚拟世界的沟通，感受他们在跃起或躺平中的酸甜苦辣，领会到关于未来多元场景中的无限可能的演化。

于是，便有了这个书稿。

观感

阅读《有数》一书的书稿，让我如同带上 AR（增强实现）眼镜一般进入另外的世界。一方面，这些与我切实感觉不同的文字并不是在做我熟悉的课题研究，所以可以用一种更加接近文学的心态来阅读。书稿中一篇篇极富画面感的文字，记录的是普通人的生活，以"抵近观察"的视角介入到他们的某一个人生片段，记录下他们的喜怒哀乐与努力生长。另一方面，我因为长期在一线从事调查研究工作，出于职业经验，还是从这里找到了一种熟悉的味道，如同看到一个年轻人真正沉下心来，深入到了调查研究的第一线，然后，就是跟当地的人们一起，同吃、同住、同喜、同悲，有了实在的经验；再然后，这个世界的一个真实侧面，开始徐徐呈现在面前，火候刚刚好，这是那种由青涩"入世"进而长大成人所必须的、难得的自觉。

我们乡建团队的特点之一是创新性强。近年来，我们提出以"两山"新理念带动"数字化＋社会化"联合创新的新格局。早在 2014 年，我们开始资助青年人搞 CSA（社会化生态农业）对接 PGS（社会参与式食物安全保障体系），到 2018 年试图把这个集成创新接入区块链技术，2021 年又借由 NFT（不可同质化代币）来推进本来就"不同风"而内生性具有不同质特征的生态产品的价值化实现。也是由此，我们这一年多来也参与了与多家数字经济的头部企业的交流。在元宇宙被带节奏的投资商拉入资本虚拟化投机浪潮之际，我们团队提出借助元宇宙使用的虚拟场景技术手段，既可及时开辟"整全科学"思想下的"元教育"，又可推进乡村空间生态资源的动态开发……

实际上，整个社会似乎已经形成了一种共识，"这个世界正在被数字化所改变"，但对于这种改变，普通人却很不容易建立起"体感"，因为很多人只是被善于从概念说起的知识界告知了这样的概念，而这个又不是来自于他们自身的观察与经验，某种意义上，这仍然是一种二手的认知。然而，数字手段对空间生态资源进行描述和数字化处理的困难就在于，自然界与人类世界都是很复杂的不断演变的系统，如同"人不可能两次踏入同一条河流"一样，数字化在这个演化中的复杂系统里，难以把发生在很底层的多种客体改变交叉形成的综合性外在形态，还原成原始数据，纳入数据库。

是的，数字化的技术进步带动了很多改变，这超出了我们常规的经验与感受范畴。因此，很难有人能描述清楚，这种改变具体是怎样发生的，通过谁，在什么事情上发挥了怎样的作用，又如何以一种涓滴汇流的方式来形成如今壮观的景象？我们需要对所发生的现象有所解释。于是，从这份书稿中，我或多或少地感受到了年轻人们试图在这个方面作出一些努力的雄心。

从我自己的个人经验而言，形成认识的方法很直接。要对各类有内在相关性的宏大命题建立"体感"，最好的办法莫过于参与客观历史的重大变化，在任何转折发生之际把自己投身其中；对那些不可能直接参与的客观事物，尽可能实行深入其中的调查研究。这有点类似于我们中国传统美术的"多点透视"技法。也就是，选取很多个有代表性的样本，近距离地展开观察，在每一个观察点上都深入进去，记录、理解并进行思考，然后，再像描绘《千里江山图》那样，把这一个又一个的片段，在头脑里组合成一幅长长的卷轴。日复一日的进行这样的工作，把自己浸泡在其中，随着这幅卷轴的日渐成型，当机缘终于具足，在某一个刹那，忽然就会有所领悟，于是可以对这种抽象层面的运作机制建立起一种"具象的体感"。

经验

20年前就有媒体说我"用脚做学问"。回顾过往数十年我自己迈开双脚走向实际的调查研究生涯，曾经有过两次比较"出格"，大概算是值得介绍的经验。

第一次是1985年的"黄河万里行"。我们用四个月的时间骑着摩托车，沿黄河做了八省2万里的实地调查。那时，生在糖水里的80后新生代们正在呱呱坠地，伴着手机和网游的00后数字世代的年轻人都还没有出生。那一年，中国的知识界提出了"梯度发展"理论，也就是"先发展沿海，再带动中部，最后带动西部"。同期则是"让一部分地区先富起来，鼓励一部分人先富起来"这个口号，作为国家政策倾斜的指导思想。

但，每一个对中国地理有常识的人都应该知道"三级台阶"地理分布被"五大气候带"覆盖，这是中国的一个客观的地理气候现象，因为中国幅员辽阔，地理、气候、资源和环境各个方面的差异非常大，所以仅靠沿海一条边发展带动内地的政策思路看上去合理，实际上恐怕和中国的国情相去甚远。我当时的主张是认为中国至少应该是一个 π 战略，而不是沿海一条边战略。所谓"π"，就是把长江黄河变成两个折线连接到沿海一条边上就变成了一个 π，是"三生万物"。借用圆周率符号来代表中国多样性发展，而不应该是沿海一条边那种"加工贸易"的低端外向型发展模式。也就是说，中国应该实现不同区域特色的有机融合的综合发展。

那时候我34岁，为了让政策性不同意见有依据，我就组织了一次"黄河万里行"考察，当时也是想要弄出点动静，才能让社会各界关注到中国内陆特别是西部地区。具体的方式就是请当时的兵器工业部下属的企业赞助一批不同型号的中小排量摩托车，另外拉了一点经费赞助，总得解决一路上加油、住店、吃饭等生活花费。组织了一帮青年记者，骑着摩托车，从黄河的源头栉风沐雨地走到入海口，做一次深入的国情调查。我们赶上了各种各样的情况，狂风暴雨，路断泥泞，甚至深陷沙漠，总之，遭遇了非常多难以想象的困难。

当时的青藏高原交通闭塞，很多地方甚至是一片蛮荒，跑七八十公里都没有人烟。黄河壶口大瀑布也没有像现在这样修上栏杆，我们可以把摩托车一直开到瀑布边上。那一片泥雾起来，人的全身都是泥，除了眼睛还能眨巴有点亮，其他部分都包在泥壳里。在大自然的一片鬼斧神工之中，人就像一粒尘埃一样，什么都不是，这是非常震撼心灵的一种感觉。对我自己而言，经过这样一次比较深刻的历练，亲身体会到了一种立地成佛的感觉，这就是所谓放下自我，不再把自己当成一个好像多么重要的人了。

自那以后，我不再去争论到底应该是一条边还是一个 π 的发展方针，觉得已经没有必要了。

当时的我，跟《有数》里的各位作者在人生阶段上其实也相差不大，也是刚刚走上工作岗位不久，因为我是28岁才上大学，32岁才大学毕业。我很庆幸自己在大学毕业以后不太久的时间，就有了这样一次在大自然中改造世界观的机遇，这样一次调查研究的经历，对我来说至关重要。因为这种历练，对我形成所谓世界观有很大帮助，在这次考察里我第一次身临其境地去体会了什么叫作伟大祖国，什么叫作大好河山，自然界这种无与伦比的伟大，让我放弃了过去那种妄自尊大的心态。

第二次调查研究经历

第二次的调查研究经历恐怕就更有意思了。

众所周知，1989年苏联东欧发生剧变，以柏林墙倒塌为标志，宣告了"一个时代的终结"。这场巨变在当时给人的震撼是非常强烈的，大大超过了我们这一代人的经验，要怎么去认识这件事情呢？我当时想，恐怕得找个机会去苏联东欧国家做点调查研究。此前，在20世纪80年代我去美国学习研究方法的时候，曾经参与了一个美国国家科学基金会资助的在中国的一个大型的比较研究项目，在我做了初步调查之后，作为调查的实际操作者就得去做数据分析，所以我就按照这个工作规程于1991年夏季出国了，去的是美国的哥伦比亚大学和密歇根大学。苏联发生"8·19事件"的时候，我正在学校的机房里面做数据清理，埋头干了两三个月。当然，我不只是要把活干完，还想尽可能节省时间和费用去苏东国家看看西方帮他们搞的"全面转型"。

当时很多在美国的朋友都不相信我去得成。但最终我得到了申根签证，主要是靠省吃俭用，把生活费用尽量省下来在银行里存够了两千美元，可以证明自己有支付旅费的能力，就可以办旅游签证。我用200美元的最廉机票从美国飞越大西洋进了西欧，然后再用美国买的欧洲火车通票先转了英法德意，可以在15天的时间内乘坐7天的火车，而且是头等舱，当然晚上就在火车上睡觉，把住店的钱也省下来了，并且欧洲的火车站有个最大的好处就是都在城市中心，出来车站后去哪儿都比较方便。走西欧之后再去东欧和苏联。那一趟，我用了40天的时间走访了7个苏联东欧国家。

我从意大利进克罗地亚是圣诞节假期，再绕路匈牙利折返进南斯拉夫，正好是1992年元旦。当年在苏东国家调研，我主要是住在当地老百姓家，一般是下了火车先去找个咖啡馆，进去买一杯咖啡后，就冲着那些咖啡馆里的人群问一声："谁会说英语？"看到有人跟我搭茬就过去说："咱们聊聊。"聊着聊着比较熟悉了就问："你们家有地儿吗？我想上你们家里住一晚。"得到"可以"的回复后我就拿着行李跟着去他们家里。所以，我这种纯民间的深入百姓生活的调研方式，得到的算是第一手的入户观察和交流的资料。

这一趟从中国大陆去了美国，半年之后从美国去欧洲，再从西欧到东欧，最后从俄国飞回中国，转了一圈，我才花了不到2000美元。而且，按现在时髦的话来说，我大概也可以算是中国人当中第一个独自出国环游地球的了。

于我而言，这次去苏联东欧国家做的身临其境的考察，帮我对这场惊天巨变建立起了自己来源于民间的第一手资料的归纳分析和理性认识，完全不同于主流的说法。

从那以后，我便一发而不可收地做了几十个发展中国家的比较研究。具体情况，我们后面可以展开再谈。

但，我在这里想跟大家分享的是，当你面对着这些重大事件，假如真想做一个我思故我在的人，成为一个有独立自主思考能力的人，就不能简单地靠教科书知识作为思考的基础。当然教科书很重要，不读教科书也不行，但是你不能只是通过媒体或靠读教科书来形成你的知识。在面对这个复杂世界的时候，我们接受媒体选择性传播的资料、借助现有的通过教科书所形成的这点知识能力，基本上不怎么管用了。这个世界就是如此纷繁复杂，即使对各种各样的变化都尽可能抵近观察，获取的资料仍然可能有多种解法，用什么样的解法取决于做了多少实地调查，形成了多少自己调查得到的材料，才有可能去说清楚这到底是怎么回事儿。

你们也可能看到前一阵网上很多人热议阿富汗变局的时候，我觉得作为一个去了几十个发展中国家做比较研究的学者，需要给国内网友们提醒着点，就站出来说了些话，通过视频录制的方式发布在网上，后来其实是被网友剪辑成几节发出来的。中心思想就是告诉大家，不要太轻易地去谈中国是否应该介入阿富汗内部事务，这不是你们想象的那种国家，它的民族关系的复杂性也不是我们想象中的民族矛盾。我这样发声其实自己很忐忑，不想多说的原因是没有去亲临其境地做调查研究，我形成知识的条件也是有限的，本意只想提醒网友们不要轻易置喙。

我在自己人生中遇到重要问题的时候，是比较相信迈开双脚走出去，调查研究对于形成独立思考能力，是非常非常重要的。

我到现在为止都深深地怀念着这些善良淳朴的老百姓，东欧的老百姓素质非常高，人也非常好，善良厚道，人心真的是向善的，中外

皆然。在《有数》文集里,"来自世界的解读 | 数字时代里的中国新印象"部分,我也看到了一些在异国他乡打拼的人。这让我时不时地想起在苏东经历的那些日子。善良到处都有,想必他们在当地也曾遇到了一些善良的普通人。我相信,任何一个人,只要有过这样的经历,从这些普通人中间走出来,就会发现很多东西,跟那些所谓的主流媒体、主流的政治家所说的不同,你会看到事情的另外一面。

中国正在崛起,对此美国会认为中国要超越美国并且夺取美国的世界霸权地位;那是他们根本不了解中国历史和文化内涵。中国实体经济总量早就超过美国,但绝对不可能像美国那样搞全球霸权,也不可能按照美国搞金融资本虚拟化扩张的发展路径走向社会撕裂。由此看,单极霸权衰落后的世界很可能演化为多个区域板块,走向多极化趋势。对此,恐怕中国人和外国人都还没有做好准备,这无疑又是一场新的巨变。要怎么去认识这件事情?形成自己的独立思考,这恐怕是留给这一代年轻人的重大课题。

寄语

坦率地说,在"如今的我"看来《有数》里的生活方式多少还是有一点"边缘"的味道,而这种感觉依稀也是曾经有过的。我还记得,在2000年前后,当时风靡媒体的"72小时数字生存竞赛",就给人这种感觉——要完全依赖互联网和电子商务,解决吃喝拉撒生存72小时,似乎是一种自虐,"边缘"极了。

20年过去,当时边缘前卫的生存方式,已经主流到无感,日常到要"离开网络生存72小时",现在已经变得难以想象了。20年,让"当时的我们"变成了"曾经的我们",也让"曾经的边缘"变成了"如今的主流"。那么,如今的区块链、NFT和元宇宙再过个20年又会变成什么呢?希望到时你们再来回顾,能有欣喜的发现。

在如今这样的数字化时代，整个社会充斥着大量纷繁复杂的信息，随处可见信息垃圾和到处传染的精神病毒……对此，我们尤其需要继承发扬这种从实践中来到实践中去的求真务实的态度——"纸上得来终是浅，绝知此事要躬行"，不要轻易去相信资本操控的媒体或精英操控的教科书上的似是而非的观点，要尽可能通过直接调查研究去得出自己结论。唯有如此，才能不被纷繁复杂的信息中那些垃圾和病毒所蒙蔽，避免被这些所谓信息背后的推手牵着走而不自知。

《有数》的作者朋友们和读者朋友们，希望你们一直都能怀有今天的这份好奇，继续沿着调查研究的路径，保持观察，踏实前进，终生学习，知行合一。

温铁军

（作者系著名"三农"学者）

后记

中国信通院发布的《中国数字经济发展白皮书》显示，2020年中国数字经济规模占GDP比重达38.6%。从web1.0（第一代互联网）时代逐渐走向移动互联网、至近期火热的web3（第三代互联网）概念等，背后是几波产业迭代的浪潮。但在接入互联网不到30年的时间里，几乎没有人能够准确回答，中国究竟是如何发生这样一场庞大的数字变革。

在历史性的浪潮背后，无数企业的崛起与失落、彼岸敲钟的声音和一款产品下线的叹息同存，一条条网线通入了千家万户，我们见证了数字化带给社会的巨大变化，回首历史、记录当下，我们最终将"中国的数字化变革如何发生"这道复杂题目的回答，落到了个体身上，准确来说是每一个参与数字生活的普通个体。

疫情期间，当我们都在通过线上会议开展联系和工作的时候，忽然发觉数字化重构的世界中，我们失去了对于具体的人的"实感"。在采访时，我们一次又一次地溯流而上，寻找那些把二维码推向乡镇、在田间地头直播卖鸡蛋、在城市的毛细血管中奔走送外卖的个体，也因此诞生了这本《有数——普通人的数字生活纪实》。

在一个"看似很近，实际很远"的社会情绪里，本书里的主人公给予了采访者足够的信任，他们敞开自己的内心，分享成长、困惑、挣扎、喜悦。他们是杜渊、高少辉、中村纪子、困困、吴圣翠、王素美、刘彪、沈广荣、王孟琦、竹内亮、刘峰、水哥、陈建新、黄梓豪、欧梦婕、田海博、史磊刚……他们是创业者、日语网课教师、农村主播、盲人程序员、纪录片导演、卡车司机、电竞教师、网格员、游戏工作者、大厂农学博士……他们来自各行各业，世界各地。正是因为找到了他们，普通中国人的数字生活故事才有了基石。

写作本书系列故事的记者摒弃了一般的街头采访形式，或是流于表象的想当然猜测。他们见证、感受现实的存在，亲身参与、体验和观察，记录下所见所闻、所感所想，为读者呈现出数字社会的真实面貌。他们是王丹妮、邢逸帆、赵渌汀、张一川、王子诣、高宁、卫潇雨等一批接受过专业写作训练的年轻人。他们很好地践行了陀思妥耶夫斯基的箴言：爱具体的人，不要爱抽象的人，要爱生活，不要爱生活的意义。他们用一次次面对面的交谈与记录，让普通中国人的数字生活故事具有真实可感的结构。

数十位青年学者和博士生贡献了他们的智识与观察力，他们在具体的选题上付出了时间和精力，带着问题走进田野，为我们提供了一篇篇具有说服力的调查文章。他们是中国传媒大学青年教师刘楠、中国社会科学院青年教师牛天、广东外语外贸大学青年教师姬广绪、中山大学博士生钟瑞、伦敦政治经济学院硕士生卢楠、香港大学人类学博士饶一晨。他们用学者的韧性与耐心实地调研、收集素材、呈现多层次的观察视角，普通中国人的数字生活故事才有了更多维度的延展空间。

同时，一并致谢南方日报出版社编辑团队，阮清钰、巫殷昕两位老师耐心的指导和帮助，为书籍作序与跋的温铁军、邱泽奇、杨东、吴肃然等学者，参与内容策划筹备的徐可、许靖烯，摄影师杨一凡、王炳乾，书籍设计师彭振威等，以及多位为本书提供指导意见的专家。是他们与我们的共同努力，本书才能出现在各位读者面前。

  这是数字原野工作室第一次策划编写图书，我们尽可能做到精细，但仍算不上完美。这份"作业"如有错误偏差之处，还望读者们海涵并指正。

数字原野工作室
2022 年 2 月